GROUP

中国建投｜远见成就未来

中国建投研究丛书·报告系列
JIC Institute of Investment Research Books · Report

中国信托行业研究报告

(2018)

中 建 投 信 托 博 士 后 工 作 站 / 联合编著
中国社会科学院金融研究所博士后流动站

ANNUAL REPORT ON THE DEVELOPMENT OF CHINA'S TRUST INDUSTRY (2018)

社会科学文献出版社
SOCIAL SCIENCES ACADEMIC PRESS (CHINA)

主要编写人员简介
（按姓氏拼音字母排序）

蔡婉婷 浙江大学经济学博士。现任职于中建投信托风险管理部。曾在核心学术期刊发表多篇论文，参与多项国家社科基金以及教育部基地重大项目研究。善于在数理模型构建、实证量化的基础上分析金融、经济问题。

郭慧子 牛津大学硕士，北京大学学士。曾任中欧商学院宏观经济研究员，中建投信托研究创新部研究员。在《财经》等媒体发表过数篇文章，对宏观经济、信托行业以及地产行业有颇为深入的研究。

黄婷儿 北京大学计算机专业硕士。拥有 CICPA 专业资格。曾就职于毕马威会计师事务所，现任职于中建投信托研究创新部研究员。具有丰富的改制上市、并购重组、内控审核及财务审计等经验，对资产证券化、股权投资、信托转型等方面有较深研究。

黄伟斌 厦门大学金融学博士。2014 年 9 月至 2016 年 9 月工作于深圳证券交易所综合研究所，主要进行资本市场开放方面的一些研究和工作，2016 年 12 月份进入中建投信托上海金融市场部（境外投资部）工作，主要负责二级市场研究与投资。

李合怡 苏州大学金融学博士。现任职于中建投信托南京业务部、博士后工作站，华东师范大学博士后流动站。曾在核心学术期刊发表多篇论文，参编中国信托行业研究报告，拥有良好的项目管理、投资与金融学、房地产经济学等相关专业知识。

聂雅雯　纽约大学金融工程硕士。毕业于纽约大学，曾就职于普华永道会计师事务所（纽约），现任职于中建投信托股份有限公司风险管理部。曾参与美国四家大型数据金融公司开展的金融衍生品定价估值及金融产品风险管理方面的研究，在信托房地产业务、租赁行业资产证券化、股权投资等方面具有一定的风险管理审批经验。

唐彦斌　复旦大学经济学博士。上海交大数学硕士及本科学位，CFA，FRM，CAIA，PRM，取得证券从业资格及期货分析资格，具有 9 年以上金融投资行业经验。曾供职于交通银行总行负责总行资金业务市场风险管理、平安集团总部投管会及平安资管中心（兼寿险资产管理部）负责另类投资审批及保险资管组合、知金资本负责产品研发、私募股权投资、影视文化投资。在各类金融产品研发设计、风控、投资评价、股权投资管理、文化产业投资、保险资金运用及量化投资等领域具有丰富的经验。

王鑫龙　上海大学经济学学士。先后就职于德勤华永会计师事务所、上海浦东发展银行总行，现任职于中建投信托股份有限公司风险管理部。具备多年的会计审计经验以及丰富的风险管理及项目审批经验，目前主要负责上市公司、工商企业、绿色新能源、房地产等业务的项目审查审批工作。

应汇康　经济学博士。毕业于英国布里斯托大学，现任职于中建投信托研究创新部、博士后工作站，复旦大学理论经济学博士后流动站。曾参与英国政府国际发展部 (DFID) 牵头的多个国际经济发展课题研究，并在知名国际期刊发表数篇论文，参与编写中国建投研究系列丛书。对信托行业、宏观经济政策、产业政策等有较为深入的研究，在《财经》等媒体发表过数篇评论。

袁　路　中国社科院经济学博士。历任中建投信托北京投行部总经理、中建投信托研究创新部总经理。中国信托业协会行业专家库成员。近年来，曾在核心学术期刊发表论文多篇，参编《信托蓝皮书》等研究报告多部，出版专著一部，参与多项国家重大课题与社科院重大课题研究，并在《财经》杂志等媒体发表评论 10 余篇。

总　序

一千多年前，维京海盗抢掠的足迹遍及整个欧洲。南临红海，西到北美，东至巴格达，所到之处无不让人闻风丧胆，所经之地无不血流成河。这个在欧洲大陆肆虐整整三个世纪的悍匪民族却在公元 1100 年偃旗息鼓，过起了恬然安定的和平生活。个中缘由一直在为后人猜测、追寻，对历史的敬畏与求索从未间歇。2007 年，维京一个山洞出土大笔财富，其中有当时俄罗斯、伊拉克、伊朗、印度、埃及等国的多种货币，货币发行时间相差半年，"维京之谜"似因这考古圈的重大发现而略窥一斑——他们的财富经营方式改变了，由掠夺走向交换；他们懂得了市场，学会了贸易，学会了资金的融通与衍生——而资金的融通与衍生改变了一个民族的文明。

投资，并非现代社会的属性；借贷早在公元前 1200～公元前 500 年的古代奴隶社会帝国的建立时期便已出现。从十字军东征到维京海盗从良，从宋代的交子到曾以高利贷为生的犹太人，从郁金香泡沫带给荷兰的痛殇到南海泡沫树立英国政府的诚信丰碑，历史撰写着金融发展的巨篇。随着现代科学的进步，资金的融通与衍生逐渐成为一国发展乃至世界发展的重要线索。这些事件背后的规律与启示、经验与教训值得孜孜探究与不辍研习，为个人、企业乃至国家的发展提供历久弥新的助力。

所幸更有一批乐于思考、心怀热忱的求知之士勤力于经济、金融、投资、管理等领域的研究。于经典理论，心怀敬畏，不惧求索；于实践探索，尊重规律，图求创新。此思索不停的精神、实践不息的勇气当为勉励，实践与思索的成果更应为有识之士批判借鉴、互勉共享。

调与金石谐，思逐风云上。《中国建投研究丛书》是中国建银投资有限责任公司组织内外部专家在瞻顾历史与瞻望未来的进程中，深入地体察和研究市场发展及经济、金融之本性、趋向和后果，结合自己的职业活动，精制而成。《丛书》企望提供对现代经济管理与金融投资多角度的认知、借鉴与参考。如果能够引起读者的兴趣，进而收获思想的启迪，即是编者的荣幸。

是为序。

张睦伦

2012 年 8 月

编辑说明

中国建银投资有限责任公司（以下简称"集团"）是一家综合性投资集团，投资覆盖金融服务、先进制造、文化消费及信息技术等领域，横跨多层次资本市场及境内外区域。集团下设的投资研究院（以下简称"建投研究院"）重点围绕国内外宏观经济发展趋势、新兴产业投资领域，组织开展理论与应用研究，促进学术交流，培养专业人才，提供优秀的研究成果，为投资研究和经济社会发展贡献才智。

《中国建投研究丛书》（简称《丛书》）收录建投研究院组织内外部专家的重要研究成果，根据系列化、规范化和品牌化运营的原则，按照研究成果的方向、定位、内容和形式等将《丛书》分为报告系列、论文系列、专著系列和案例系列。报告系列为行业年度综合性出版物，汇集集团各层次的研究团队对相关行业和领域发展态势的分析和预测，对外发表年度观点。论文系列为建投研究院组织业界知名专家围绕备受市场关注的热点或主题展开深度探讨，强调前沿性、专业性和理论性。专著系列为内外部专家针对某些细分行业或领域进行体系化的深度研究，强调系统性、思想性和市场深度。案例系列为建投研究院对国内外投资领域的案例的分析、总结和提炼，强调创新性和实用性。希望通过《丛书》的编写和出版，为政府相关部门、企业、研究机构以及社会各界读者提供参考。

本研究丛书仅代表作者本人或研究团队的独立观点，不代表中国建投集团的商业立场。文中不妥及错漏之处，欢迎广大读者批评指正。

前　言

　　驽马十驾，功在不舍。《中国信托行业研究报告》系列丛书已连续出版六年。本书是中建投信托博士后工作站与中国社会科学院金融研究所博士后流动站首度联袂编著的行业研究报告，书中不仅梳理了中建投信托多年来对信托行业发展的观察与思考，更凝聚了来自国家智库学者的智慧与心得。

　　2017 年，党的十九大对我国现阶段经济形势做出"新时代、新矛盾"的重要论断，并提出了引领经济社会全面发展的新思想和新战略。在新的形势下，信托行业顺应经济发展的新变化，以服务实体经济为宗旨，严格防范金融风险，继续发挥信托制度在国民经济中的重要作用。2017 年，国内宏观经济稳健增长、金融监管逐步成熟，信托行业保持较快的发展势头，全行业受托管理资产总规模突破 26 万亿元，信托公司经营更加规范化，盈利水平稳步增长，资本实力日益雄厚。2017 年，转型与升级依然是信托行业的重要课题，信托公司将积极相应十九大精神的号召，继续充分发挥自身禀赋，积极创新变革，服务实体经济，探索新的业务模式和发展路径，寻找行业持续发展的新动力。

　　本书通过行业分析和专题研究两个维度为读者呈现信托行业在 2017 年的发展之路。第一部分"行业研究"是对信托行业全年发展状况的系统性研究。全书以"行业发展综述与展望"开篇，对信托行业在 2017 年的发展形势进行全景描绘；紧接着分别从信托业务、固有业务两大业务类别探讨 2017 年信托公司的业务结构与发展路径；随后从风险、法规和人力资源多个方面，深入分析信托公司的内控管理，形成对信托行业完整而细致的刻画。第二部分"专题研究"则以业务创新、监管新规、金融科技、风险管控等多元视角为切入点，提供专业精准的分析解读。

　　中建投信托拥有专业的行业研究团队，多年来持续关注和思考信托行业的发展与转型。2017年，中建投信托设立博士后工作站，并将《中国信托行业研究报告》系列丛书的编写与出版作为工作站的重点工作之一。2018年，中国社会科学院金融研究所博士后流动站的参与更为丛书的编写提供了强有力的研究支持和质量保障。我们诚挚地希望本书同中建投信托博士后工作站、中国社会科学院金融研究所博士后流动站发布的其他系列报告一起，成为金融同行们交流的平台和读者们认识信托行业的媒介。我们愿与各方同仁一起为信托行业的发展贡献力量与智慧，共同见证中国信托行业的成长。

《中国信托行业研究报告》编委会

2018年6月

目　录

第一部分　行业研究

第二部分　专题研究

中英文摘要

第一部分
行业研究

2017 年信托行业发展综述与展望

应汇康

一、信托行业发展环境概况

（一）宏观经济环境

2017 年以来，中国宏观经济在稳增长和促改革的政策目标下稳健增长，GDP 累计同比增长、收官于 6.9% 的中高速区间，经济增速好于预期目标。在经济结构转型的关键时期，党的十九大对现阶段经济环境做出新时代、新矛盾的重要论断，提出了引领全面发展的新思想和新战略，强调新时代的经济发展要继续依靠供给侧改革，注重经济增长质量的提升，推动新旧增长动能转换。当前，国民经济处于重要战略机遇期，各领域改革有望取得突破性进展，新增长动能培育加速，为经济注入新活力。

1. 经济增长稳健，供给侧改革持续深化

2017 年，供给侧结构性改革发挥了助力经济增长的关键作用。在去产能政策的推动下，工业产成品价格大涨，带动企业补库存，规模以上工业增加值在上半年增势迅猛，以上游制造业为代表的工业企业实现利润超预期复苏，给经济增长注入强劲的活力。生产端的稳定扩张表明经济具有良好的韧性。但经济需求侧的表现不甚理想。在严格的监管环境下，基础设施和房地产等重点产业的资金来源受限，投资意愿下降，投资需求增速全面放缓，全国固定资产投资同比增长连续下滑至 7.2%，实际累计同比增长仅为 1.32%，以"地产＋基建"为代表的投资旧动能对经济增长的拉动作用显著弱化。与此同时，消费对拉动中国经济增长的贡献份额总体呈现稳步上升趋势，占 GDP 比重为 58.8%。消费成为经济增长的重要动力，但持续发力的空间有限，新消费亮点尚待进一步培育。

在生产旺盛、需求乏力的结构矛盾下，生产端的增势有向下收敛的压力，导致经济"易下难上"，存在再度探底的风险。在此背景下，政府将在后续工作中推进各领域供给侧改革，加速国企改制、加强创新激励、发展新兴产业、培育新经济增长点，以消除供给侧结构性矛盾对经济增长造成的制约，最终达到提高劳动生产率，拓展生产边界，释放中长期增长潜力的目的。

2. 货币政策回归稳健，金融监管持续加强

金融危机以来，宽松的货币环境和扩张的债务融资成为中国经济增长的重要驱动力，但在高度宽松的货币条件下经济增长中枢一路下行。造成增长困境的主要原因是大量资本未能流入高效率的经济部门，金融资源错配、工业产能过剩、资产泡沫和杠杆高企等结构性问题严重恶化。

为配合供给侧改革目标、防范金融风险、降低实体部门杠杆率，央行回归奉行稳健中性的货币政策，调高公开市场操作工具利率，适度收紧货币投放。与此同时，监管部门频频出击，从原银监会的"三三四十"专项检查到资管新规的颁布[①]，监管逐步加强了治理金融乱象的力度，并要求金融机构进一步拆解杠杆，化解潜在金融风险，阻断金融无序扩张。在"紧货币"和"强监管"下，银行业资金融出意愿显著下降，非银金融机构面临资金压力，金融体系信用派生机制受到抑制，金融市场波动加剧，实体经济融资成本逐步上行。

金融监管规范化是不可逆的过程。十九大和"两会"报告都着重强调了金融服务实体经济的重要性和防范金融风险的迫切性，对金融监管改革做出了重要规划，提出要构建货币政策和宏观审慎政策双支柱调控框架，健全金融监管体系，守住不发生系统性风险的底线。在以防风险为主导的

---

① "三三四十"具体指"三违反""三套利""四不当"和银行业存在的十个方面的问题（"十乱象"），详见原银监会办公厅 2017 年"45 号文""46 号文""53 号文"和"4 号文"。2018 年 4 月 8 日，中国银行保险监督管理委员会正式挂牌，取代原中国银行业监督管理委员会的监管职能。资管新规指《关于规范金融机构资产管理业务的指导意见》，该文已于 2018 年 4 月 27 日正式发布。

政策取向下，稳健的货币政策和严格的监管要求势必在 2018 年延续，金融机构的经营环境将继续面临挑战。

（二）信托行业发展环境

在全国金融工作会议精神的指导下，金融监管思路已由"促发展"向"防风险"转变，监管政策和力度进一步趋严和加大，监管机构改革稳步推进，资管行业统一监管导向凸显。在金融监管规范化的进程中，信托行业的基础制度建设逐步健全，风险管理体系进一步完善，行业保障体系更趋成熟。

1. 行业基础制度进一步健全，信托文化建设将更受重视

2017 年，信托行业的基础制度建设获得了进一步健全，行业迎来了重塑经营模式的重大机遇。在信托登记制度方面，中国信托登记公司已正式成立并投入运作，未来信托的财产独立、破产隔离及信息披露等问题将进一步完善；在专业子公司方面，近两年来监管层在多个场合和文件中鼓励信托公司设立专业子公司，目前也已有 20 余家信托公司设立了专业子公司，成为其开展股权投资业务、投贷联动业务的重要载体；在信托公司的经营制度方面，未来也有望进一步实现监管规范化，监管部门有望于 2018 年研究出台资管新规的相关配套制度；在创新业务监管方面，原银监会联合民政部下发《慈善信托管理办法》，银行间交易商协会发布《关于意向承销类会员（信托公司类）参与承销业务市场评价的公告》，对信托公司参与创新业务做出规范。接下来，行业将更加强调信托文化的建设，培育发展信托行业的信义文化、传承文化和创新文化，加强受托人的责任感，打造信托公司核心竞争力，正确发挥信托制度优势，促进信托行业回归本源。

2. 监管持续收紧，信托经营管理能力面临进一步考验

自"一法三规"实行以来，行业的监管体系日益完善。2017 年，以"一体三翼"为核心的监管格局正式成型，信托行业形成了以监管部门为

监管主体，行业自律、市场约束、安全保障为补充的多层次、多维度的信托业风险防控体系。原银监会进一步严格执行"99号文"和"58号文"对信托行业的风险监管要求，并连续下发"三三四十""资管新规"等行业监管政策，更进一步强调了"控风险、强监管、促转型"的监管意图，旨在持续引导整个资管行业规范经营和稳健发展。严厉的监管环境对信托公司的风险管理能力提出了更高的要求，监管部门不仅强调信托公司对各类业务风险的防范，更注重强化风险的实质性处置问题。

2017年开始，原银监会正式实施新版《信托公司监管评级办法》。新办法更强调资本实力和风险管理能力，将信托公司分为三大类六个级别，评级结果直接与信托公司的业务开展和未来发展挂钩。短期而言行业内优胜劣汰的格局将有所强化，但长期来看或将激励排名后列的信托公司根据评级办法要求进行更多的补强完善。

3. 展业环境更趋复杂，传统模式难以为继

2007年以来，中国信托业迅速扩张，但支持其发展的主流业务模式较为单一，即以资金信托为产品形式募集资金，以债权方式、权益方式或者两者结合的方式，对特定企业和项目进行融资。作为信托公司的传统展业领域，基础产业和房地产行业近年来持续发生变革，市场环境出现较大的变化。

在基础产业领域，中央对地方政府的债务管理不断加强，针对地方债务实行严格的规模控制和预算管理，通过规范地方新增举债来化解存量债务风险，同时也对存量债务进行大规模的清理和置换。在中央对地方债务的严格管理下，政府债务结构正不断优化，融资成本不断下降，基础产业市场已进入转型期，以信托贷款为代表的传统政信合作模式在该领域的展业空间不断收窄。

在房地产领域，"因城施策"的调控政策持续加码，热点城市房地产市场受到较大冲击，部分地区对房企资金来源审查趋严，对购房者限购限贷政策收紧，使得房企拿地、融资及销售压力显著加大，增加了信托公司选择交易对手和管理风险的难度。

二、信托行业发展概况

（一）行业经营概况

1. 信托资产快速增长，规模分化扩大

根据中国信托业协会统计数据，2017 年末信托行业资产管理规模已达 26.25 万亿元，新增信托规模 6.03 万亿元，同比增长 29.81%，增速比 2016 年度提升 5.8 个百分点[①]（见图 1）。从纵向看，行业规模增速曾在监管形势趋严和资管行业竞争压力加大下出现较大幅度下滑，但 2016 年下半年以来，信托规模重新回到中高速扩张区间，行业整体保持着良好的发展势头；从横向看，信托管理资产规模稳坐资管行业"第二把交椅"，约占资管行业总规模的 24%，远超券商和基金管理资产规模，且有快速趋近银行理财规模之势（见图 2a、图 2b）。

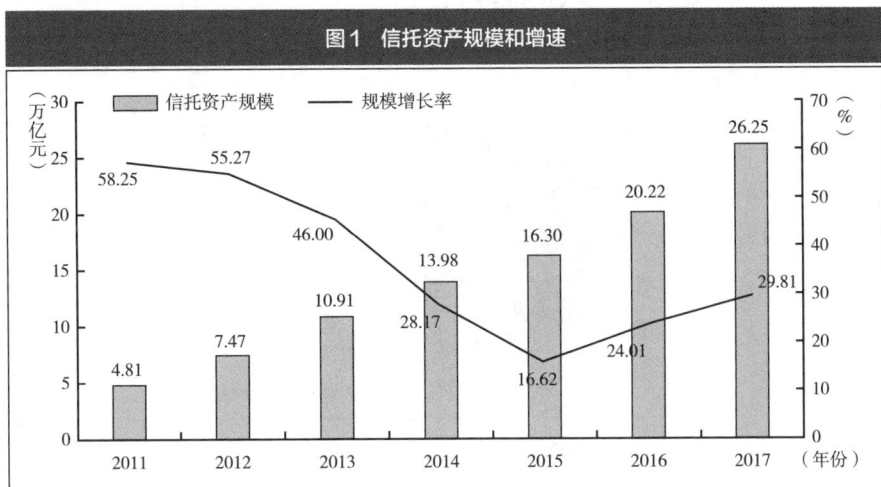

图 1 信托资产规模和增速

数据来源：中国信托业协会，中建投信托博士后工作站。

---

① 另据 68 家信托公司公布的年报数据加总，2017 年全行业资产管理规模为 26.27 万亿元。

图2a　资管行业各机构管理资产规模

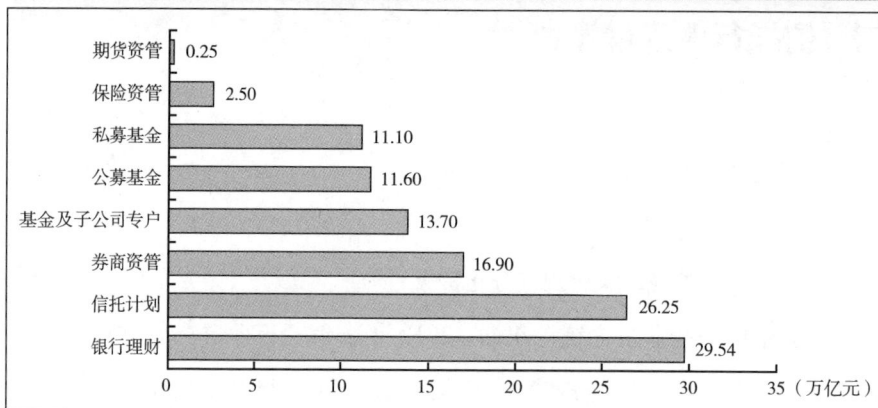

数据来源：Wind，中国人民银行，中建投信托博士后工作站。

图2b　资管行业各机构管理资产规模

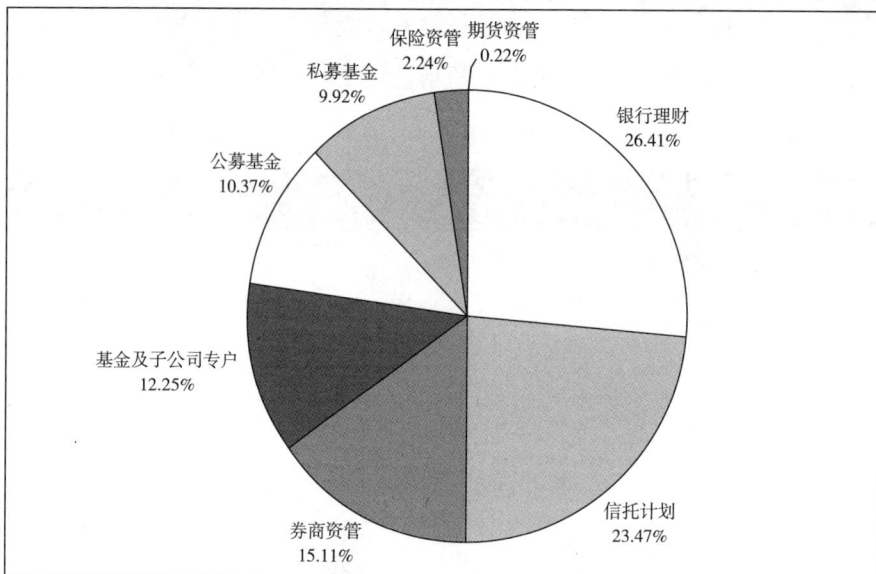

数据来源：Wind，中国人民银行，中建投信托博士后工作站。

信托资产规模保持较快增长主要有以下三个原因。首先，国内经济形势企稳向好，信托资产增长的宏观经济基础牢固。从资产端看，经济稳增长下产业投融资需求扩张，信托公司展业空间扩大；从资金端看，居民财富稳步增长，信托预期收益率提升，理财需求回暖。其次，监管形势和产业政策变化下信托传统业务大幅回流。2016 年底"理财新规"实行后，银信合作业务回暖，事务管理类信托规模迅速增长，而在原银监会"三三四十"专项检查的压力下商业银行经营更为审慎，部分银行表外融资业务流向信托。此外，针对房地产开发商银行贷款和债券融资等政策的相继收紧也使大量地产融资回流信托业务。最后，信托公司经营能力有所提升，创新业务获得进展，业务转型取得阶段性成绩。年报显示，多家信托公司在资产证券化、消费金融、REITs、家族信托等业务中取得实质性进展，创新业务对信托资产规模增长的边际贡献加大。

而在行业整体快速增长的趋势下，信托公司间差异化的资源禀赋和发展战略导致其资产规模显著分化。行业规模前 10 名的信托公司平均信托规模已超 1 万亿元，资产总和占全行业资产规模的 40.53%，而后 10 名的平均资产仅为 560 多亿元，规模占比仅为 2.14%，行业两极分化程度较高（见表1）。行业前十当中银行系占据四席[①]，可见银行系信托公司仍保持规模扩张优势。从规模增速的排行来看（见表2），提升主动管理能力、发展特色业务是信托公司实现规模赶超的重要途径，而监管处罚、风险和诉讼事件，股东及经营层不稳定则是造成部分公司规模快速下滑的主要因素。

表1　信托公司规模排名					
信托公司	信托资产规模（万元）	排名	信托公司	信托资产规模（万元）	排名
中信信托	198672975.97	1	华宸信托	396583.84	68
建信信托	140966996.55	2	长城新盛信托	3471236.62	67
华润信托	134693939.73	3	中泰信托	3723437.61	66
华能信托	101025339.76	4	东莞信托	4597062.14	65
交银信托	96562955.22	5	山西信托	4955991.41	64
兴业信托	93216512.33	6	杭工商信托	5058845.00	63

① 分别为建信信托、交银信托、兴业信托和上海信托。

续表

信托公司	信托资产规模（万元）	排名	信托公司	信托资产规模（万元）	排名
上海信托	91239146.83	7	湖南信托	7667672.00	62
渤海信托	75497485.03	8	吉林信托	8358623.74	61
中融信托	66990705.08	9	国联信托	8585980.00	60
中航信托	65776656.21	10	苏州信托	9278363.53	59
"前十"平均	106464271.27		"后十"平均	5609379.59	
"前十"合计	1064642712.71		"后十"合计	56093795.89	

数据来源：信托公司年报，中建投信托博士后工作站。

表2　信托公司规模增速排名					
信托公司	信托资产规模增速（%）	排名	信托公司	信托资产规模增速（%）	排名
浙商金汇信托	223.04	1	华宸信托	-59.16	68
华澳信托	190.77	2	中泰信托	-29.88	67
昆仑信托	143.26	3	西藏信托	-19.00	66
国通信托	135.98	4	金谷信托	-6.68	65
渤海信托	117.96	5	新时代信托	-5.98	64
国元信托	117.78	6	中江信托	-5.55	63
国联信托	89.06	7	苏州信托	-5.51	62
西部信托	79.94	8	平安信托	-3.61	61
陕国投	78.57	9	中融信托	-1.91	60
云南信托	71.49	10	兴业信托	-1.32	59
"前十"平均	124.79		"后十"平均	-13.86	

数据来源：信托公司年报，中建投信托博士后工作站。

2. 信托公司盈利水平稳定增长

2017 年信托行业累计营业收入 1190.69 亿元，同比增长 6.67%。其中，信托业务收入 805.16 亿元，同比增长 7.41%，占营业收入比重 67.62%；固有业务收入 385.53 亿元，同比增长 5.16%，占比 32.38%[①]。近年来，信托业务收入的比重一直处于较高水平，表明信托业务作为信托

---

① 该数据为中国信托业协会统计数据，另据信托公司年报加总，2017 年信托公司营业收入为 1183.94 亿元，其中信托业务收入 817.41 亿元。

公司主营业务的地位稳固，而固有业务收益在较大程度上依赖于股票市场行情，具有较高的爆发性，但稳定性和持续性较低（见图3）。

图3 信托公司收入变化

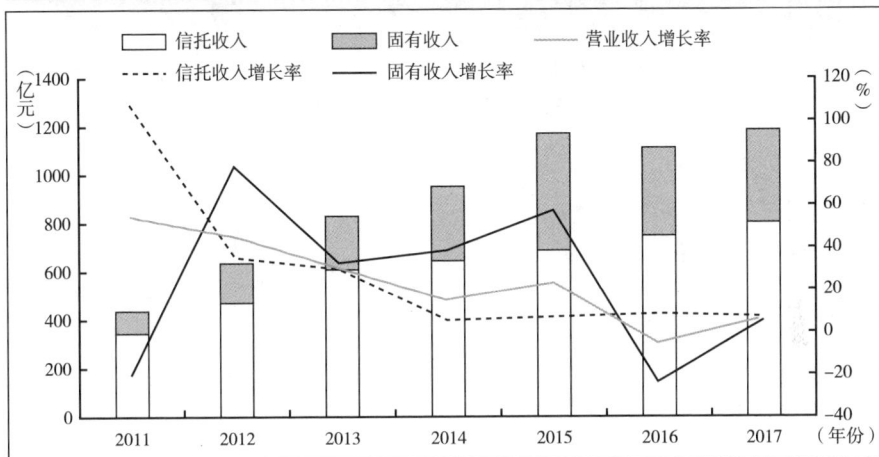

数据来源：中国信托业协会，中建投信托博士后工作站

从行业内部集中度的角度来看，2017 年信托营业收入前 3 名公司占行业收入总额的比重为 15.24%，前 10 名信托公司则占总额的 36.12%，比 2016 年的 40.22% 有所下降，但基本保持相对平稳（见表3）。信托业务收入排名前十的信托公司中，有九家连续两年位列前十，说明头部信托公司的领先优势逐步巩固（见表4）。而后 10 名信托公司的信托业务收入仅占全行业总额的 3%，两极分化显著，行业收入格局进一步确立。

表3 信托公司营业收入排行					
信托公司	2017 年营业收入（万元）	2017 年排名	2016 年营业收入（万元）	2016 年排名	排名变化
平安信托	602539.85	1	603050.72	1	0
中信信托	574951.48	2	564899.53	2	0
安信信托	555708.16	3	524266.59	4	1
中融信托	486742.54	4	552299.80	3	−1
重庆信托	391663.50	5	424052.72	5	0
华能信托	341416.52	6	280592.46	7	1

续表

信托公司	2017 年营业收入（万元）	2017 年排名	2016 年营业收入（万元）	2016 年排名	排名变化
民生信托	330800.14	7	192081.49	18	11
中航信托	294103.66	8	238632.97	12	4
建信信托	267299.25	9	220343.07	14	5
上海信托	263824.88	10	256395.26	10	0
华润信托	260128.90	11	255824.65	11	0
外贸信托	258447.28	12	199525.85	17	5
四川信托	243981.63	13	279205.68	8	−5
中铁信托	243459.39	14	278526.38	9	−5
兴业信托	239028.16	15	218335.63	15	0
"前十五"平均	356939.69				
行业平均	167286.81				

数据来源：信托公司年报，中建投信托博士后工作站。

表4 信托公司信托收入排行					
信托公司	2017 年信托收入（万元）	2017 年排名	2016 年信托收入（万元）	2016 年排名	排名变化
安信信托	524374.30	1	439342.31	2	1
中信信托	444770.70	2	427175.76	3	1
平安信托	401938.70	3	338244.85	4	1
中融信托	387651.00	4	481680.00	1	−3
华能信托	264881.10	5	235840.08	6	1
中航信托	264444.73	6	212711.69	8	2
民生信托	214311.69	7	147126.33	16	9
重庆信托	213138.82	8	257431.52	5	−3
四川信托	211267.75	9	189393.05	10	1
上海信托	203058.35	10	212762.64	7	−3
建信信托	195027.42	11	180421.91	11	0
渤海信托	192306.81	12	118053.83	20	8
外贸信托	192226.99	13	128215.73	18	5
中铁信托	190932.00	14	208860.00	9	−5
长安信托	185543.14	15	169776.68	13	−2
"前十五"平均	272391.57				
行业平均	120207.34				

数据来源：信托公司年报，中建投信托博士后工作站。

利润方面，全行业 2017 年实现利润共计 824.11 亿元，同比增长 6.77%，较 2016 年稍有恢复，但比起 2015 年之前的增速则处于较低水平（见图 4）。行业净利润增长的下滑与 2017 年新增信托业务的结构紧密相关：由于银信合作阶段性回暖，事务管理类信托规模迅速增长，该类业务的低附加值属性拉低了行业利润水平。而从行业排名变化来看，净利润排名前十的信托公司有七家连续两年稳居前十，具有明显的头部效应（见表 5）。

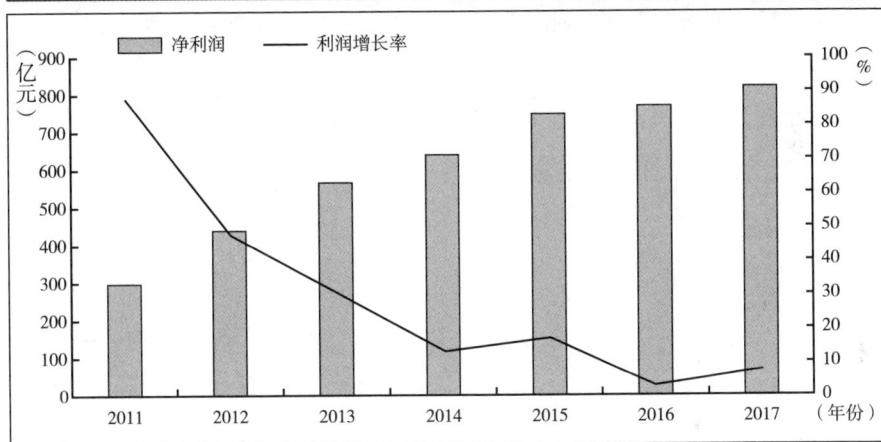

图 4　信托公司利润变化

数据来源：中国信托业协会，中建投信托博士后工作站。

表 5　信托公司净利润排行

信托公司	2017 年净利润（万元）	2017 年排名	2016 年净利润（万元）	2016 年排名	排名变化
平安信托	390664.36	1	379710.10	1	0
安信信托	366821.22	2	303394.74	4	2
重庆信托	335147.59	3	365361.71	2	-1
中信信托	242512.40	4	304164.52	3	-1
华润信托	226001.28	5	169227.88	8	3
中融信托	216960.64	6	236471.54	5	-1
华能信托	208397.33	7	172875.92	7	0
民生信托	181513.76	8	95145.43	23	15
建信信托	164996.12	9	133579.94	12	3
中航信托	162894.77	10	130167.02	14	4

续表

信托公司	2017年净利润（万元）	2017年排名	2016年净利润（万元）	2016年排名	排名变化
外贸信托	162144.01	11	109817.21	18	7
江苏信托	161797.29	12	132898.49	13	1
上海信托	156046.91	13	150563.26	10	-3
兴业信托	146968.00	14	121514.52	16	2
中铁信托	145166.90	15	147258.11	11	-4
"前十五"平均	217868.84				
行业平均	94607.36				

数据来源：信托公司年报，中建投信托博士后工作站。

3. 信托公司资本实力显著增强

信托公司增资扩股是近三年来信托行业发展最显著的特征之一，也是信托公司谋求跨越式发展的最直接突破手段。2015年至2017年三年间，共计38家信托公司进行了增资，累计增资金额逾千亿元。2017年，共有22家信托公司完成增资，增资金额约为462亿元，增资幅度与2015年、2016年的260亿元、366亿元相比显著提高。截至2018年5月底，行业平均注册资本36.39亿元，中位数为30亿元。从增资名单上看[1]，金控集团背景以及谋求金融混业协同发展的信托公司对增资更加积极，民企背景的信托公司增资意愿整体上强于非金融央企和地方国企；从增资来源上看，所有者权益结转和所有者投入新资本的情况各占一半，有更多信托公司股东愿意为信托公司增资筹集并注入新资本。

信托公司增资的原因可归纳为以下三点。首先，随着信托行业基础制度不断完善，信托公司经营能力进一步提升，信托牌照投资价值凸显。其次，增加资本金直接扩大了公司固有业务规模，并对信托业务产生有效的辅助作用，增强了信托公司的综合展业能力，更提升了公司抵御风险的能力。最后，信托公司增强资本实力也是为了应对监管层对信托公司资本充足率的要求及监管评级对净资本规模的考核指标。

---

[1] 具体增资名单详见本书第三章。

（二）信托业务概况

1. 信托业务规模稳定增长，营收质量阶段性恶化

2017 年新增信托规模 15.20 万亿元，同比增长 29.81%，增速保持了
2015 年以来的扩大态势。但对比新增信托规模与信托业务收入，可以发现
行业营收质量近年来呈现阶段性下降态势。2015 年以来，信托行业的新增
信托规模均大幅高于信托业务收入增速，且差距逐步拉大，体现了在行业
整体通道业务快速增长、主动管理业务压缩的形势下，行业整体营收水平
提升逐步乏力，增长质量阶段性下滑。同时，营收质量的下滑不仅体现在
信托业务收入与新增信托规模增速的差距中，也反映在信托报酬率的下降
中。2017 年行业平均信托报酬率为 0.31%，相比 2016 年的 0.37% 小幅下
降。信托报酬率均值下降的同时，两极分化也更为严重，波动范围由 2016
年的 0.14% ~3.16% 扩大至 0.1% ~3.63%，行业营收情况进一步分化。

多种因素影响了信托行业的营收质量。首先，自 2017 年二季度以来，
流动性显著收紧制约了资金对接，资金募集成本提高，部分信托公司息差
空间压缩。其次，信托公司展业模式与领域相对趋同，行业竞争进一步白
热化。最后，2016 年下半年起，金融部门监管政策的差异导致通道业务在
一定上程度上回流信托，主要体现为事务管理类信托规模快速攀升。2017
年底，事务管理类信托规模已达 15.65 万亿，与 2016 年底相比增加了
5.58 万亿，占全年信托总资产增加规模的 92%。未来，预计事务管理类信
托的攀升趋势将随着资管新规等政策的推进而得到控制。相应地，信托规
模的增速也将进入增长平台期，信托公司将大概率回归以融资和投资类业
务为主的展业逻辑中。

2. 部分信托公司主动管理发展遇挫，长期竞争力分化

随着资管新规的发布，信托回归"受人之托，代人理财"的主业方向
将更为明确；同时，各资管子行业之间的监管差异将逐步减小，资管行业

内的竞争将更加依靠主动管理能力。信托行业展业方向相对灵活，但灵活的展业方向往往也制约了一些信托公司深度挖掘自身核心竞争力。从资产管理的本质属性来看，主动管理能力更是信托作为资管子行业的核心竞争要素，信托公司的竞争力应当从快速应对政策和市场变化，转向加强主动管理能力和风险控制能力。信托行业在资管新格局下将会逐步进入成熟发展阶段，主动管理类信托业务占比在理论上应该随着行业的不断成熟而提升。然而2017年，主动管理类信托规模达7.99万亿元，虽然绝对值较2016年有所提升，但占比从2016年的51.41%下降至43.84%，不升反降。而在2017年新增信托规模中，主动管理类占比不足三成，主动管理业务增长乏力的情况应引起信托行业的高度重视。从行业内部看，存续信托规模中主动管理业务占比最高的前10名公司，其平均占比可达68.43%，但主动管理占比后10名公司的平均占比只达13.38%，最后3名公司平均占比仅为7%。存续以及增量集合信托占比均排在前10名的信托公司有杭工商信托、民生信托、安信信托以及中建投信托（见表6）。说明这些公司在被动管理业务上保持克制，而在打造主动管理能力方面则更为专注。"资管新规"时代，资管行业间的壁垒和牌照保护的优势都将逐步减小，而各资管公司的禀赋和能力随之凸显，大格局下的优胜劣汰将不可避免，专注打造主动管理能力的信托公司从长期来看或将更具竞争力。

表6　集合资金信托占比排行					
信托公司	存续集合占比（%）	存续集合占比排名	信托公司	新增集合占比（%）	新增集合占比排名
杭工商信托	93.86	1	杭工商信托	100.00	1
重庆信托	76.26	2	华宸信托	100.00	2
外贸信托	71.86	3	东莞信托	98.15	3
华融信托	67.93	4	民生信托	84.49	4
中泰信托	66.87	5	安信信托	78.84	5
中融信托	65.61	6	长城新盛信托	71.90	6
民生信托	63.06	7	百瑞信托	71.03	7
陆家嘴信托	59.84	8	中建投信托	63.46	8

续表

信托公司	存续集合占比（%）	存续集合占比排名	信托公司	新增集合占比（%）	新增集合占比排名
安信信托	59.52	9	新时代信托	56.63	9
中建投信托	59.45	10	华信信托	52.79	10
中海信托	59.38	11	中粮信托	50.78	11
东莞信托	58.45	12	平安信托	49.15	12
百瑞信托	57.47	13	陕国投	46.53	13
光大兴陇信托	57.42	14	山东信托	44.61	14
华鑫信托	55.76	15	云南信托	43.68	15
"前十五"平均	**64.85**		**"前十五"平均**	**67.47**	
行业平均	**40.65**		**行业平均**	**32.88**	

数据来源：信托公司年报，中建投信托博士后工作站。

3. 基建地产业务占比下降，新兴业务持续探索

2017 年信托资产的最大投向仍为实业工商企业，占信托总资产的 25.08%，同比下降 1.04%；投向金融机构和证券市场的占比同比均有大幅提升，金融机构占比同比提高 2.56%，证券市场占比同比提高了近 3%；而投向基础产业和房地产的资金信托则连续两年走低（见图 5）。随着地方政府债务严控、地产调控的深入，预计未来基建和地产业务占比将进一步下降。另外，随着金融降杠杆的继续推进，投向金融机构的占比预计也将减少。信托支持实体经济的作用将得以强化。

行业发展至今，国内 68 家信托公司在传统业务的展业方向上日渐趋同，而在监管收紧的背景下，符合合规条件的业务模式范围也有所缩减。因此信托公司急需寻求未来业务发展的"蓝海"，并努力争取在这些领域抢占先发优势。2017 年，有 48 家信托公司在年报中披露了创新业务的关注与实施情况，创新方向目前集中于资产证券化、慈善信托、家族信托、消费金融等领域。多数创新业务的市场体量和盈利能力尚不足以支撑信托公司的业务发展，但经过了前些年的市场培育和摸索，资产证券化和家族信托业务初步展现出较大的市场潜力和日渐成熟的业务模式，有望率先成为信托公司新的主流业务之一。

图5　信托资产投向

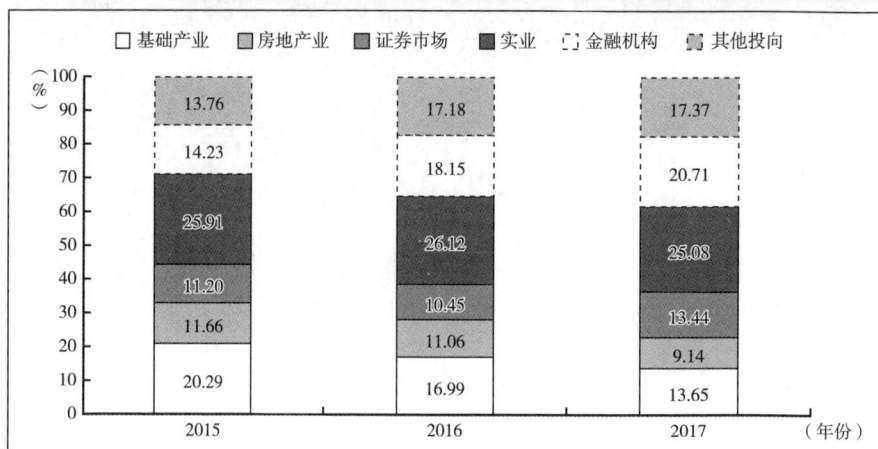

数据来源：信托公司年报，中建投信托博士后工作站。

（三）固有业务概况

1. 固有资产规模增速放缓，固有收入重回正增长

据中国信托业协会数据，2017 年 68 家信托公司固有资产规模为 6578.99 亿元，同比增加了 18.12%，实现进一步增长的同时增速较 2016 年的 20.48% 有所下滑。从固有业务收入的角度来看，2017 年末 68 家信托公司固有业务收入 385.53 亿元，同比增长 5.16%，从 2016 年的负增长重回正增长[①]。固有业务收入前 10 名的信托公司中有 7 家连续两年排名前十，头部效应仍然显著，但 10～15 名的变化较为明显，表明相对于信托业务收入而言，固有业务收入的波动性更大（见表7）。而固有业务收入前 15 名的信托公司中有 12 家公司的固有资产规模也排在前 15 名，说明固有资产规模在很大程度上决定了固有业务收入规模（见表8）。68 家公司中，仅有 6 家公

---

① 另据 68 家信托公司年报数据加总，行业固有业务收入总计为 366.53 亿元。

司的固有业务收入占总收入一半以上，该比例为 2016 年的一半。因此在 2017 年信托公司的营收中，固有业务收入对行业营收的贡献有所弱化。

表7　信托公司固有收入排行

信托公司	2017 年固有收入（万元）	2017 年排名	2016 年固有收入（万元）	2016 年排名	排名变化
中融信托	267016.00	1	118341.00	8	7
平安信托	233574.53	2	340621.38	1	-1
重庆信托	210947.77	3	205599.35	4	1
华润信托	161336.54	4	233259.27	3	-1
中诚信托	132085.15	5	119243.71	7	2
中信信托	130228.19	6	156283.84	5	-1
民生信托	117147.10	7	45751.27	25	18
江苏信托	100693.19	8	94346.79	9	1
华能信托	96436.43	9	67490.32	16	7
粤财信托	88538.56	10	59723.01	19	9
兴业信托	87401.00	11	67325.93	17	6
北京信托	85326.00	12	68349.00	15	3
上海信托	76581.70	13	44263.81	28	15
建信信托	72500.77	14	40265.97	32	18
昆仑信托	70480.09	15	28038.66	46	31
"前十五"平均	128686.20				
行业平均	53900.83				

数据来源：信托公司年报，中建投信托博士后工作站。

表8　信托公司固有资产排行

信托公司	固有资产总计（万元）	排名	信托公司	固有资产总计（万元）	排名
中融信托	2878830.00	1	上海信托	1667017.31	9
重庆信托	2813417.12	2	渤海信托	1401462.35	10
平安信托	2790803.06	3	华能信托	1384123.76	11
中信信托	2654753.72	4	华信信托	1360128.16	12
安信信托	2260503.09	5	民生信托	1333649.80	13
中诚信托	2212702.79	6	江苏信托	1325878.21	14
华润信托	2171415.60	7	昆仑信托	1303304.55	15
兴业信托	1896200.60	8			

数据来源：信托公司年报，中建投信托博士后工作站。

2. 固有投资收益率回落，固有业务独立性下降

从固有收入结构来看，投资收益仍是2017年信托公司固有业务收入的主要来源。68家信托公司固有投资收益达到284.93亿元，比2016年小幅提升5.24%。2017年末投资收益在固有业务收入中的占比从73.84%上升到73.91%，与上一年相比基本持平。然而，固有资金投资收益率却连续两年下滑。2017年信托公司固有业务收益率为6.35%，相较2016年的7.19%和2015年的11.86%明显下滑。

从资产投向的角度来看，2012年以来金融机构作为信托公司固有资金投向的主要部分，从2012年的27.84%上升至2017年的50.88%，增长十分迅猛（见图6）。原因除了近年来金融同业之间合作不断紧密之外，更因为投资金融机构资产信用风险较低，且收益率相对较高，满足固有资产投资安全性、收益性和流动性的综合需要。

图6　固有资产运用方式

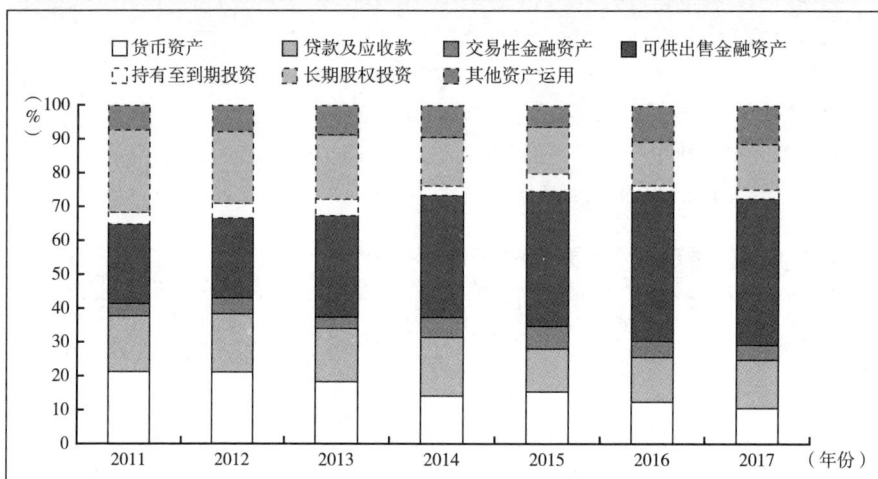

数据来源：信托公司年报，中建投信托博士后工作站。

信托公司年报统计，2017年度披露固信交易的57家信托公司于2017年初的固信交易金额为1363.38亿元，年末余额1928.90亿元。全年增加了41.47%。相比2016年，信托固有资金对信托业务支持的力度大大增加，部分信托公司产品发行对固有资产有着较大依赖性，从整体来看，行业固有业务的独立性有所减弱。

（四）信托风险管理概况

1. 信托风险资产比重下降

信托行业的风险管理能力在行业规模迅速增长和监管体系不断完善的过程中得到逐步提升。2017 年末，行业信托风险资产余额为 1314.34 亿元，风险资产率仅为 0.5%，从 2016 年二季度以来一直保持下降趋势。从风险资产的结构来看，集合资金信托的风险资产占全部风险资产的比重为 47.16%，自 2015 年以来处于下降通道，反映出行业风险资产结构也在不断优化（见图 7）。

图7　信托风险率和集合信托风险占比

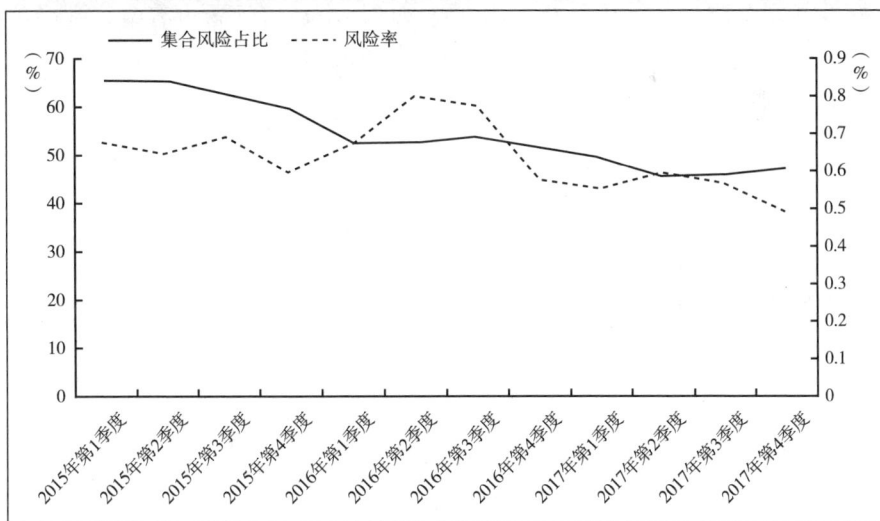

数据来源：中国信托业协会，中建投信托博士后工作站。

2. 信托行业风险抵御能力仍然较强

按照监管要求，信托公司净资本须大于等于 2 亿元，净资本与各项业务风险资本之和的比例须大于等于100%，净资本与净资产的比例须大于等于40%。各信托公司的风险管理监管指标的横向对比在一定程度上反映了信托公司的风险主动管理能力。

信托公司年报统计，有66家信托公司在年报中披露了净资本管理的相关指标数据，平均净资本为61.75亿元，各项业务风险资本之和的平均值为34.44亿元，净资本与净资产的比例均值为80.02%，净资本与各项业务风险资本之和的比例均值为179.30%，行业平均值符合且远高于行业监管基本要求。①

2017年，信托业监管体系得到确立和完善，信托公司净资本管理、恢复与处置机制、信托业保障基金、信托登记制度等一系列基础性制度得到逐步建立和实施，信托行业已有了成型的系统性风险防范体系。信托公司自有资本充足，资产减值准备计提增加，信托赔偿准备金持续累计，信托业保障基金提供风险缓释机制，行业抗击风险能力显著增加。"资管新规"出台后，信托行业刚性兑付的历史遗留问题也有望得到妥善解决。总体来说，信托行业风险管控体系的逐步完善和风险资产率持续下降，使信托业在实现平稳较快增长的同时也更加安全健康，为信托业的长远发展打下坚实基础。

三、信托行业发展展望

2018年，中国经济已进入深化改革与转型发展的关键时期，金融监管不断规范和完善，信托行业也将迎来重要的发展机遇。十九大和"两会"着重强调了金融服务实体经济的重要性和防范金融风险的紧迫性，提出要增强金融服务实体经济的能力，深化金融体制改革，健全金融监管体系。

① 具体指标分析详见本书第四章。

信托作为重要的金融部门，必须顺应经济发展形势的新变化，继续服务实体经济、严控金融风险、回归信托本源。

（一）监管执行力度加强，统一监管政策落地实施

在 2017 年召开的全国金融工作会议上，防风险被定调为金融工作"永恒的主题"，随后金融行业的监管力度持续加码，信托也进入了"强监管周期"。除了更严格地执行"99 号文"和"58 号文"对信托行业的风险监管要求外，原银监会连续下发"三三四十""资管新规"等监管政策，对具体业务的操作模式与规则做出进一步细化，同时也对信托公司的日常经营管理做出诸多规范性要求。

在监管执行的手段上，监管人员密集进驻信托公司进行现场检查，同时也加大了对信托公司违规的处罚力度①。监管处罚的原因从业务领域的资金用途、推介方式违规，逐步扩展到董监高履职、经营决策、账户管理、信息填报与披露等公司治理与管理细节。由此看出，监管机构不仅对信托公司业务的合规要求趋严，对信托公司经营决策和内部管理的监管也将进一步强化。除了监管力度的加大，金融统一监管的趋势也是信托行业必须面对的新环境。2018 年 4 月，央行等四部委下发了酝酿多时的《关于规范金融机构资产管理业务的指导意见》，资管行业统一监管正式落地。在"资管新规"的指导下，信托将与其他机构在统一的监管规则下展开资管业务的合作与竞争，同时也面临着打破刚兑、净值化管理、去通道化、增加风险准备金和加强信息披露等挑战。

在以"资管新规"为代表的统一监管规则下，信托公司的管理体系和业务模式将发生颠覆式的变化。刚性兑付将彻底被打破，以监管套利为生存空间的纯通道业务将受到严格限制，客观上要求信托公司提高资产筛选

---

① 信托公司监管处罚统计详见本书第五章。

能力，把控实质风险，妥善履行受托人职责，保障信托产品的安全落地，全面提高主动管理能力。

（二）信托增长方式由通道业务扩张向主动管理驱动转变

在严厉的监管环境下，2018 年信托资产规模的快速增长势头料将无法延续，大有可能出现绝对规模的下降，但信托资产增长方式更具可持续性。增长的驱动因素逐渐回归主动管理，主要有以下三点原因。

首先，在统一监管的大趋势下，依靠监管套利带来的通道业务机会势必不可持续，禁止多层嵌套和严格穿透等监管措施将对通道业务造成较大冲击，依靠通道业务拉动信托规模增长必然无法延续。2017 年 12 月，原银监会下发"55 号文"，进一步规范银信通道类业务，尤其是对房地产、地方平台等领域投向的业务做出严格限制，并直接对业务增长较快、风险较高的信托公司实行窗口指导。随着监管干预的加强，信托公司将更加注重合规经营，风险较高的业务将被压缩，银信合作的空间也将进一步收窄。信托资产规模增速将极大放缓，依靠主动管理能力发展业务的模式将更具稳健性和可持续性。

其次，2018 年我国经济工作将以供给侧结构性改革为主轴，优化经济增长结构，降低对债务驱动投资模式的依赖程度，中央对经济增长速度的下限有所放宽。为了实现经济结构的优化，货币"控总量"和"调结构"是前提条件，经济工作将围绕"去杠杆""抑泡沫"和"稳增长"而展开，信用环境将更加紧缩。投资需求的下降和信用环境的收紧将在一定程度上限制部分信托业务的开展，降低其资产规模的扩张速度。

最后，在经济增长方式转变和新增长动能培育的过程中将浮现出新的行业投融资机会，信托公司仍可通过提高资产主动管理能力，凭借灵活的交易结构设计和信托牌照优势，创新业务模式，在新的经济增长领域有所作为。2018 年，新兴产业投融资业务有望成为信托公司的重点创新业务领域，信托公司将在政府重点支持的中高端消费、创新引领、绿色低碳、共享经济、现代供应链等领域主动寻求业务机会，形成新的增长动力。

（三）供给侧改革推动信托传统业务转型升级

"十九大报告"明确指出，供给侧结构性改革仍是当前阶段我国经济工作的主轴，"稳货币""防风险""去杠杆"的政策导向短期内不会发生改变，这将对包括房地产和基础设施建设在内的投资驱动型行业造成一定程度的负面冲击，信托传统业务也将面临调整和升级。

习近平总书记曾在不同场合多次强调，"房子是用来住的，不是用来炒的"。"十九大报告"也指出，要加快建立多主体供给、多渠道保障、租购并举的住房制度，让全体人民住有所居。政府将延续引导房地产回归居住属性，弱化房地产的金融资产属性。房地产市场的供给侧改革将加快房地产信托转型升级。首先，信托公司可充分参与房地产租赁市场，从传统的房地产开发投融资业务逐步转向长租公寓、租赁资产证券化、REITs 等存量房地产业务的拓展。其次，信托可将生产要素引导向更具发展潜力的新型地产领域发展，包括养老、物流、绿色建设、科技等在内的新型业态，促进行业多元化发展。

供给侧改革下基础设施建设的投融资模式也将发生变化。"十九大报告"将加强水利、铁路、公路、水运、航空等基础设施网络建设列入供给侧改革框架内，并倡导社会资本在基础设施项目建设、运营、管理的过程中发挥更大作用。信托公司将进一步转变传统政府平台融资业务模式，积极推进 PPP、基础设施建设基金、基建资产证券化等业务。

综上，随着监管制度的顶层设计不断完善，信托行业进入稳健发展的阶段，信托业务模式继续转型，资产结构持续优化，盈利能力稳步增长，风险管理能力不断提升，资本实力更加雄厚。在供给侧改革的关键年，信托将继续贯彻"受人之托，代人理财"的核心理念，发挥牌照优势，服务实体经济，严控金融风险，顺应经济发展形势的新变化。

2017 年信托业务研究报告

袁 路

一、总体发展态势迅猛

（一）信托规模快速增长

截至 2017 年末，信托行业管理资产总规模达到 26.25 万亿元，2017 年二季度开始，信托行业规模重新进入了高速发展期，2017 年四季度，行业总规模环比增长 13.43%，同比增长 44.46%，增速为 2014 年以来的最高值（见图 1）。

图 1　2012~2017 年信托行业资产总规模

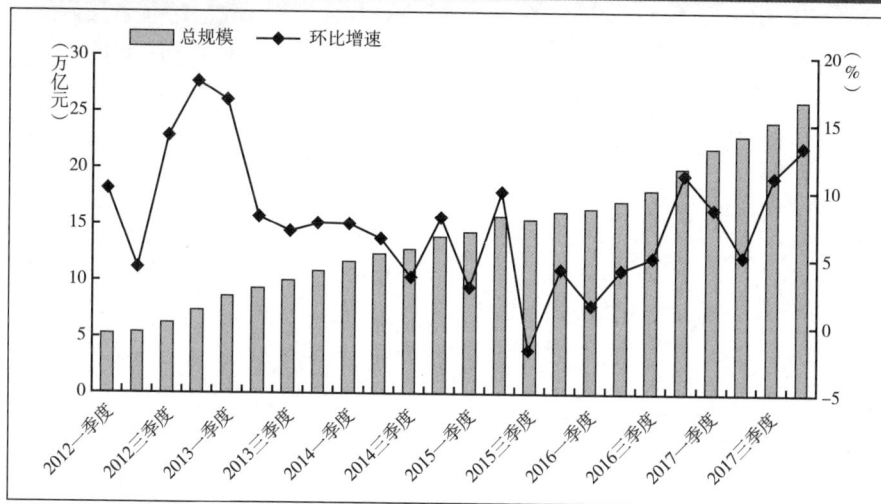

数据来源：中国信托业协会，中建投信托博士后工作站。

信托公司平均管理资产规模达到 3800 亿元。全行业 12 家公司管理资产规模超过 6000 亿元；10 家公司管理资产规模在 1000 亿元以下，其中仅有 1 家公司管理资产规模在 100 亿元以下（见表 1）。

信托公司	信托资产总计（亿元）	信托公司	信托资产总计（亿元）
中信信托	19867.30	陆家嘴信托	2869.90
建信信托	14096.70	英大信托	2816.42
华润信托	13469.39	山东信托	2716.75
华能信托	10102.53	国元信托	2634.30
交银信托	9656.30	粤财信托	2539.83
兴业信托	9321.65	西部信托	2484.07
上海信托	9123.91	国通信托	2389.51
渤海信托	7549.75	安信信托	2325.51
中融信托	6699.07	天津信托	2173.78
中航信托	6577.67	紫金信托	2104.62
平安信托	6527.56	大业信托	1994.55
长安信托	6014.05	中原信托	1955.20
华宝信托	5955.89	中粮信托	1952.55
江苏信托	5511.44	万向信托	1901.27
国民信托	5219.09	重庆信托	1882.33
五矿信托	5174.69	民生信托	1871.11
外贸信托	5006.09	百瑞信托	1762.84
光大兴陇信托	4784.59	新华信托	1762.27
陕国投	4532.22	中建投信托	1702.46
中铁信托	4343.48	浙商金汇信托	1585.11
西藏信托	4244.58	中江信托	1575.68
中海信托	4186.63	华澳信托	1400.88
四川信托	4182.28	华信信托	1386.91
云南信托	3696.40	金谷信托	1162.09
国投信托	3628.05	苏州信托	927.84
昆仑信托	3519.35	国联信托	858.60
爱建信托	3327.68	吉林信托	835.86
新时代信托	3288.59	湖南信托	766.77
中诚信托	3260.19	杭工商信托	505.88
华融信托	3220.53	山西信托	495.60
北京信托	3101.89	东莞信托	459.71
厦门信托	3011.00	中泰信托	372.34
华鑫信托	2974.02	长城新盛信托	347.12
北方信托	2941.60	华宸信托	39.66

表1　2017年各信托公司管理资产规模

数据来源：信托公司年报，中建投信托博士后工作站。

信托公司之间的资产规模差距进一步拉大，规模最大的中信信托达到 1.98 万亿元，与 2016 年相比增长超过 5000 亿元。而规模最小的华宸信托仅为 39.66 亿元，且相比 2016 年下降超过 50%。行业规模仍保持较高集中度，规模排名前十的公司的资产总规模约 10.65 万亿元，占行业总规模的 40.57%，排名后十的公司管理资产规模仅占行业总规模的 2.13%。

2017 年，行业新增信托规模达 15.20 万亿元，占存量规模的 57.92%。其中，华能信托与中信信托的新增信托规模均超过了 1 万亿元（见表 2）。浙商金汇信托、华能信托、华澳信托和民生信托 4 家公司的新增信托规模甚至分别超过自身当年存量规模。

表 2 新增信托规模占存量规模比例排名前二十的公司			
信托公司	新增资产规模（亿元）	信托公司	新增资产规模（亿元）
华能信托	11425.79	中航信托	3620.92
中信信托	10751.61	上海信托	3521.95
华润信托	8622.86	光大兴陇信托	3400.72
渤海信托	7477.90	爱建信托	2776.35
交银信托	4693.88	云南信托	2769.99
五矿信托	4534.59	华融信托	2755.92
国民信托	4496.60	陕国投	2750.00
兴业信托	4364.35	厦门信托	2632.95
中铁信托	4165.53	建信信托	2556.89
长安信托	3730.77	昆仑信托	2317.33

数据来源：信托公司年报，中建投信托博士后工作站。

（二）信托收入小幅增长

2017 年，行业信托收入总计 805.16 亿元，较 2016 年增长 7.41%。信托收入占经营收入的比例为 67%（见图 2）。从各公司来看，信托公司对信托收入的依赖程度有所提高，2017 年共有 62 家公司信托业务收入占比超过固有业务收入，比 2016 年多出 8 家公司。10 家信托公司的信托业务收入占经营收入的 90% 以上（见表 3）。

图2　2010 ~2017 年信托收入与占比变化

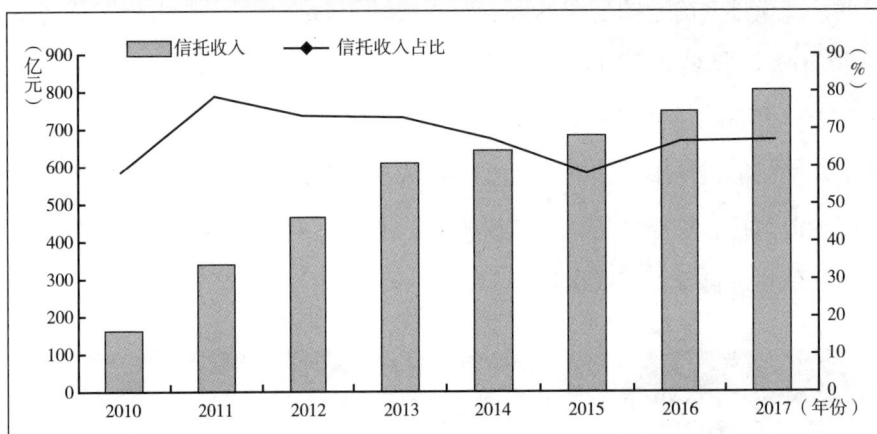

数据来源：中国信托业协会，中建投信托博士后工作站。

表3　2017 年信托公司的信托收入与信托收入占比

信托公司	信托收入占比（%）	信托收入（亿元）	信托公司	信托收入占比（%）	信托收入（亿元）
安信信托	94.36	52.44	万向信托	80.70	8.46
中信信托	77.36	44.48	陆家嘴信托	79.62	8.46
平安信托	66.71	40.19	英大信托	76.94	8.21
中融信托	79.64	38.77	华信信托	57.10	8.01
华能信托	77.58	26.49	中诚信托	40.31	7.70
中航信托	89.92	26.44	华鑫信托	67.07	7.67
民生信托	64.79	21.43	杭工商信托	74.79	7.59
重庆信托	54.42	21.31	国投信托	41.13	7.39
四川信托	86.59	21.13	中江信托	73.96	6.99
上海信托	76.97	20.31	东莞信托	91.81	6.96
建信信托	72.96	19.50	国民信托	98.00	6.93
渤海信托	90.04	19.23	厦门信托	66.20	6.91
外贸信托	74.38	19.22	天津信托	50.93	6.63

续表

信托公司	信托收入占比（%）	信托收入（亿元）	信托公司	信托收入占比（%）	信托收入（亿元）
中铁信托	78.42	19.09	中海信托	54.58	6.31
长安信托	79.42	18.55	西藏信托	93.84	6.26
五矿信托	83.30	17.81	紫金信托	75.92	6.08
华融信托	83.56	16.82	湖南信托	51.15	6.01
兴业信托	68.93	16.48	中粮信托	52.74	4.82
爱建信托	90.57	14.84	金谷信托	58.90	4.73
中建投信托	70.85	12.89	云南信托	83.01	4.59
交银信托	80.61	12.63	北方信托	75.40	4.53
百瑞信托	68.70	12.59	浙商金汇信托	83.44	4.33
北京信托	67.41	12.46	苏州信托	58.99	4.31
华宝信托	76.01	12.42	西部信托	62.19	4.11
中原信托	69.96	12.32	长城新盛信托	97.58	3.45
国通信托	94.95	11.48	国元信托	48.34	3.26
山东信托	68.30	11.26	华澳信托	56.20	3.21
华润信托	39.26	10.21	粤财信托	27.28	2.92
新时代信托	90.83	10.16	新华信托	30.40	2.51
江苏信托	50.08	10.01	吉林信托	87.78	2.49
陕国投	86.08	9.90	中泰信托	57.03	2.48
昆仑信托	55.37	8.73	国联信托	56.97	2.13
光大兴陇信托	76.31	8.67	山西信托	58.60	1.86
大业信托	91.65	8.60	华宸信托	60.45	0.28

数据来源：信托公司年报，中建投信托博士后工作站。

2017 年，信托行业资产规模的增长幅度远远高于信托收入的增长幅度。全行业共有 45 家信托公司的信托资产规模增速大于信托收入增速。但也有华宝信托、建信信托等 8 家公司实现了信托收入和资产规模的同步增长（见表 4）。

表4　2017 年信托收入和资产规模增长相匹配的信托公司

信托公司	信托收入（亿元）	信托收入增速（%）	信托资产规模增速（%）
东莞信托	6.12	13.73	10.55
吉林信托	1.58	57.35	54.71
华宝信托	10.84	14.63	13.02
建信信托	18.04	8.10	7.92
百瑞信托	11.77	6.91	6.82
华鑫信托	6.73	14.03	15.40
爱建信托	9.02	64.54	67.16
陕国投	5.64	75.86	78.57

数据来源：信托公司年报，中建投信托博士后工作站。

（三）信托报酬率

整体来看，由于信托收入的增长幅度远小于信托规模的增长幅度，2017 年信托报酬率整体无疑呈现下降趋势。2017 年行业平均信托报酬率为 0.31%，与 2016 年的 0.37% 相比有小幅下降。在公布了 2017 年度加权信托报酬率的 52 家信托公司中，有 7 家信托公司的信托报酬率超过 1%（见表 5），与 2016 年（10 家）相比也有所减少。信托报酬率的下降一方面是由于息差空间的不断收窄，另一方面则源于报酬较低的事务管理类信托占比上升，拉低了整体报酬率。

表5　2017 年度部分信托公司加权信托报酬率

信托公司	信托报酬率（%）	信托公司	信托报酬率（%）
东莞信托	3.63	五矿信托	0.42
杭工商信托	2.73	北京信托	0.41
长城新盛信托	1.43	天津信托	0.41
安信信托	1.29	长安信托	0.40
华信信托	1.27	昆仑信托	0.40
重庆信托	1.20	浙商金汇信托	0.36
民生信托	1.17	国通信托	0.35

续表

信托公司	信托报酬率（%）	信托公司	信托报酬率（%）
苏州信托	0.90	新时代信托	0.32
紫金信托	0.85	英大信托	0.32
爱建信托	0.84	上海信托	0.28
华宸信托	0.81	陕国投	0.28
百瑞信托	0.79	渤海信托	0.28
陆家嘴信托	0.73	光大兴陇信托	0.27
中原信托	0.70	厦门信托	0.26
中泰信托	0.65	国投信托	0.25
中江信托	0.64	华鑫信托	0.23
中航信托	0.59	华澳信托	0.23
国联信托	0.53	交银信托	0.22
中铁信托	0.53	西部信托	0.22
国民信托	0.51	云南信托	0.21
平安信托	0.50	国元信托	0.19
外贸信托	0.48	兴业信托	0.18
金谷信托	0.47	北方信托	0.16
大业信托	0.47	江苏信托	0.13
新华信托	0.43	西藏信托	0.13
山西信托	0.43	建信信托	0.10

数据来源：信托公司年报，中建投信托博士后工作站。

二、结构性倾斜明显，主动管理类信托占比下降

（一）事务管理类信托支撑行业增长

2017 年底，事务管理类信托项目占比 59.62%，投资类信托项目占比

23.51%，融资类信托项目占比仅为 16.87%。可以看出，事务管理类信托项目占比自 2013 年以来不断增大（见图 3）。2017 年底，事务管理类信托规模已达 15.65 万亿元，与 2016 年底相比增加 5.58 万亿元，占全年信托总资产增加规模比例达 92%。可以说 2017 年的信托资产规模增长几乎全部来源于事务管理类项目。

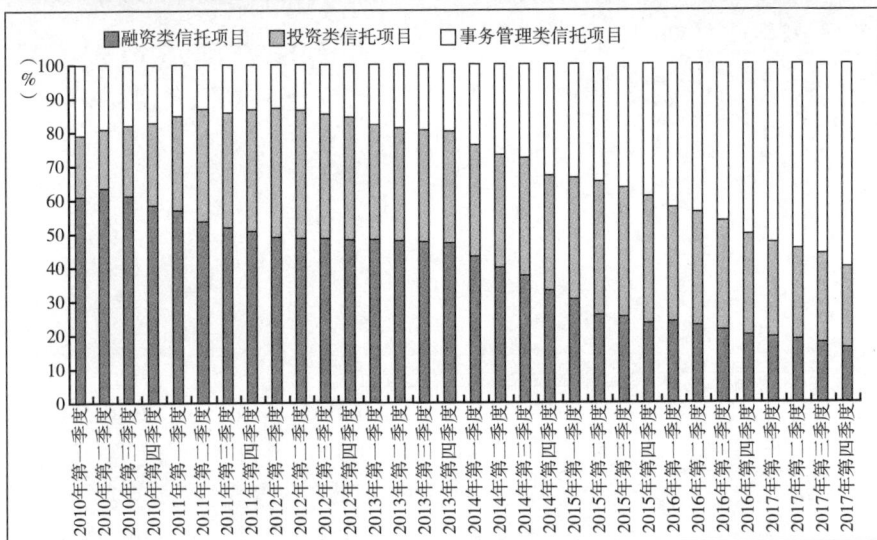

图3　2010 ~2017 年事务管理类信托占比变化

数据来源：中国信托业协会，中建投信托博士后工作站。

与此形成对比的是融资类和投资类信托项目。融资类信托项目占比从 2010 年开始持续下降，从 2010 年超过 60% 的占比一路降至 20% 以下（2017 年），其绝对规模也从 2013 年底的 5.2 万亿元降至 2017 年底的 4.4 万亿元。投资类信托项目占比则呈现先升后降趋势，2010 年以来先逐渐增加到 2015 年二季度的 39%，随后持续下降至 2017 年底的 23.51%。

（二）单一资金信托占比持续下降

从信托资金的来源来看，单一资金信托占比持续下降，而集合资金信托和财产类信托占比稳步上行（见图 4）。信托资金来源变得更加多样化。从 2016 年末至 2017 年末，单一资金信托占比由 50.07% 降至 45.73%；集合资金信托占比由 36.28% 增至 37.74%；财产类信托占比由 13.65% 增至 16.53%。

图4　2010~2017 年信托资金来源占比变化

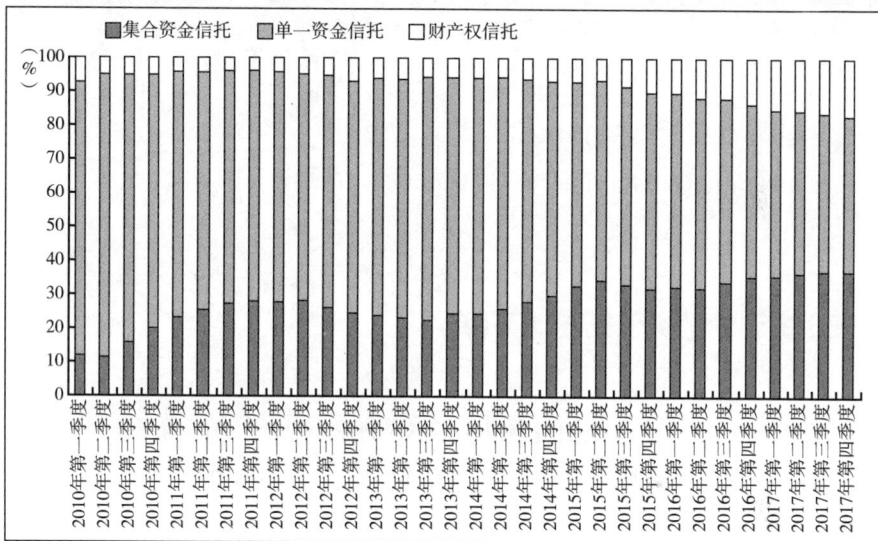

数据来源：中国信托业协会，中建投信托博士后工作站。

2017 年末，有 10 家信托公司的集合资金信托规模超过了 3000 亿元。其中，既有中信信托、建信信托、华润信托、交银信托等以单一信托占主导地位的信托公司，也有外贸信托、中融信托、长安信托等以集合信托为主的信托公司（见表 6）。而从 2017 年新增集合信托规模来看，一些存量集合信托规模并不高的信托公司反而拥有较大的新增规模，如华能信托、五矿信托、中铁信托等的新增集合信托规模甚至超过了其自身 2017 年底的存量规模，反映了这些信托公司成立集合信托计划期限整体偏短。

表6　2017 年存量与新增集合信托规模排名前十的信托公司			
信托公司	存量集合（亿元）	信托公司	新增集合（亿元）
中信信托	6221.37	华能信托	4280.36
中融信托	4395.09	中信信托	3063.08
建信信托	4300.09	五矿信托	2967.33
华润信托	3863.87	华润信托	2457.44
外贸信托	3597.18	交银信托	2209.48
中航信托	3474.38	中铁信托	2185.94
平安信托	3453.05	长安信托	1891.28
长安信托	3248.93	中航信托	1888.38
交银信托	3128.52	华融信托	1695.21
上海信托	3126.00	渤海信托	1679.97

数据来源：信托公司年报，中建投信托博士后工作站。

（三）主动管理类信托占比下降

2017 年，主动管理类信托规模达 7.99 万亿元，比 2016 年增加 1.13 万亿元，被动管理类信托规模合计 18.23 万亿元，与 2016 年相比增加 4.91 万亿元。主动管理类信托规模占比从 2016 年的 51.41% 下降至 2017 年的 43.84%。而在 2017 年的新增规模中，被动管理类信托规模达 11.31 万亿元，占总规模比例达 74.44%（部分信托公司被动管理类存量规模参见表7），而主动管理类信托规模仅为 4.13 万亿元。信托行业主动管理能力不增反减。

表7　被动管理类存量规模前 10 名的信托公司			
信托公司	被动管理规模（亿元）	信托公司	被动管理规模（亿元）
中信信托	15018.82	上海信托	7199.56
建信信托	9896.69	渤海信托	7199.28
兴业信托	8354.68	华能信托	7148.54
交银信托	8080.86	江苏信托	4964.90
华润信托	7291.00	国民信托	4936.45

数据来源：信托公司年报，中建投信托博士后工作站。

分公司来看,绝大部分信托公司的被动管理类信托占比都较高。全行业只有 8 家信托公司的被动管理类信托规模占比低于 40%,12 家信托公司的被动管理类信托规模占比低于 50%。除东莞信托和杭工商信托以外,其他所有信托公司的被动管理类信托规模占比都在 20% 以上(见表 8)。

表8 被动管理类占比前 10 名与后 10 名的信托公司			
被动占比前 10 名的信托公司	被动占比(%)	被动占比后 10 名的信托公司	被动占比(%)
北方信托	99.26	陕国投	46.48
渤海信托	95.36	百瑞信托	40.77
国民信托	94.58	中建投信托	38.54
英大信托	90.32	中融信托	35.47
江苏信托	90.08	长城新盛信托	34.05
兴业信托	89.63	安信信托	31.84
华澳信托	88.38	民生信托	24.97
国元信托	88.04	华宸信托	24.92
天津信托	87.21	东莞信托	4.21
中铁信托	86.46	杭工商信托	1.04

数据来源:信托公司年报,中建投信托博士后工作站。

三、资金投向持续优化,地产和基建类信托占比下降

(一)融资类信托仍为主流运用方式

从资金的运用方式来看,根据信托公司年报数据,除占行业一半规模的事务管理类信托外,以融资类信托规模为最多,几乎为股权投资、证券投资和其他三类信托项目规模之和(见图 5)。在全部 68 家信托公司中,没有一家信托公司的融资类项目为零。分析更能反映信托公司自身资金运用导向的

主动管理类信托中各业务占比，可以看出不同公司的资金运用方式存在较大差异。如华润信托、云南信托、华宝信托等以二级市场证券投资类信托为主，而杭工商信托、山东信托、西藏信托等则以股权投资类信托为主。

图5　2017年按资金运用方式划分不同信托项目分类规模占比

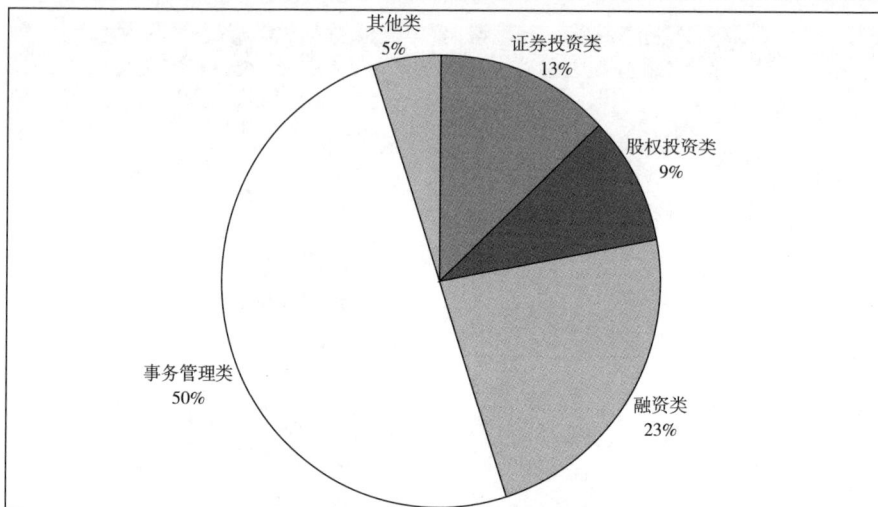

数据来源：信托公司年报，中建投信托博士后工作站。

对于融资类信托，研究发现其规模占比与公司总规模并没有正相关性。在融资类规模占比排名最低的信托公司中，既有建信信托这样的总规模排名前列的信托公司，也有总规模较小的信托公司如新华信托（见表9）。

表9　2017年各信托公司主动管理融资类项目规模与占比

信托公司	主动管理融资类（亿元）	主动管理融资类占比（%）	信托公司	主动管理融资类（亿元）	主动管理融资类占比（%）
中信信托	1902.04	39.23	渤海信托	335.91	95.85
平安信托	1667.66	55.19	大业信托	319.95	70.96
中融信托	1501.01	34.72	陆家嘴信托	306.42	35.12
交银信托	1489.98	94.58	华信信托	288.30	44.17
昆仑信托	1434.93	77.63	湖南信托	287.17	81.98
华融信托	1327.82	96.62	华润信托	253.79	4.11

续表

信托公司	主动管理融资类（亿元）	主动管理融资类占比（%）	信托公司	主动管理融资类（亿元）	主动管理融资类占比（%）
华能信托	1179.20	39.92	华鑫信托	251.05	50.04
上海信托	968.33	50.32	厦门信托	250.71	42.78
兴业信托	894.38	92.49	中原信托	247.61	44.84
长安信托	794.90	39.77	天津信托	247.43	88.99
中航信托	752.75	25.69	西部信托	217.05	55.34
新时代信托	736.12	45.32	东莞信托	214.51	48.71
中海信托	722.53	46.59	紫金信托	212.00	45.65
中建投信托	708.26	67.69	国通信托	209.41	36.95
外贸信托	695.09	37.38	国投信托	208.17	34.37
北京信托	671.64	51.82	浙商金汇信托	199.44	60.66
安信信托	644.60	40.67	长城新盛信托	177.99	77.74
陕国投	610.27	25.16	金谷信托	148.69	25.18
江苏信托	514.31	94.10	苏州信托	145.46	44.21
重庆信托	494.39	53.07	华澳信托	145.15	89.18
建信信托	483.27	11.51	云南信托	122.26	8.03
山东信托	483.14	18.34	杭工商信托	122.14	24.40
四川信托	450.65	37.46	英大信托	118.24	43.99
民生信托	428.26	30.50	粤财信托	112.86	10.95
中铁信托	412.43	70.11	吉林信托	101.28	82.90
百瑞信托	407.57	39.04	国元信托	94.63	86.50
爱建信托	399.08	68.96	国民信托	71.62	25.34
中诚信托	386.30	42.89	中泰信托	60.96	64.49
五矿信托	384.41	27.67	山西信托	38.86	38.25
中粮信托	380.67	44.42	国联信托	30.99	26.01
中江信托	376.19	83.75	西藏信托	28.34	3.94
光大兴陇信托	373.17	35.40	新华信托	24.63	8.90
华宝信托	354.02	13.91	北方信托	21.48	99.26
万向信托	347.19	90.93	华宸信托	20.28	68.10

数据来源：信托公司年报，中建投信托博士后工作站。

证券投资类信托的行业集中度较高，在主动管理类信托中，证券投资类信托规模最大的十家信托公司合计规模达 1.62 万亿元，占全行业主动管理证券投资类信托规模的 79%（见表 10）。

信托公司	主动管理证券投资类（亿元）	主动管理证券投资类占比（%）	信托公司	主动管理证券投资类（亿元）	主动管理证券投资类占比（%）
华润信托	5865.46	94.94	爱建信托	27.63	4.77
中信信托	2440.34	50.33	西部信托	25.66	6.54
陕国投	1725.17	71.12	东莞信托	22.38	5.08
华宝信托	1535.84	60.34	华澳信托	17.61	10.82
云南信托	997.14	65.48	浙商金汇信托	17.48	5.32
中海信托	828.17	53.41	山西信托	16.72	16.45
上海信托	826.87	42.97	天津信托	14.18	5.10
粤财信托	687.38	66.69	新时代信托	13.77	0.85
长安信托	669.68	33.50	国元信托	12.88	11.78
光大兴陇信托	583.04	55.31	吉林信托	10.84	8.88
平安信托	581.53	19.25	金谷信托	8.31	1.41
建信信托	443.88	10.57	华融信托	8.04	0.58
四川信托	423.47	35.20	国通信托	7.99	1.41
北京信托	317.39	24.49	中铁信托	5.01	0.85
中融信托	284.90	6.59	江苏信托	3.68	0.67
外贸信托	252.18	13.56	陆家嘴信托	3.16	0.36
华鑫信托	207.23	41.30	苏州信托	2.01	0.61
民生信托	201.06	14.32	中泰信托	1.93	2.05
国投信托	179.50	29.64	中原信托	1.66	0.30
国民信托	156.79	55.47	万向信托	0.63	0.16
厦门信托	151.88	25.91	新华信托	0.36	0.13
重庆信托	150.01	16.10	紫金信托	0.16	0.03
华信信托	114.71	17.57	国联信托	0.08	0.07
中粮信托	91.25	10.65	百瑞信托	0.01	0.00
西藏信托	87.61	12.17	中航信托	—	0.00
交银信托	85.45	5.42	山东信托	—	0.00
昆仑信托	73.06	3.95	杭工商信托	—	0.00
兴业信托	70.69	7.31	大业信托	—	0.00
中诚信托	67.58	7.50	长城新盛信托	—	0.00
华能信托	56.72	1.92	英大信托	—	0.00
湖南信托	55.02	15.71	华宸信托	—	0.00
五矿信托	54.01	3.89	渤海信托	—	0.00
中江信托	36.25	8.07	北方信托	—	0.00
中建投信托	34.11	3.26	安信信托	—	0.00

表10　2017年各信托公司主动管理证券投资类项目规模与占比

数据来源：信托公司年报，中建投信托博士后工作站。

　　相对其他资金运用方式，主动管理股权投资类信托项目规模最小，2017 年规模仅为 1.37 万亿元，与 2016 年的 1.35 万亿元规模相比几乎没有增长，20 家信托公司的主动管理股权投资类占比在 2% 以下，其中 8 家信托公司在 2017 年未进行任何股权投资（见表 11）。

表 11　2017 年各信托公司主动管理股权投资类项目规模与占比

信托公司	主动管理股权投资类（亿元）	主动管理股权投资类占比（%）	信托公司	主动管理股权投资类（亿元）	主动管理股权投资类占比（%）
建信信托	3272.86	77.92	东莞信托	48.41	10.99
中航信托	2177.64	74.31	光大兴陇信托	47.08	4.47
外贸信托	844.21	45.39	陕国投	45.17	1.86
西藏信托	603.86	83.89	华鑫信托	43.47	8.66
陆家嘴信托	562.93	64.52	华融信托	38.40	2.79
中信信托	506.10	10.44	英大信托	38.32	14.25
华能信托	448.88	15.20	国通信托	35.66	6.29
昆仑信托	340.41	18.42	万向信托	34.01	8.91
中融信托	321.62	7.44	华润信托	31.73	0.51
百瑞信托	313.42	30.02	江苏信托	28.54	5.22
山东信托	296.45	11.25	华宝信托	27.71	1.09
中诚信托	280.45	31.14	中江信托	25.65	5.71
重庆信托	258.01	27.69	中粮信托	23.91	2.79
北京信托	235.16	18.14	天津信托	16.43	5.91
新华信托	232.43	84.02	国联信托	12.14	10.19
杭工商信托	229.68	45.88	吉林信托	10.04	8.22
粤财信托	221.12	21.45	山西信托	9.33	9.18
金谷信托	200.35	33.93	华宸信托	8.56	28.75
厦门信托	180.33	30.77	湖南信托	6.69	1.91
中建投信托	159.86	15.28	渤海信托	6.56	1.87
民生信托	159.12	11.33	紫金信托	4.80	1.03
苏州信托	141.88	43.12	云南信托	4.23	0.28
长安信托	141.76	7.09	国民信托	3.00	1.06
大业信托	130.94	29.04	兴业信托	1.90	0.20
西部信托	127.82	32.59	国元信托	1.71	1.57
浙商金汇信托	111.85	34.02	北方信托	0.16	0.74
四川信托	110.18	9.16	交银信托	—	0.00

续表

信托公司	主动管理股权投资类（亿元）	主动管理股权投资类占比（%）	信托公司	主动管理股权投资类（亿元）	主动管理股权投资类占比（%）
国投信托	105.13	17.36	新时代信托	—	0.00
上海信托	97.13	5.05	中海信托	—	0.00
中铁信托	88.75	15.09	安信信托	—	0.00
爱建信托	83.54	14.44	华信信托	—	0.00
五矿信托	74.77	5.38	中原信托	—	0.00
平安信托	56.26	1.86	华澳信托	—	0.00
长城新盛信托	50.95	22.26	中泰信托	—	0.00

数据来源：信托公司年报，中建投信托博士后工作站。

（二）投向行业更加多元化

从信托资产投向来看，行业最大投向仍为实业工商企业，占比为25.23%，同比下降2.05%；投向金融机构的占比同比下降了1.62%，而投向房地产业占比同比提高1.72%；与此同时，投向基础产业和证券市场的资金信托则连续两年走低（见图6）。

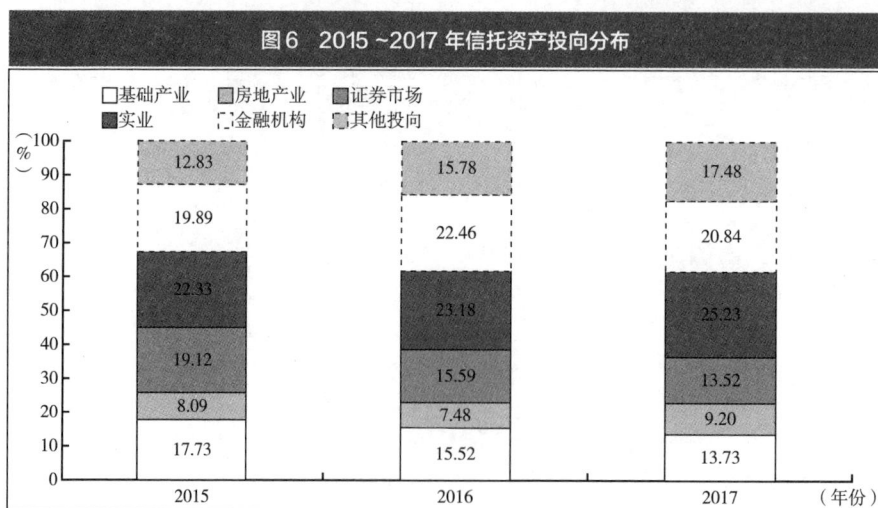

图6　2015~2017年信托资产投向分布

数据来源：中国信托业协会，中建投信托博士后工作站。

2012 年二季度以来，实业企业一直是信托资金投向的第一大领域。从绝对规模来看，实业的投向规模达 6.59 万亿元，较 2016 年末的 4.60 万亿元同比增长 43%。全行业 11 家信托公司投向实业占比超过 50%（见表 12）。信托对实业投资的规模不断提升，有力地支持了实体经济的发展。

从金融机构投向来看，尽管 2017 年末，信托资金投向金融机构的规模达 5.44 万亿元，较 2016 年末的 4.46 万亿元同比增长 21.97%，但占比从 2016 年末的 22.46% 下降到了 2017 年末的 20.84%。从 2017 年下半年开始，金融强监管周期和去杠杆政策导向逐渐发挥影响，信托资金投向金融机构的规模有望逐步下降，发展势头将明显放缓。

2017 年末，信托资金投向基础产业的规模为 3.58 万亿元，虽然依旧超过证券投资规模，保持信托资产配置的第三大投向领域，但领先优势已经极不明显，和证券投资规模的差距仅有 500 亿元。随着政府对标准产品市场的鼓励，以及地方政府债务的进一步收紧，信托作为基础设施的非标融资渠道将逐渐式微。

2017 年，房地产业的投向规模为 2.4 万亿元。从房地产市场来看，一方面，在中央政府的政策引导下，2016 年下半年开始的地产调控在 2017 年得到延续；另一方面，金融严监管周期开启，乱象治理工作逐渐开展，对地产企业融资规范性要求进一步提高，通道业务也逐渐降温，导致全年投向房地产业的信托规模占比出现进一步下降。

表12 2017 年各信托公司资产投向占比

信托公司	基础产业占比（%）	房地产占比（%）	证券市场占比（%）	实业占比（%）	金融机构占比（%）	其他投向占比（%）
中信信托	19.56	14.91	4.29	12.09	20.96	28.20
建信信托	4.97	2.62	20.49	1.47	50.33	20.12
华润信托	1.55	3.69	50.46	17.91	14.60	11.78
华能信托	8.04	4.55	0.91	13.89	12.76	59.84
交银信托	39.45	4.97	15.39	18.72	12.15	9.32

信托公司	基础产业占比（%）	房地产占比（%）	证券市场占比（%）	实业占比（%）	金融机构占比（%）	其他投向占比（%）
兴业信托	6.76	4.70	10.72	35.63	42.01	0.18
上海信托	38.65	5.97	2.91	19.17	27.48	5.81
渤海信托	8.24	6.80	4.15	50.54	23.99	6.28
中融信托	5.13	6.61	6.71	40.52	40.37	0.66
中航信托	14.65	8.87	9.07	22.30	10.76	34.35
平安信托	5.07	15.42	3.83	42.81	31.62	1.26
长安信托	14.45	10.25	10.91	39.42	7.26	17.70
华宝信托	12.19	1.46	25.58	5.82	16.45	38.51
江苏信托	9.42	2.81	58.63	15.20	12.51	1.43
国民信托	7.07	6.53	3.51	62.41	13.88	6.59
五矿信托	16.37	10.65	3.06	18.10	17.30	34.52
外贸信托	1.09	2.17	44.75	3.33	27.22	21.44
光大兴陇信托	37.65	10.26	13.80	28.40	5.39	4.50
陕国投	21.47	7.34	38.06	14.95	6.93	11.24
中铁信托	1.85	13.74	0.37	23.05	24.67	36.32
西藏信托	5.02	5.61	2.53	31.42	37.36	18.05
中海信托	9.93	1.24	55.74	6.93	25.22	0.95
四川信托	3.78	10.32	21.21	25.84	14.94	23.89
云南信托	8.82	1.80	24.21	14.57	2.58	48.02
国投信托	11.73	6.94	8.60	54.93	5.65	12.15
昆仑信托	10.98	6.34	0.59	18.85	15.24	48.01
爱建信托	12.22	13.42	6.65	20.31	30.88	16.52
新时代信托	0.00	2.39	4.92	87.02	0.00	5.67
中诚信托	3.65	13.20	9.03	48.34	15.41	10.37
华融信托	10.79	19.91	10.51	15.55	42.49	0.75
北京信托	12.38	15.36	10.45	9.07	51.03	1.70
厦门信托	15.30	12.00	5.85	33.46	17.73	15.66
华鑫信托	5.83	6.45	23.48	37.33	15.97	10.95
北方信托	17.24	7.89	17.61	25.44	10.07	21.76
陆家嘴信托	26.43	18.56	2.82	20.42	11.71	20.06
英大信托	57.63	14.78	0.32	7.84	6.23	13.21
山东信托	13.58	20.92	6.81	31.01	15.97	11.71
国元信托	41.59	1.68	0.36	24.31	28.83	3.22
粤财信托	2.07	4.95	33.92	31.43	5.54	22.09
西部信托	13.73	12.64	2.97	50.91	19.69	0.05

续表

信托公司	基础产业占比（%）	房地产占比（%）	证券市场占比（%）	实业占比（%）	金融机构占比（%）	其他投向占比（%）
国通信托	12.03	8.63	6.08	24.74	37.12	11.39
安信信托	3.71	23.69	0.00	63.99	0.00	8.61
天津信托	5.27	4.51	3.17	8.05	4.67	1.88
紫金信托	10.70	3.37	2.82	43.45	39.64	0.02
大业信托	11.27	24.78	2.14	23.85	9.26	28.71
中原信托	13.17	34.30	0.11	31.44	14.45	6.54
中粮信托	16.21	2.44	1.33	36.62	27.82	15.58
万向信托	24.48	22.49	1.25	26.63	21.13	4.02
重庆信托	2.79	8.71	10.22	53.01	17.44	7.83
民生信托	8.15	12.93	10.51	30.61	0.16	37.64
百瑞信托	20.46	28.95	0.00	17.77	9.19	23.64
新华信托	19.07	17.83	3.80	34.10	24.62	0.58
中建投信托	12.91	44.39	2.35	12.26	12.41	15.67
浙商金汇信托	5.59	20.54	1.10	21.21	49.57	1.98
中江信托	15.04	11.06	2.30	54.55	8.77	8.28
华澳信托	32.77	4.55	5.87	19.70	5.33	31.77
华信信托	12.08	23.35	9.36	15.72	19.50	19.99
金谷信托	14.47	13.07	12.09	11.54	5.63	43.21
苏州信托	19.92	5.92	1.49	13.82	6.06	52.78
国联信托	22.84	0.33	0.01	9.98	2.37	64.47
吉林信托	3.72	6.36	0.03	72.23	12.14	5.54
湖南信托	55.10	4.52	6.46	14.38	7.55	11.99
杭工商信托	0.44	69.45	3.41	6.29	10.90	9.50
山西信托	8.68	6.52	3.44	68.88	0.00	12.49
东莞信托	10.14	6.61	4.40	33.61	0.00	45.24
中泰信托	14.17	6.05	3.15	57.69	11.63	7.32
长城新盛信托	3.19	36.47	2.32	42.25	1.69	14.07
华宸信托	6.86	49.04	0.00	26.57	4.16	13.37
平均	13.65	9.14	13.44	25.08	20.71	17.37

数据来源：信托公司年报，中建投信托博士后工作站。

四、创新业务稳步发展

2017 年，信托公司在业务创新转型方面继续做出努力。2017 年 68 家信托公司中有 48 家在年报中披露了其各自创新业务的关注与实施情况，比 2016 年的 39 家有所增加。与 2016 年相比，各公司公开披露的创新业务种类并无太多变化，包括资产证券化业务、慈善信托、家族信托、消费金融领域、PPP 项目以及绿色信托等。经统计，2017 年行业最为关注的创新方向是资产证券化、慈善信托和家族信托，三者在 68 家信托公司年报中被分别提到过 30 次、25 次和 17 次（见图 7）。

图 7　尝试不同创新业务的信托公司数量分布

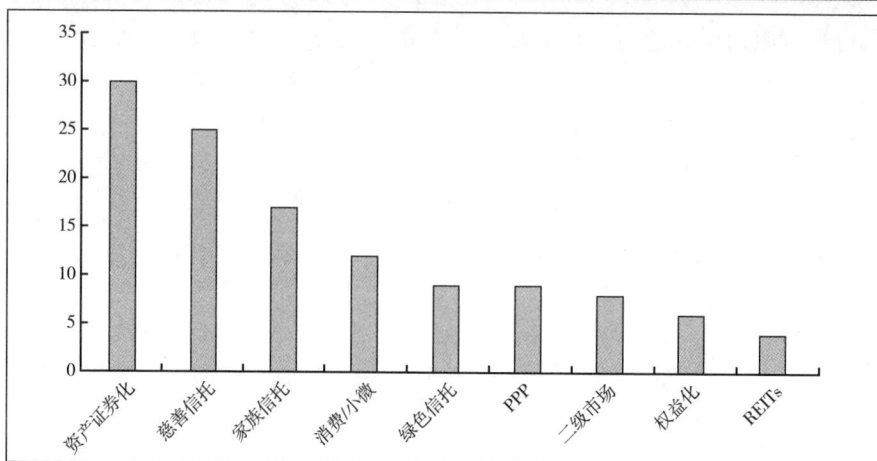

数据来源：信托公司年报，中建投信托博士后工作站。

资产证券化业务近年来蓬勃发展，已经成为各机构存量资产流转和融资的新渠道，也因此连续两年成为信托公司创新转型方向的首选。2017 年，资产证券化的种类不断多元化，规模也在不断扩大，如兴业信托发行了银行间市场首单公募 REITs 产品，中粮信托的资产证券化业务存量已达

800 亿元。除了交易所的 ABS 市场外，资产支持票据（ABN）成为信托公司开展资产证券化业务的新战场。行业全年 ABN 发行 575 亿元，同比增长 245.17%，2017 年 9 月，交易商协会启动信托公司参与承销业务市场评价工作，并在 2018 年 4 月公布了首批获得承销业务资格的信托公司。中信信托、兴业国际信托、华润深国投信托、中诚信托、华能贵诚信托和上海国际信托 6 家信托公司可开展非金融企业债务融资工具承销业务。

慈善信托的热度在 2017 年明显增加，与 2016 年相比，在慈善信托方面进行展业的信托公司从 11 家增加到了 25 家，成为创新业务中第二大热门。2017 年新发布的慈善信托管理办法对慈善信托具体操作和认定细节都进行了明确和规范，提高了慈善信托的可操作性，促进慈善信托更加规范化发展，树立公信力。慈善信托业务的兴起本身便意味着信托公司对此做出了积极回应，也意味着慈善信托发展进入了新时期。

家族信托也已连续两年成为热门。一方面，家族信托一直被视为私人银行与家族财富管理的核心工具，另一方面也有望成为信托公司重要的资金来源。2017 年，17 家信托公司披露各自在家族信托方面的创新探索，如粤财信托成立惠惠家族传承信托计划等，加上更早便开始探索家族信托并早有建树的信托公司如山东信托，家族信托的发展前景被总体看好。

此外，还有一些信托公司不断尝试，开展特色创新业务。比如爱建信托、安信信托开展的物流地产、养老地产等特色地产业务，中航信托开展的数据资产金融产品，中粮信托、云南信托开展的三农普惠和农业信托，华宝信托、国投信托尝试的供应链金融业务，国民信托尝试的不良资产处置业务等，都为信托行业转型发展提供了新的方向。

由于信托本身特有的灵活性，信托创新业务的方向也在不断推陈出新，比如 2016 年曾被频频提及的 PPP 业务，到了 2017 年，有所尝试的信托公司数量减少至 9 家。而 2015 年曾被频繁提及的"互联网金融"当下更是鲜少被信托公司提及。在如今报酬空间不断收窄，传统展业环境剧烈变化的情况下，信托公司只有积极探索并尝试创新，才能争取在未来的大资管行业竞争中抢占市场先机。

2017 年信托公司固有业务研究报告

黄伟斌

对于信托公司而言，固有业务既可以起到逆周期调节作用，在公司稳定发展中发挥积极作用；也可能成为短板拉低股东投资回报水平，制约公司发展。在信托公司经营理念上，固有业务的根本意义是平衡安全性、收益性与流动性：一是要有效提高固有资金使用的效率和收益水平，贡献良好业绩，实现固有资金增值，这是信托公司更好地履行受托人义务的前提条件；二是要保持适度的流动性，满足抵御各项业务非预期损失发生时的需要，缓解流动性风险；三是要确保固有资金投资的安全性，因为固有资金是支持信托计划成立，承接风险事项的最直接资金来源。因此，信托公司的固有业务应以安全稳健为原则，通过管理运用固有资产，把握市场机遇，提升效益，同时保证一定的流动性。

一、信托行业固有业务发展概述

截至 2017 年末，全行业 68 家信托公司注册资本合计 2474.63 亿元（同比增长 22.95%），净资产规模合计 5250.67 亿元（同比增长 16.63%，平均值为 77.22 亿元），固有资产规模合计 6578.99 亿元（同比增长 18.12%，平均值为 96.75 亿元）。营业总收入合计 1190.69 亿元，其中信托业务收入 805.16 亿元（同比增长 7.41%），固有业务收入 385.53 亿元（同比增长 4.00%），营业外收入 6.24 亿元。

根据 68 家信托公司年报统计数据，2017 年信托行业投资收益为 319.77 亿元，利息收入 59.82 亿元，公允价值变动损益 −6.80 亿元，汇兑损益 −1.18 亿元，其他手续费收入 9.18 亿元，营业外收入 6.24 亿元。2017 年信托行业固有业务收入调整后的净资产收益率（ROE）[①] 为 7.54%，呈现持续下降的趋势。

---

① 由中建投信托博士后工作站根据信托公司年报数据统计，调整后 ROE = 2017 年固有业务收入 × 2/（2016 年末固有资产规模 + 2017 年末固有资产规模）。

二、注册资本变动

2017 年，68 家信托公司中，共有 22 家信托公司进行了增资扩股（见表 1），与 2016 年（21 家）相差不大。2017 年末，信托行业注册资本 2474.63 亿元，相比 2016 年的 2038.17 亿元，合计增加约 436 亿元，与 2015 年（约 260 亿元）、2016 年（约 366 亿元）相比显著提高，信托行业资本实力进一步提高。

表 1　2017 年信托行业注册资本变动情况

单位：亿元

信托公司	2017 年	2016 年	注册资本变动	增资方式
安信信托	45.58	20.72	24.86	所有者投入资本
渤海信托	36.00	26.40	9.60	所有者投入资本
国通信托	32.00	12.00	20.00	所有者权益内部结转
国联信托	30.00	12.30	17.70	所有者权益内部结转
湖南信托	24.51	12.00	12.51	所有者投入资本
华澳信托	25.00	6.00	19.00	所有者投入资本
华宸信托	8.00	5.72	2.28	所有者权益内部结转
华融信托	30.36	23.69	6.67	所有者投入资本
交银信托	57.65	37.65	20.00	所有者投入资本
昆仑信托	102.27	30.00	72.27	所有者投入资本
平安信托	130.00	120.00	10.00	所有者权益内部结转
厦门信托	35.00	23.00	12.00	所有者权益内部结转+投入资本
山东信托	25.88	20.00	5.88	所有者投入资本（发行 H 股）
五矿信托	60.00	20.00	40.00	所有者权益内部结转+投入资本
粤财信托	38.00	28.00	10.00	所有者权益内部结转
云南信托	12.00	10.00	2.00	所有者权益内部结转
浙商金汇信托	17.00	5.00	12.00	所有者权益内部结转+投入资本
中航信托	46.57	40.22	6.35	所有者投入资本
中建投信托	50.00	16.66	33.34	所有者权益内部结转

续表

信托公司	2017 年	2016 年	注册资本变动	增资方式
中融信托	120.00	60.00	60.00	所有者权益内部结转 + 投入资本
中铁信托	50.00	32.00	18.00	所有者权益内部结转
重庆信托	150.00	128.00	22.00	所有者权益内部结转
合计			436.46	

数据来源：信托公司年报，中建投信托博士后工作站。

2017 年，昆仑信托、五矿信托通过大幅增资跻身行业注册资本前十。22 家增资的信托公司并未撼动行业注册资本规模排名前位的信托公司的行业地位，重庆信托、平安信托分别以 150 亿元、130 亿元的注册资本规模依然稳居第一、第二位（见表 2）。

表2　2016 年和 2017 年注册资本排名十一的信托公司对比					

单位：亿元

排名	2017 年末			2016 年末	
	信托公司	注册资本	名次变动	信托公司	注册资本
1	重庆信托	150.00	→	重庆信托	128.00
2	平安信托	130.00	→	平安信托	120.00
3	中融信托	120.00	↑	中信信托	100.00
4	昆仑信托	102.27	↑	民生信托	70.00
5	中信信托	100.00	↓	华信信托	66.00
6	民生信托	70.00	↓	新时代信托	60.00
7	华信信托	66.00	↓	华润信托	60.00
8	华润信托	60.00	↓	中融信托	60.00
9	五矿信托	60.00	↑	兴业信托	50.00
10	新时代信托	60.00	↓	新华信托	42.00
11	交银信托	57.65	↑	华能信托	42.00

数据来源：信托公司年报，中建投信托博士后工作站。

2015 年以来，信托公司持续大规模增资，其原因是多方面的。一是在受托管理资产规模不断上升的背景下，相应的信用风险暴露也相应增加，增资有助于提高公司的资本实力和风险承受能力，拓展公司业务范围，获得客户更高的信赖度。二是满足监管对信托公司净资本的要求及监管评级，实现业务稳步发展。《信托公司净资本管理办法》将各类型的信托业务赋予一定的风险系数，并设置若干指标，强化了净资本管理约束，信托公司可管理的信托资产规模与净资本规模直接挂钩，只有更大的资本规模才可以支撑更大的业务规模。2015 年底，中国信托业协会发布《信托公司行业评级指引（试行）》，评级内容中，资本实力方面的分值为 28 分，在评级体系中占据了重要地位，因而增强的资本实力亦可帮助提升评级。三是可以为信托公司开展业务提供更多的支持。2015 年 4 月，信托公司开始缴纳信托业保障基金，对于借款人不缴纳部分则由信托公司代缴。这对部分信托公司自有资金造成了较大的资金占用，流动性压力增加，增资可以缓解保障基金的占款压力，支撑更大规模的信托业务。

三、所有者权益

2013 年以来，信托公司所有者权益持续增长，在经历了 2014～2016 年连续三年的增幅放缓之后，2017 年的增速重新提高（见图 1），这与 2017 年

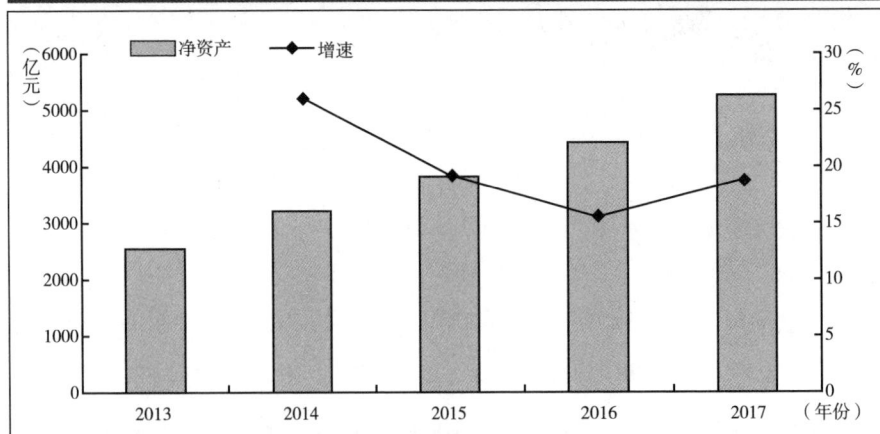

图1　2013 年至 2017 年信托公司净资产规模及增速情况

数据来源：信托公司年报，中建投信托博士后工作站。

市场持续严监管的态势分不开。但是，随着资管新规的颁布，以及过去高增速下的净利润的积累、增资贡献形成的高基数，预计未来所有者权益的增速将稳定在一个相对合理的水平，与行业增长幅度将基本保持一致。

四、资产负债

2017 年，信托行业固有资产规模合计 6397.35 亿元，同比 2016 年增长 14.47%，自 2015 年以来资产规模增速持续下降（见图2）。负债规模合计 1380.40 亿元，同比 2015 年增长 20.10%。资产负债率 21.57%，相比 2016 年上涨约 1.47 个百分点，整体资产负债率较为稳定。

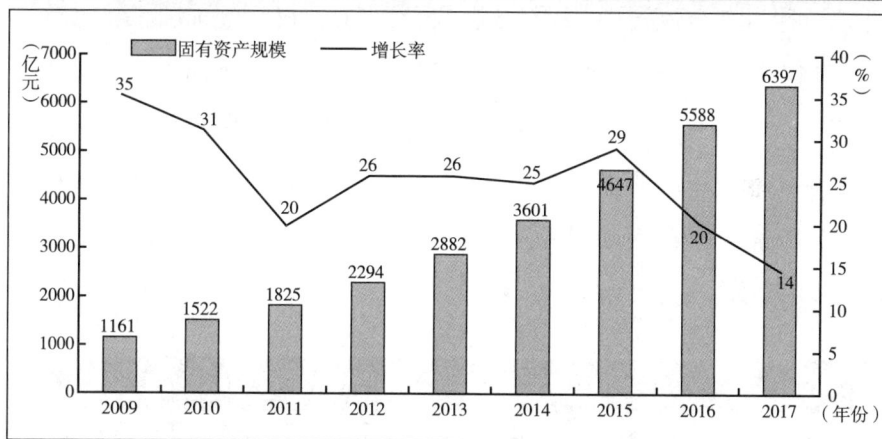

图2　信托行业固有资产规模及增速

数据来源：信托公司年报，中建投信托博士后工作站。

信托公司能够产生负债的业务，除同业拆借外，只有向信托业保障基金借款。由于同业拆借期限不得超过 7 天，年末银行间拆借市场较为紧张，拆借难度较大，且信托行业的负债率陡增起始于 2015 年，因此可以认为近年来负债率的上升基本上是由于向信托业保障基金借款所致。

自从 2015 年 4 月信托业保障基金正式成立来，保障基金规模已突破千亿元。信托业保障基金承担着保障信托行业平稳运行的重要职责，根据"取之于信托、用之于信托"的精神，目前保障基金给信托公司使用的情况主要有两种，一是正常的流动性支持业务，对经营资质较好的信托公司提供信用借款，额度一般不超过上一年度净资产的 20%；二是在信托公司真正出现风险，得不到股东的支持且流动性不足的情况下可以获得基金的支持。

五、固有资产配置

信托公司的固有资产配置主要包括货币资产、贷款及应收款、交易性金融资产、可供出售金融资产、持有至到期投资、长期股权投资和其他资产七类。

2017 年末，行业可供出售金融资产规模达 2774.6 亿元，所占权重达 43.37%，在所有固有资产配置中所占比例最大；随后是贷款及应收款，占比 14.24%；长期股权投资占比 13.43%；货币资产占比 10.51%；交易性金融资产和持有至到期投资所占比例较低，分别只有 4.51% 和 2.63%（见表 3）

表3　2017 年末信托行业固有资产配置

单位：亿元，%

类别	货币	贷款及应收款	交易性金融资产	可供出售金融资产	持有至到期投资	长期股权投资	其他	总计[①]
规模	672.71	911.12	288.24	2774.60	167.98	859.47	723.23	6397.36
权重	10.51	14.24	4.51	43.37	2.63	13.43	11.31	100

数据来源：信托公司年报，中建投信托博士后工作站。

---

① 安信信托和山东信托数据缺失，未统计。

对比近年来信托行业的固有资产配置变化情况（见表 4，图 3），可供出售金融资产由 2011 年的 23.43% 上涨到 2016 年的 44.25%，2017 年保持稳定，占比为 43.37%，其主要包括了证券资产、信托计划以及公司管理层认为中途可能发生转让的有固定期限的金融资产等具有较高风险和收益的资产，2017 年该比例表现稳定表明市场资金来源渠道相对稳定，以固有资金支撑信托发行压力仍大。

除此以外，货币资金占比由 2011 年的 21.22% 持续下降至 2017 年的 10.52%。作为一项低风险、低收益、高流动性的资产，货币资金占比下降意味着信托公司不再甘于获取低风险低收益的现金收益，更加注重固有资金的主动管理和运用。

长期股权投资比例在逐年下降过程中企稳。这一方面是因为长期股权投资一般以成本法计价，只要不发生新的投资行为，股权投资金额一般不会改变，另一方面则是因为尽管股权投资实力相对不足，信托公司也开始逐步尝试开展新的股权投资业务，进行更进一步的资产分散配置，降低整体风险。

表4　2011 年末 ~2017 年末信托行业固有资产配置变化

单位：%

类别	货币资产	贷款及应收款	交易性金融资产	可供出售金融资产	持有至到期投资	长期股权投资	其他资产运用	合计
2017 年	10.52	14.24	4.51	43.37	2.63	13.43	11.31	100
2016 年	12.38	13.23	4.83	44.28	1.80	12.88	10.59	100
2015 年	15.34	12.68	6.81	39.89	5.22	13.87	6.19	100
2014 年	14.08	17.31	6.01	36.05	2.88	14.39	9.27	100
2013 年	18.26	15.80	3.40	29.91	4.90	19.08	8.64	100
2012 年	21.15	17.30	4.65	23.55	4.39	21.23	7.73	100
2011 年	21.22	16.61	3.61	23.43	3.53	24.39	7.20	100

数据来源：信托公司年报，中建投信托博士后工作站。

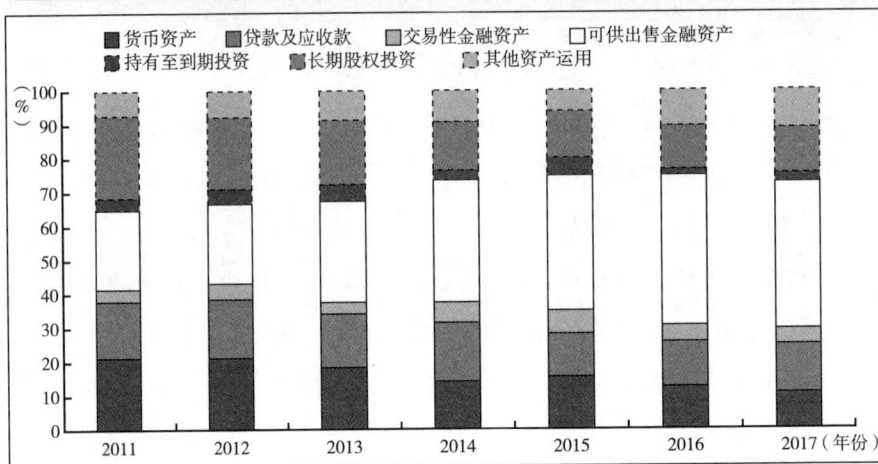

图3　2011年末~2017年末信托行业固有资产配置情况

数据来源：信托公司年报，中建投信托博士后工作站。

六、固有资产投向

根据原银监会的分类标准，信托公司固有资产投向分为基础产业、房地产业、证券市场、实业、金融机构和其他资产。2017年，除了安信信托和山东信托外，共有66家信托公司披露了各有固有资产的投向情况。

2017年末，金融机构的投向规模高达3209.82亿元，占据"半壁江山"，达到50.88%，在所有固有资产投向中所占比例最高；其次是其他资产，占比24.48%；基础产业所占比例最低，只有2.09%（见表5）。

表5　2017年末信托行业固有资产投向[①]

单位：亿元，%

类别	基础产业	房地产业	证券市场	实业	金融机构	其他资产	资产总计
规模	132.06	357.51	651.79	413.46	3209.82	1544.07	6308.71
权重	2.09	5.67	10.33	6.55	50.88	24.48	100.00

数据来源：信托公司年报，中建投信托博士后工作站。

---

① 安信信托和山东信托相关数据缺实。

从近几年的固有资产投向分布可以发现（如表6所示），2011 年特别是 2012 年以来，金融机构作为信托公司固有资金投向的主要部分，占比持续上升，从 2012 年的 37.01% 上升至 2017 年的 50.88%，增长十分迅猛。投向于金融机构的资产包括认购各类金融产品，如信托计划、资管计划、银行理财产品等。由于与金融同业合作，信用风险较低且收益率相对于较高，金融机构往往成为各信托公司最优质的交易对手和主要合作对象。信托公司对基础产业和房地产业的投向比例常年处于低位，一方面原因是这些领域的业务资金需求量较大，通常通过信托产品对接。另一方面，这两类投向一般为债权类业务，即发放贷款，但固有资金贷款类业务占用信托公司的净资本较高，所以这两个行业的投向占比一直维持在比较低的水平。此外，如果做证券市场股权投资，受到《中国银监会关于支持信托公司创新发展有关问题的通知》中第五条"信托公司以固有资产从事股权投资业务和以固有资产参与私人股权投资信托等的投资总额不得超过其上年末净资产的20%，但经中国银监会特别批准的除外"的限制，再加上质地优良的股权投资标的选择愈加困难，信托公司难以在股权投资规模上有所突破。

表6 2011~2017 年末信托行业固有资产投向对比

单位：%

类别	基础产业	房地产业	证券市场	实业	金融机构	其他资产	总计
2017 年	2.09	5.67	10.33	6.55	50.88	24.48	100.00
2016 年	1.27	4.62	13.79	5.30	47.55	27.47	100.00
2015 年	1.81	5.30	17.31	4.25	45.35	25.97	100.00
2014 年	2.06	7.51	15.07	7.53	42.59	25.25	100.00
2013 年	2.42	7.73	12.23	7.06	40.09	30.47	100.00
2012 年	3.19	7.63	16.60	7.73	37.01	27.84	100.00
2011 年	2.64	6.21	14.60	8.20	39.85	28.50	100.00

数据来源：信托公司年报，中建投信托博士后工作站。

七、固有资产质量与风险

2017 年，除安信信托外，其余 67 家信托公司年报数据均披露了不良资产情况，2017 年末全行业信用风险资产余额合计 4728.78 亿元，同比上涨 18.03%，增速较快；不良资产余额合计 112.37 亿元，同比略有下降。2017 年末全行业不良资产率为 2.37%。不良资产率排名前十的信托公司依次为山西信托、北方信托、华宸信托、五矿信托、中泰信托、昆仑信托、浙商金汇信托、新华信托、西藏信托、华宝信托。这 10 家公司的信用风险资产合计 555.16 亿元，占全行业比例为 11.74%，却贡献了全行业不良资产余额的 58.16%（见表 7）。由此可见，各家信托公司风控能力参差不齐，行业两极分化明显。

表7　2017 年部分信托公司不良资产情况			
			单位：万元，%
排序	信托公司	信用风险资产合计	不良资产合计	不良率
1	山西信托	198316.07	28889.39	14.57
2	北方信托	493529.12	60034.09	12.16
3	华宸信托	143440.87	15668.04	10.92
4	五矿信托	1279480.58	136578.82	10.37
5	中泰信托	466274.96	47912.34	10.28
6	昆仑信托	1077843.00	111274.00	10.23
7	浙商金汇信托	213531.60	20472.26	9.59
8	新华信托	658923.60	61836.11	9.38
9	西藏信托	270159.33	23952.73	8.87
10	华宝信托	886663.71	74720.04	8.43
	合计	5551638.28	581693.87	
	行业占比	11.74	58.16	

数据来源：信托公司年报，中建投信托博士后工作站。

八、固有业务收入

（一）固有业务收入与信托业务收入

2017 年全行业的固有业务收入总额为 385. 53 亿元，对比 2015 年、2016 年的固有业务收入总额（分别为 486. 75 亿元、366. 63 亿元），2017 年重回正向增长。虽然市场整体资金成本较低，但 2017 年资本市场表现有所复苏，对固有业务收入有一定贡献。同期全行业的信托业务收入总额为 805. 16 亿元，相比 2016 年上升 10. 31%（见图 4）。

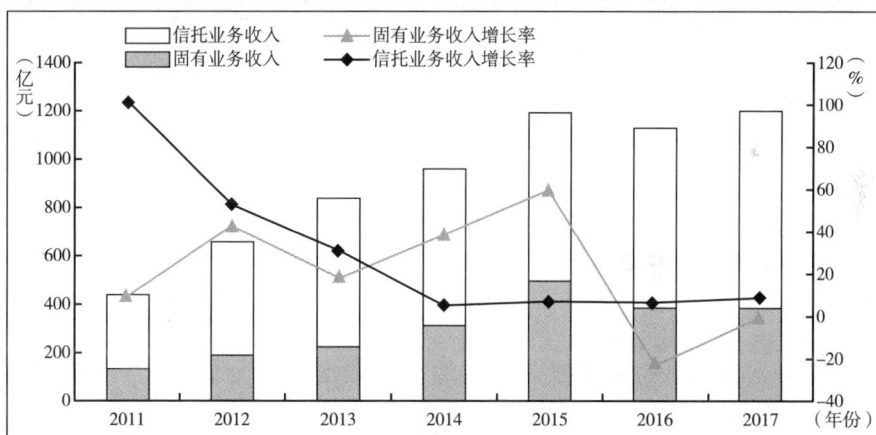

图4　2011 年 ~2017 年固有业务收入与信托业务收入对比

数据来源：信托公司年报，中建投信托博士后工作站。

（二）固有业务收入占比

2017 年信托行业固有业务收入合计 385. 53 亿元，信托业务收入合计

805.16 亿元，固有业务收入占比约为 32.38%，相比 2016 年的 34.28% 稍有下降。固有业务收入对信托公司而言不可小觑。信托行业在 2011～2013 年的固有业务收入占比小幅下降，但在 2013～2015 年占比大幅上升，主要得益于其间资本市场的行情上涨，并且于 2015 年达到了峰值 41.62%，随后逐步下降至 2011 年的水平。

图5　2011～2017 年固有业务收入占比变化

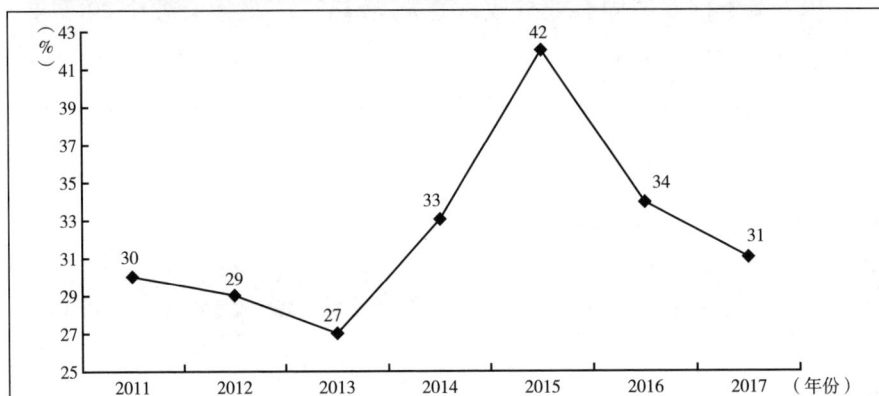

数据来源：信托公司年报，中建投信托博士后工作站。

（三）固有业务排名

2017 年固有业务收入排名前十的公司依次是中融信托、平安信托、重庆信托、华润信托、中诚信托、中信信托、民生信托、江苏信托、华能信托和粤财信托。相比 2016 年，中融信托跃居首位。而在 2016 年依靠转让控股子公司国盛证券有限责任公司的股权实现了 26.13 亿元股权投资收益的中江信托排名则大幅下滑。此外，过去三年稳居行业前十的华信信托今年亦大幅下滑至 21 位。最近三年稳居行业前十的信托公司有 7 家，分别是平安信托、华润信托、中融信托、重庆信托、中信信托、中诚信托和江苏信托（见表 8）

2017 年固有业务收入排名前十的信托公司的平均固有业务收入为15.38 亿元，相比 2016 年的 18.73 亿元下降了 17.88%。

表8			近年来固有业务收入排名前十的信托公司情况				
						单位: 亿元	
排名	2017 年	金额	2016 年	金额	2015 年	金额	
1	中融信托	26.70	平安信托	31.88	中信信托	69.38	
2	平安信托	23.36	中江信托	27.32	华润信托	41.63	
3	重庆信托	21.09	华润信托	23.33	重庆信托	31.93	
4	华润信托	16.13	重庆信托	20.34	平安信托	24.07	
5	中诚信托	13.21	中融信托	19.43	中融信托	20.62	
6	中信信托	13.02	中信信托	15.27	华信信托	18.87	
7	民生信托	11.71	华信信托	14.65	中诚信托	17.29	
8	江苏信托	10.07	中诚信托	10.68	兴业信托	11.02	
9	华能信托	9.64	江苏信托	9.43	江苏信托	10.94	
10	粤财信托	8.85	西部信托	8.86	长安信托	10.93	
平均		15.38		18.73		25.67	

数据来源：信托公司年报，中建投信托博士后工作站。

（四）固有业务收入与信托业务收入比重的差异

2017 年，68 家信托公司固有业务收入和信托业务收入之比的平均值为0.56，相比 2016 年的 0.66 下降了 0.10，标准差为 0.55，固有业务的重要性有所下降。行业内各公司的固有业务收入和信托业务收入的比值具有较大的差异性，如粤财信托的该比值超过了 3，列 68 家信托公司之首。固有业务收入超过信托业务收入的共有 7 家信托公司（见表9），而固有业务收入不足信托业务收入一半的信托公司也多达 39 家，两极分化现象严重。每个公司在固有业务和信托业务方面的定位差异很大，对于未来战略发展方向也有很大的不同。

表 9　2017 年部分信托公司固有业务收入与信托业务收入的比值

单位：万元

排序	信托公司	固有业务收入	信托业务收入	差值	比值
1	粤财信托	88538.56	29204.49	59334.07	3.03
2	新华信托	57799.67	25090.32	32709.35	2.30
3	中诚信托	132085.15	76987.37	55097.78	1.72
4	华润信托	161336.54	102121.92	59214.62	1.58
5	中粮信托	64478.14	48186.98	16291.16	1.34
6	国元信托	36697.87	32643.01	4054.86	1.12
7	江苏信托	100693.19	100142.36	550.83	1.01

数据来源：信托公司年报，中建投信托博士后工作站。

（五）固有业务收入归因分解

2017 年，68 家信托公司总收入 1162.55 亿元，其中固有业务收入 374.09 亿元，占比 32.17%。同比 2016 年，信托公司固有业务收入减少 12.42 亿元，降幅由 2016 年的 22.33% 缩窄至 3.21%。这主要是由于 2017 年资本市场企稳，沪深 300 指数上涨 21.78%，投资收益由 2016 年的快速下降转为小幅增长。

从固有业务收入贡献角度分析，投资收益已成为固有业务收入中最重要的来源，且年均占比不断上升。2015 年投资收益的占比达 79.46%，2016 年略有回落，下降至 74.96%，2017 年则达到历史最高值 81.24%（见表 10）。投资收益主要由股权投资收益、证券投资收益和其他投资收益构成，其中 2017 年其他投资收益占比超过 50%，超过了股权投资收益，表明行业对信托计划和资管产品的投资不断上升。由于近几年利率持续下行、资本市场波动，股权投资和其他投资产品成为提高固有业务收入并实现突破的主要投资方式。在固有业务收入较低的情况下，信托公司通过股权转让或上市退出等方式获利了结，可以起到平滑公司财务报表的作用，不失为稳定公司固有业务收入的强大的潜在力量。

表10　2015～2017 年固有业务收入分解表

单位：亿元，%

	2017 年		2016 年		2015 年	
	金额	占比	金额	占比	金额	占比
其他手续费及佣金收入	9.10	2.43	28.01	7.30	22.31	4.48
利息收入	58.65	15.68	54.05	14.09	57.39	11.53
其他业务收入中计入固有业务收入部分	5.49	1.47	6.27	1.63	17.15	3.45
投资收益	303.90	81.24	290.49	74.96	395.44	79.46
公允价值变动损益	−6.92	−1.85	−7.46	−1.95	−0.21	−0.04
营业外收入	−1.18	−0.32	14.68	3.83	5.24	1.05
汇兑损益	5.05	1.35	0.48	0.12	0.32	0.06
固有业务收入合计	374.09	100	386.51	100.00	497.63	100.00

数据来源：信托公司年报，中建投信托博士后工作站。

受资本市场波动影响，投资收益中的证券投资收益波动较大。2015年，证券投资收益 103.75 亿元，2016 年下降至 26.60 亿元，受益于 2017年大盘较为稳定，证券投资收益稳定在 26.17 亿元。资本市场投资并非信托公司优势所在，因而把握资本市场时机，及时了结获利，顺势而为方是行业生存之道。

2016 年为市场降息通道的尾声，2017 年全年资金面较为稳定，利息收入稳中有升。2017 年固有业务利息收入同比 2016 年上涨 8.51%，扭转了此前两年利息收入下降的趋势。信托的行业优势在于非标业务，相应地，固有业务也依托于该优势，利息收入虽然占比不高，但却是固有业务中稳定的收入来源。

九、固有业务盈利能力

（一）固有业务盈利能力大幅下降

2017 年固有业务盈利水平继续下降，主要是由于在行业净资产继续上升的过程中，整体固有业务盈利能力下降。根据统计测算，信托行业整体的固有业务净资产回报率为 7.54%，平均值为 7.16%，中位数为 6.86%。相比 2015 年平均值为 11.61% 的高位，下降了约 4.5 个百分点（见表 11）。固有业务盈利能力的下降主要有以下几方面的原因。一是处于利率下行区间，资产价格持续走低。二是股权投资退出市场活跃度降低。三是资本市场低迷，但 2017 年有所恢复。而后两者是 2015 年较高规模固有业务收入的主要贡献板块。一二级市场以及固定收益全面走低，对固有业务收入造成较大的冲击。尽管信托公司能够通过向保障基金借款等渠道扩大资金来源，提高杠杆率和资产周转率，但对于固有收入回报率的贡献相对有限。

表 11　2015～2017 年固有业务净资产回报率对比

单位：%

固有业务净资产回报率	2017 年	2016 年	2015 年
平均值	7.16	7.84	11.61
中位数	6.86	7.23	10.08
标准差	3.98	5.65	6.95
变异系数*	0.56	1.39	1.67

注：＊变异系数＝平均值/标准差
数据来源：信托公司年报，中建投信托博士后工作站。

通过以上统计分析，固有业务的盈利能力下降是由于信托行业整体盈利能力下降所致，各家信托公司固有业务收入的差异化程度也持续相对缩小。除中融信托、粤财信托以外，其余信托公司的净资产回报率均在 15%以下。中融信托、中海信托、粤财信托、天津信托、重庆信托连续两年保持了行业前 10 名的位置（见表 12），其中中融信托、重庆信托更是连续三年保持行业前十，说明以上信托公司的固有业务具有较强的投资获利能力，业务模式亦已较为稳定。

表12　2016 年与2017 年固有业务净资产回报率排名前十的信托公司

单位：%

排名	2017 年		2016 年	
	信托公司	固有业务净资产回报率	信托公司	固有业务净资产回报率
1	中融信托	18.62	中江信托	39.90
2	粤财信托	17.14	中融信托	16.11
3	天津信托	14.90	华信信托	15.19
4	中粮信托	14.87	中海信托	14.68
5	华澳信托	13.85	平安信托	14.08
6	中海信托	12.15	华润信托	14.02
7	湖南信托	11.71	中铁信托	13.76
8	民生信托	11.17	粤财信托	13.32
9	重庆信托	10.78	天津信托	13.23
10	北京信托	10.73	重庆信托	11.67

数据来源：信托公司年报，中建投信托博士后工作站。

十、信托固有资金与信托财产的交易

信托固有资金与信托财产之间可以进行正常的关联交易，主要包括以下几种方式：一是将固有资金运用于公司管理的信托项目；二是固有资金受让信托计划项下相关财产；三是信托计划受让固有资金持有的相关资产。在实践中，方式一最为常见。主要原因有二：一是为满足一定额度的成立要求，通过固有资金认购，补足缺口，确保项目成立；二是有些优质的信托计划存在多个竞争对手，同等条件下，资金到账时间成为关键因素，此时以固有资金先行认购信托计划锁定客户，再通过后续的转让信托受益权实现退出，不失为一种重要方式。方式二主要是由于信托计划到期兑付时，若基础资产流动性不足，或出现重大风险事项，固有资金通过与信托计划项下相关财产交易的方式，为信托计划提供流动性，保障信托计划到期顺利退出。

（一）固信交易概况

根据信托公司披露的年报数据，2017 年度共有 57 家信托公司披露了固信交易情况。该 57 家信托公司 2017 年初的固信交易金额为 1363.38 亿元，当年发生额 627.04 亿元，2017 年末余额 1928.90 亿元。期末相对于期初增加 41.47%。以披露固信交易信息的 57 家公司来看，相比 2016 年，2017 年信托固有资金对信托业务支持的力度大大增加。

表 13 显示了 2017 年度 57 家披露固信交易的信托公司中固信交易发生额（净额）[①] 排名前十的情况。排名前十的信托公司期末余额与期初余额的增幅较高，大部分保持了三位数以上的增长速度，超过信托行业净资产的同比增速，说明这些信托公司对信托项目的资金支持力度大大增加。

表 13 信托行业固信交易发生额（净额）前十的信托公司排名					
					单位：亿元，%
序号	信托公司	期初余额	本期发生额	期末余额	期末同比期初增长比例	期末固信交易余额/期末集合信托计划余额
1	五矿信托	29.59	76.00	105.59	256.84	3.96
2	重庆信托	67.17	60.48	127.66	90.05	8.89
3	昆仑信托	27.43	58.41	85.84	212.94	6.85
4	外贸信托	33.48	40.68	74.15	121.47	2.06
5	中航信托	38.36	36.82	75.18	95.98	2.16
6	交银信托	10.12	36.73	46.85	362.94	1.50
7	华润信托	32.07	34.96	67.03	109.01	1.73
8	中诚信托	17.51	31.78	49.29	181.49	5.74
9	兴业信托	191.16	28.92	220.08	15.12	10.23
10	上海信托	62.19	25.68	87.87	41.29	2.81

数据来源：信托公司年报，中建投信托博士后工作站。

---

① 固信交易发生额（净额）＝固信交易期末余额－固信交易期初余额。

（二）信托业务对固有资金的依赖性

资金的获取能力是影响信托公司能否快速发展的重要因素。资金主要有两个来源，一是对外募集，二是公司固有资金。募资能力强的公司，对公司固有资金的依赖性相对较弱，则固有资金有充分的自由投资于其他类别的资产。募资能力差的公司，对固有资金的依赖性相对较强，固有资金以支持信托计划为主要目标，对外投资额度受限。为此，使用"期末固信交易余额/期末主动管理类信托余额"作为衡量信托业务对固有资金依赖程度的标准，行业排名前十详见表14。

表14　2017 年末信托业务对固有业务依赖性最强的 10 家信托			
			单位：万元，%
排序	信托公司	2017 年固信交易余额	2017 年主动管理类信托余额	期末固信交易余额/期末主动管理类信托余额
1	北方信托	83512.72	216379.95	38.59
2	兴业信托	2200762.11	9669673.00	22.75
3	华宸信托	48906.15	297741.30	16.42
4	重庆信托	1276577.00	9316490.81	13.70
5	国民信托	342995.94	2826406.27	12.13
6	山西信托	99292.48	1016050.50	9.77
7	东莞信托	388663.10	4403687.94	8.82
8	新华信托	231470.45	2766155.61	8.36
9	中原信托	436836.60	5521870.60	7.91
10	五矿信托	1055941.80	13894202.25	7.59

数据来源：信托公司年报，中建投信托博士后工作站。

另外值得注意的是，上述指标中的分子为期末固信交易余额。有些信托公司的固信交易余额不大，但是期间发生额较大（少部分信托公司披露了期间发生额数据），这可能是信托公司对信托计划成立提供了较多的过桥资金支持，随后通过其他方式实现了固有资金退出，表明这些信托公司的固有资金为信托计划成立提供了较多的短期资金，承担了流动资金支持的责任。例如，陆家嘴信托期间发生额高达36.82亿元，但期末余额与期初相比还下降了1.97亿元。

（三）固有业务对信托业务的依赖性

信托公司的主业是信托业务，上文也已提到，信托业务对固有资金的依赖性往往是由信托公司募资能力决定的。在此，用"期末固信交易余额/期末信托公司总资产"作为衡量固有业务对信托业务依赖程度的指标，该比例越高，说明越多的固有资金配置了公司发行的信托产品，则可以自由配置的资金越少，独立性也越弱。2016年固有业务依赖信托业务程度最高的10家信托公司如表15所示。

表15　2017年末固有业务独立性最弱的10家信托公司

单位：万元，%

排序	信托公司	2017年固信交易余额	2017年信托公司总资产	期末固信交易余额/期末信托公司总资产
1	东莞信托	388663.10	432548.01	89.85
2	五矿信托	1055941.80	1179960.94	89.48
3	国通信托	342995.94	430744.49	79.62
4	陆家嘴信托	371638.89	547976.00	67.82
5	昆仑信托	858371.42	1303304.55	65.86
6	中航信托	751753.66	1182475.13	63.57
7	外贸信托	741541.20	1253174.77	59.17
8	浙商金汇信托	155840.00	266723.22	58.42
9	中建投信托	512291.80	884438.71	57.92
10	山东信托	469532.00	886380.70	52.97

数据来源：信托公司年报，中建投信托博士后工作站。

披露数据的57家信托公司中，有14家信托公司的固信交易余额超过了信托公司总资产的50%。说明这些信托公司的固有资金运用相对被动，资金资源均以支持信托主业为主，但反过来也反映了固信合作的紧密性。

十一、固有业务总结及发展前景

2017 年信托公司增资热潮持续不断，信托行业的固有业务、固有资产以及净资产规模持续高速增长，固有资金贡献的收入降幅企稳，但是全行业净资产收益率仍处于下滑趋势，固有收入占比持续下降。随着资管新规的逐步落地，信托业可能面临受托资产规模的下降以及相关业务的收缩，在这个时刻，固有业务的发展可能对信托公司来年的业绩表现至关重要。

展望未来，对固有业务是否有清晰的定位直接影响信托公司能否可持续发展。一直以来，业内强调回归信托本源，但这不是说固有业务的作用就可以被忽略，正相反，充分重视固有业务和信托业务的协同联动，在信托公司发展中将起到事半功倍的效果。比如，信托公司应以固有资金为业务发展起点，利用固有资金进行各类业务创新，带动多元化业务的发展。所以，结合信托业务发展趋势，利用固有业务带来的制度变革和系统改造，发挥固有业务的投资管理经验，从而推动信托业务发展，是信托公司固有业务未来发展的重要方向，为固有业务找到一条符合自身特点的发展之路，对信托企业的可持续盈利和发展有着重要作用。

2017 年信托公司风险管理研究报告

聂雅雯　王鑫龙

一、信托公司风险管理情况分析

信托公司在监管机构的指导下，根据自身特点开展差异化发展，并以实质重于形式且风险水平与资本要求相匹配的原则，对净资本等风险控制指标开展动态监控、定期敏感性分析和压力测试等。因而风险管理监管指标的横向对比在一定程度上反映各信托公司的风险抵御和管理能力。

（一）净资本管理及风险控制情况

信托公司净资本管理能力是其抗风险能力的重要指标之一，是公司应对信用风险及流动性风险的能力的重要来源。其中相关的指标包括净资本规模、风险资本规模、净资本与净资产的比例以及净资本与各项业务风险资本之和的比例。

2017 年行业整体资本实力有所提升，行业注册资本均值为 36.39 亿元，较 2016 年增长 33%。但各家信托公司相差悬殊。华澳信托、昆仑信托及浙商金汇信托等合计 22 家信托公司资本实力均有增长，其中 9 家信托公司注册资本金增幅超过 100%，重庆信托、平安信托及中融信托的注册资本规模分别以 150 亿元、130 亿元和 120 亿元位居行业前三；而长城新盛信托、中泰信托和华宸信托的注册资本分别为 3 亿元、5.166 亿元和 8 亿元，居行业倒数三位，且仅该三家信托公司注册资本金未达到监管层拟设置的 10 亿元最低标准线。[①]

根据各信托公司 2017 年的年报，68 家信托公司中有 66 家在公司年报中披露了各自净资本管理的相关指标数据。据统计，66 家信托公司的平均

---

① 《信托公司条例（征求意见稿）》将信托公司最低注册资金提高至 10 亿元。目前，该条例暂未正式实行。

净资本为 61.75 亿元，各项业务风险资本之和的平均值为 34.44 亿元，净资本与净资产的比例均值为 80.02%，净资本与各项业务风险资本之和的比例均值为 179.30%，行业平均值符合且远高于行业监管基本要求，即信托公司净资本不得低于各项风险资本之和的 100%。

根据年报数据，信托公司净资本与净资产的比例范围为［61.51%，88.50%］，其中 7 家信托公司的该比例高于 85%，仅华润信托一家信托公司的这一比例低于 65%，为 61.51%，距离监管要求的净资本不得低于净资产的 40% 的风险控制指标仍有一定空间。

信托公司净资本与各项业务风险资本之和的比例范围为［106.63%，492.02%］，其中有 23 家信托公司的这一比例大于 200%；而建信信托、华鑫信托和光大兴陇信托的这一比例分别为 106.63%、112.35% 和 116.67%，位列行业后三位，仅略高于监管对该比例应大于等于 100% 的要求。中信信托、兴业信托和平安信托风险资本分别为 96 亿元、87.66 亿元和 84.69 亿元，居行业前三，公司风险资本储备较为充分（参见表 1）；长城新盛信托、中泰信托及山西信托的风险资本规模小，位列行业后三位。

表1　2017 年部分信托公司净资本管理情况统计								
							单位：亿元，%	
信托公司	净资本（≥2亿元）	排名	各项业务风险资本之和	排名	净资本/净资产（≥40%）	排名	净资本/各项业务风险资本之和(≥100%)	排名
平安信托	194.20	1	84.69	3	81.20	32	229.30	13
重庆信托	169.24	2	64.33	8	81.83	31	263.05	7
中信信托	161.00	3	96.00	1	75.00	51	167.00	40
中融信托	139.30	4	78.68	5	87.77	14	177.06	31
中诚信托	124.99	5	54.64	15	74.07	53	228.75	15
安信信托	123.85	6	57.52	13	76.49	47	215.33	17
兴业信托	120.52	7	87.66	2	82.00	30	137.00	55
华润信托	113.57	8	63.61	9	61.51	65	178.54	28
昆仑信托	106.47	9	80.73	4	84.44	24	131.88	56
上海信托	104.96	10	60.96	10	85.79	22	172.17	34
华能信托	102.49	11	71.37	6	83.91	25	143.60	51

续表

信托公司	净资本（≥2 亿元）	排名	各项业务风险资本之和	排名	净资本/净资产（≥40%）	排名	净资本/各项业务风险资本之和(≥100%)	排名
五矿信托	99.21	12	47.35	17	87.19	15	209.52	19
江苏信托	98.83	13	55.88	14	86.86	18	176.87	32
渤海信托	91.92	14	32.76	29	79.63	39	280.58	4
交银信托	88.61	15	60.92	11	88.50	10	145.50	49
民生信托	85.47	16	35.01	27	77.37	45	244.13	10
中航信托	84.91	17	60.39	12	87.12	16	140.61	53
华信信托	83.22	18	24.53	42	70.84	56	339.27	3
山东信托	79.43	19	39.47	18	87.80	13	201.20	22
华融信托	79.16	20	—		82.29	29	145.94	48
20 家平均	**112.57**	**—**	**60.87**	**—**	**81.08**	**—**	**196.37**	**—**
66 家平均	**61.75**	**—**	**34.44**	**—**	**80.02**	**—**	**188.81**	**—**

数据来源：信托公司年报，中建投信托博士后工作站。

根据年报数据，68 家信托公司中的 19 家信托公司披露了各自风险资本的分布情况，风险资本主要由固有业务的风险资本、信托业务的风险资本及其他风险资本构成。据统计，固有业务风险资本占各项业务风险资本之和的比重约为 33.67%，信托业务风险资本占比约为 66.25%，其他风险资本占比约为 0.08%。其中光大兴陇信托和中融信托的风险资本主要来自信托业务，占比分别高达 85.28% 和 80.71%；安信信托的风险资本约 60% 来自其固有业务。各信托公司风险资本构成及规模均差异较大（参见表 2）。

表2　2017 年部分信托公司风险资本分布情况统计							
						单位：亿元，%	
信托公司	各项风险资本之和	排名	固有业务风险资本	占比	信托业务风险资本	占比	其他风险资本	占比
平安信托	84.69	1	27.49	32.46	57.20	67.54	—
昆仑信托	80.73	2	23.10	28.61	57.63	71.39	—
中融信托	78.68	3	15.18	19.29	63.50	80.71	—
华润信托	63.61	4	21.03	33.06	42.58	66.94	—
安信信托	57.52	5	34.40	59.80	23.12	40.20	—
外贸信托	49.55	6	17.60	35.52	31.95	64.48	—
光大兴陇信托	38.36	7	5.65	14.72	32.72	85.28	—

续表

信托公司	各项风险资本之和	排名	固有业务风险资本	占比	信托业务风险资本	占比	其他风险资本	占比
陕国投	37.97	8	10.02	26.39	27.95	73.61	—	
四川信托	35.06	9	11.01	31.40	24.05	68.60	—	
民生信托	35.01	10	20.26	57.87	14.75	42.13	—	
百瑞信托	32.63	11	13.16	40.32	19.48	59.68	—	
北京信托	32.11	12	11.83	36.84	20.28	63.16	—	
粤财信托	30.03	13	8.00	26.64	21.43	71.36	0.59	1.96
中铁信托	27.00	14	10.68	39.55	16.32	60.45	—	
紫金信托	16.02	15	4.36	27.22	11.66	72.78	—	
国民信托	14.71	16	3.99	27.14	10.72	72.86	—	
东莞信托	13.47	17	7.80	57.91	5.67	42.09	—	
北方信托	13.03	18	4.02	30.87	9.01	69.13	—	
长城新盛信托	3.34	19	0.77	23.09	2.56	76.60	—	
19 家合计	**743.51**	—	**250.33**	**33.67**	**492.57**	**66.25**	**0.59**	**0.08**

数据来源：信托公司年报，中建投信托博士后工作站。

（二）信用风险资产五级分类及不良资产情况

按照《中国银行业监督管理委员会关于非银行金融机构全面推行资产质量五级分类管理的通知》的分类标准，66 家信托公司在年报中披露其资产质量的情况，其中 64 家信托公司有存续的信用风险资产，41 家信用风险资产中存在不良资产，25 家信托公司的不良资产余额及不良率为零。

2017 年信托公司不良资产合计 112.37 亿元，较 2016 年下降 1%。其中次级类合计 25.92 亿元，可疑类合计 36.35 亿元，分别较 2016 年下降 42%、16%；损失类合计 50.10 亿元，较 2016 年大幅增加，涨幅达 93%。10 家信托公司的损失类资产超过 1 亿元，五矿信托、中信信托及昆仑信托的损失类资产分别为 13.66 亿元、6.28 亿元和 5.28 亿元，规模较大。

2017 年不良资产规模超过 10 亿元的有 4 家信托公司，包括五矿信托（13.66 亿元）、中信信托（11.92 亿元）、华润信托（11.69 亿元）和昆仑信托（11.13 亿元），以上规模合计达到行业不良资产规模的 43%，不良资产分布呈明显的集中性。

2017 年有 11 家信托公司不良率低于 1%，而超过 10% 的有 6 家，包括山西信托（14.57%）、北方信托（12.16%）、华宸信托（10.92%）、五矿信托（10.67%）、昆仑信托（10.32%）和中泰信托（10.28%），不良资产规模较大的 10 家信托公司占行业总体不良资产的 71.81%。2017 年有 38 家公司的不良率发生变动，其中 15 家呈现上升态势，仍有较多信托公司不良率偏高，远高于同期银行水平。年报相关数据披露的 66 家信托公司的平均不良率约为 2.36%，较 2016 年平均不良率（2.8%）有所下降，资产质量总体有一定提升，信托公司通过重组转化及抵质押物处置变现等方式管理和处置不良资产（见表 3）。

表 3 2015~2017 年部分信托公司不良资产及不良率情况统计

单位：亿元，%

信托公司	2017 年不良资产	排名	2017 年不良率（%）	排名	2016 年不良率（%）	2017 年不良率较 2016 年变化（%）	2015 年不良率（%）	2016 年不良率较 2015 年变化（%）
五矿信托	13.66	1	10.67	4	23.07	-12.40	14.56	8.51
中信信托	11.92	2	5.43	14	2.49	2.94	1.01	1.48
华润信托	11.69	3	5.05	15	7.92	-2.87	0.37	7.55
昆仑信托	11.13	4	10.32	5	14.26	-3.94	9.66	4.60
华宝信托	7.47	5	8.43	10	10.01	-1.58	11.09	-1.08
新华信托	6.18	6	9.38	8	9.33	0.05	14.66	-5.33
北方信托	6.00	7	12.16	2	11.86	0.30	14.41	-2.55
中泰信托	4.79	8	10.28	6	7.22	3.06	8.29	-1.07
天津信托	4.69	9	6.94	12	6.48	0.46	5.34	1.14
陆家嘴信托	3.17	10	5.62	13	5.42	0.20	3.64	1.78
山西信托	2.89	11	14.57	1	8.21	6.36	9.62	-1.41
中建投信托	2.80	12	3.25	18	4.86	-1.61	5.50	-0.64
陕国投	2.65	13	2.97	19	4.00	-1.03	1.68	2.32
西藏信托	2.40	14	8.87	9	8.56	0.31	6.53	2.03
渤海信托	2.21	15	1.57	25	2.29	-0.72	1.64	0.65
浙商金汇信托	2.05	16	9.59	7	26.19	-16.60	47.60	-21.41
四川信托	1.87	17	2.25	23	4.97	-2.72	0.67	4.30
西部信托	1.86	18	2.52	22	2.15	0.37	1.57	0.58
上海信托	1.73	19	1.05	30	1.49	-0.44	0.00	1.49
华宸信托	1.57	20	10.92	3	31.35	-20.43	30.98	0.37
20 家合计/平均	102.72	—	7.09	—	9.61	-2.51	9.44	0.17
66 家合计/平均	112.37	—	2.36	—	2.8	-0.44	1.6	1.2

数据来源：信托公司年报，中建投信托博士后工作站。

（三）一般风险准备及信托赔偿准备情况

信托公司为了防范经营风险，增强企业抵御风险的能力，根据相关办法及各公司章程规定，按照一定比例计提一般风险准备及信托赔偿准备，对风险资产进行潜在的风险估值，按潜在风险估计值与资产减值准备的差额，对风险资产计提一般准备。

根据中国银监会 2007 年颁布的《信托公司管理办法》，信托公司每年须从税后利润中提取 5% 作为信托赔偿准备金，当该赔偿准备金累计总额达到公司注册资本金的 20% 时，可不再提取。根据财政部颁布的《金融企业准备金计提管理办法》（财金〔2012〕20 号），信托公司须按承担风险和损失的资产期末余额的 1.5% 提取其他风险准备金或一般风险准备金，其中风险资产可包括发放贷款和垫款、可供出售类金融资产、长期股权投资、存放同业和其他应收款项等。根据中国银行业监督管理委员会颁布的《中国银监会关于进一步规范银信理财合作业务的通知》，按照银信合作信托贷款余额的一定比例，检查信托赔偿准备金是否达到规定标准。

信托公司的风险准备主要包括信托赔偿准备以及一般风险准备。根据已披露相关数据的 67 家信托公司年报数据统计，2017 年信托公司合计提取风险准备 319.37 亿元，其中信托赔偿准备合计 95.89 亿元，占比约 30%，除信托赔偿准备以外的一般风险准备合计 223.47 亿元，占比约 70%（见表4）。67 家信托公司中 37 家未计提信托赔偿准备，2017 年信托公司未发生使用信托赔偿准备兑付的情况。

随着信托公司利润的增长以及风险防范意识的提高，一些信托公司以高于监管要求的比例计提信托赔偿准备金，例如云南信托按税后利润的 6% 计提信托赔偿准备金，爱建信托按税后净利润的 10% 计提信托赔偿准备金，交银信托按照公司注册资本的 20% 补提信托赔偿准备金以应对后续形势。风险准备计提的调升在一定程度上可以夯实公司发展基础，提升其抗风险能力。

表4　2017 年末部分信托公司风险准备余额

单位：亿元，%

信托公司	风险准备（合计）	排名	一般风险准备	占比	信托赔偿准备	占比
中信信托	15.79	1	4.20	26.60	11.59	73.40
平安信托	13.77	2	13.77	100.00	—	—
中铁信托	12.53	3	12.53	100.00	—	—
新华信托	12.01	4	0.99	8.23	11.02	91.77
中融信托	10.93	5	10.93	100.00	—	—
华润信托	10.58	6	3.34	31.60	7.24	68.40
江苏信托	10.33	7	10.33	100.00	—	—
交银信托	9.14	8	1.12	12.29	8.01	87.71
华宝信托	9.08	9	9.08	100.00	—	—
上海信托	8.61	10	8.61	100.00	—	—
北京信托	8.55	11	0.55	6.40	8.00	93.60
四川信托	8.45	12	8.45	100.00	—	—
重庆信托	8.10	13	4.19	51.72	3.91	48.28
安信信托	7.20	14	2.11	29.24	5.10	70.76
华信信托	7.06	15	7.06	100.00	—	—
外贸信托	6.97	16	6.97	100.00	—	—
五矿信托	6.50	17	6.50	100.00	—	—
华能信托	6.43	18	6.43	100.00	—	—
中诚信托	6.22	19	6.22	100.00	—	—
国通信托	6.13	20	6.13	100.00	—	—
20 家合计	**184.38**	—	**129.51**	**70.24**	**54.87**	**29.76**
67 家合计	**319.37**	—	**223.47**	**69.97**	**95.89**	**30.03**

数据来源：信托公司年报，中建投信托博士后工作站。

（四）2017 年信托公司诉讼案件情况

2017 年年报中披露有约 36 家信托公司涉及诉讼案件，涉诉公司的个数占比超过一半。其中涉及诉讼案件件数位列前三的分别为五矿信托（18件）、湖南信托（17件）以及光大兴陇信托（12件）；已披露的涉及诉讼金额最大的前三分别为五矿信托（59.3亿元）、国联信托（36.45亿元）和长安信托（19.62亿元），合计115.37亿元，约占年报披露合计诉讼金额的55%，行业涉及诉讼风险的信托公司过半数，且涉诉规模的集中度高（见表5）。

年报显示，部分信托公司披露了诉讼案件的类型及性质。据12家信托公司披露的数据，信托公司作为原告的诉讼案件合计46件，作为被告的诉讼案件合计14件，作为第三人的为5件，分别占比62%、19%和7%；7家信托公司披露了案件类型，其中15件案件涉及主动集合信托计划，10件案件涉及被动单一信托计划，占比分别为60%和40%，其中万向信托主动管理类涉诉的案件为6件，在行业中相对较高。五矿信托涉诉规模位于行业首位且持续增加，国联信托、爱建信托及湖南信托的涉诉案件规模较2016年也有所增加；与此同时，因部分诉讼纠纷得以处置化解，重庆信托、兴业信托和光大兴陇信托的涉诉案件规模均有所下降，厦门信托、华宸信托和重庆信托的涉案件数明显下降。

表5 部分信托公司2015~2017年重大诉讼事项情况统计

单位：件，亿元

信托公司	2015年		2016年		2017年			
	案件数	规模	案件数	规模	案件数	排名	规模	排名
五矿信托	0	—	31	54.70	18	1	59.30	1
国联信托	8	6.18	3	0.92	5	5	36.45	2
长安信托	16	13.40	6	23.21	6	4	19.62	3
湖南信托	0	—	12	9.15	17	2	13.45	4
山西信托	4	17.34	4	17.24	4	6	11.60	5
爱建信托	2	7.14	3	1.73	2	8	9.49	6
东莞信托	3	3.22	7	5.83	7	3	7.21	7
国通信托	4	6.44	4	6.44	4	6	5.55	8
百瑞信托	1	4.00	1	4.00	1	9	4.00	9
新华信托	7	9.01	3	1.54	5	5	3.68	10

信托公司	2015 年		2016 年		2017 年			
	案件数	规模	案件数	规模	案件数	排名	规模	排名
中泰信托	1	N/A	2	N/A	2	8	3.38	11
重庆信托	6	19.49	7	10.79	1	9	3.19	12
兴业信托	2	9.50	2	9.50	1	9	2.70	13
苏州信托	3	4.78	3	2.28	3	7	2.28	14
国投康泰信托	2	0.07	1	0.07	2	8	2.03	15
新时代信托	3	2.67	3	2.67	2	8	1.67	16
陕国投信托	2	N/A	2	0.90	2	8	1.61	17
西部信托	2	1.33	2	1.33	2	8	1.33	18
渤海信托	1	3.80	1	3.80	1	9	1.24	19
外贸信托	0	—	1	1.00	1	9	1.00	20
光大兴陇信托	11	8.64	12	8.64	12	2	0.81	21
四川信托	0	—	6	1.84	3	7	0.31	22
金谷信托	4	N/A	8	N/A	7	3	N/A	N/A
万向信托	6	7.08	6	1.14	6	4	N/A	N/A
中建投信托	7	3.80	7	3.80	6	4	N/A	N/A
厦门信托	4	0.01	15	0.13	5	5	N/A	N/A
华宝信托	3	N/A	3	N/A	2	8	N/A	N/A
中原信托	1	N/A	2	N/A	2	8	N/A	N/A
北方信托	1	N/A	2	N/A	1	9	N/A	N/A
华宸信托	4	N/A	7	N/A	1	9	N/A	N/A
30 家合计	117	127.89	179	175.65	113	—	132.62	—
66 家合计	123	146.28	179	175.65	141	—	206.52	—

注：N/A 指年报中未披露案件规模。

数据来源：信托公司年报，中建投信托博士后工作站。

二、2017 年主动管理类风险事件案例分析

根据中国信托业协会行业数据，截至 2017 年 12 月 31 日，信托行业的风险项目为 601 个，较 2016 年末同比增加 56 个；规模合计 1314.34 亿元，同比增加 11.82%；其中集合信托 619.83 亿元，单一信托 662.58 亿元，财

产权类信托 31.93 亿元。虽然行业不良率水平整体有所下降，但风险项目个数和规模均呈现上升态势，信托公司仍需提高预判及防控风险的效率，尝试化解及处置风险的手段（见图1、表6）。

图1　2014~2017 年风险项目情况

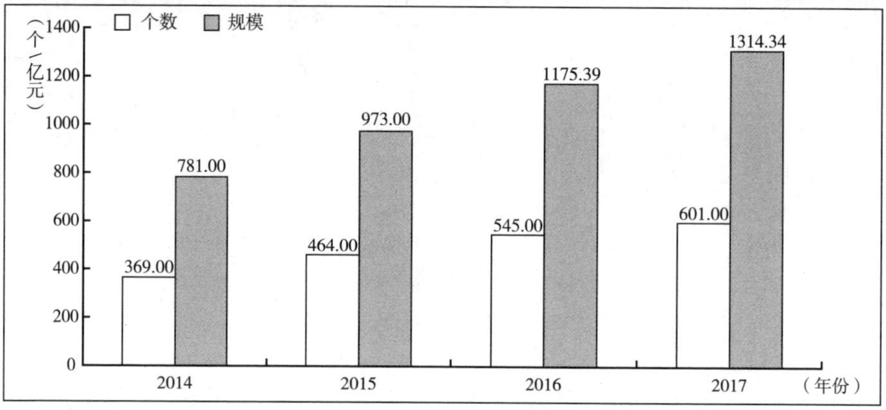

数据来源：中国信托业协会，中建投信托博士后工作站。

表6　2017 年部分主动管理类信托计划风险事件案例

项目名称	信托公司	风险事件	进展/影响
天地缘实业信托贷款集合资金信托计划	中泰信托	2016 年 5 月 26 日信托计划到期后，中泰信托曾两次发布公告延期兑付信托计划 2017 年 2 月中泰信托发布部分债权转让的公告，天地缘实业两亿贷款逾期 9 个月，担保方所持有土地由中泰信托以 4256 万元的价格变卖	天地缘实业涉诉信息发现，公司本身及其子公司涉诉案件多，被执行标的总额大抵押物处置价值大幅下降
大连机床 2015 年度第一期中期票据"15 机床 MTN001"	兴业信托	2017 年 7 月，大连机床 2015 年度第一期中期票据"15 机床 MTN001"截至付息日日终，未能按照约定筹措足额付息资金，构成实质违约	相关行业的流动性风险可能上升
唐山博志平改基金集合信托计划	华润信托	2017 年 3 月，部分投资者向深圳市福田区法院起诉，要求华润信托披露该信托计划的相关信息	华润信托未及时向投资者分配信托计划的收益，未就信托计划的详细进展及时通知投资者，投资者无法获知信托计划的财务状况和三个房地产项目的进展情况

续表

项目名称	信托公司	风险事件	进展/影响
天津钢铁集团贷款集合资金信托计划	国民信托	2014 年 12 月,国民信托针对原渤海钢铁旗下两家二级子公司发行了 4 个信托计划,共募集资金 10.5 亿元 2016 年 3 月,原渤海钢铁出现 1920 亿元巨额债务危机,信托计划违约	4 个信托计划中,除了"天津钢铁集团贷款集合资金信托计划"完成部分兑付,剩余约 9.5 亿仍未完成兑付
信达 3 号、信实 55 号集合资金信托计划	山西信托	信达 3 号信托项目募集资金主要用于补充借款人山西广生堂医药批发有限公司经营活动现金流,后由于资金紧张,于 2017 年 9 月出现逾期,规模为 2.2 亿元;信实 55 号信托项目于 2017 年 11 月出现逾期	借款人企业房地产板块受市场影响,且自身资金紧张导致信托计划违约
中融－嘉润 31 号及中融－嘉润 30 号集合资金信托计划	中融信托	信托计划出现延期未足额兑付,延期向投资人分配足额收益的情况两个项目合计 15 亿元	截至 2018 年 1 月,云南国资无法足额偿还,并再次出具《沟通协商函》
中海汇誉2016－93 龙力生物流动资金贷款集合资金信托计划	中海信托	2016 年 11 月,中海信托通过信托计划募集资金约 2.27 亿元,用于龙力生物流动资金需求	2017 年 12 月 7 日,该信托计划到期后,龙力生物未能按期清偿,出现债务违约

数据来源:公开资料,中建投信托博士后工作站。

随着供给侧改革及结构性去杠杆措施的推进,房地产行业政策频出,房地产公司债务集中到期及资金链的进一步紧张,使得 2017 年以来信托公司涉及房地产领域的诉讼纠纷及潜在风险增加。由于房地产行业去杠杆推进力度持续,开发商融资能力相对减弱,而房地产周期带来的房地产销售可持续性逐渐下降,中小型房企短期债务未来集中到期及再融资压力增加,存在一定的风险因素。

2017 年天地缘实业及广生堂医药出现贷款违约,天津钢铁等传统制造业公司出现债务危机等,导致多家信托公司的纠纷案件增加。债券市场亿利集团出现技术性违约。龙力生物高额举债出现债务到期无法按期清偿的情况。东银控股集团因受其能源及农业板块的影响出现逾期，其持有的上市公司股份先后多次被冻结。云南国资因短期流动性问题出现兑付风险。从上述案件可以看出，2017年信托公司主动管理类风险事件中民营企业及实际控制人涉及的信用风险事件增加；而国有企业因其规模基数较大及影响面较广，一旦违约可能造成一定的市场负面影响。此外，保证或者抵押担保等增信措施的效力存在较大的不确定性，担保人或有负债高企可能导致自身信用风险增加，抵押物存在难以处置等情况。实体企业利润率存在与融资成本不匹配的情况，各板块经营风险等可能产生关联影响，且存在企业短期有息债务占比高、短债长投债务结构不合理的风险隐患等。信托公司仍需进一步加强对信用风险等风险要素的把控，探索和采取有效及时的风险防范措施及风险处置方案。

三、信托公司全面风险管理体系建设情况

随着业务扩张及主动管理责任的加强，各信托公司对风险管理的重视程度增加，信托行业风险状况和主动管理能力有一定改善。但风险管理仍存在与业务发展、创新转型、实效可落地性以及集中度等几大核心因素的矛盾，部分信托公司已结合外部咨询机构及相关信息技术支持，进一步建设和完善风险管理政策、制度、流程及风险管理系统，着力改变以单个信托计划或信用风险为核心的风险管理体系，建设全面风险管理体系，重点包括以下四个方面。

1. 梳理公司全面风险管理现状

主要分多个阶段，包括访谈公司董事及高级经营管理层，访谈公司各职能部门和业务部门的负责人及业务骨干，梳理公司相关制度文档和项目资料，对公司战略发展方向、风险管理现状、业务风险状况及现行合规制度进行详细的梳理。

2. 整理差距、分析相关标准

根据中国人民银行、银监会等监管机构对信托公司的监管制度规范，参考国际国内通行的全面风险管理体系，结合商业银行、信托行业及各信托公司的经营特征和可比性，明确适合的全面风险管理体系标准。

3. 主动识别差距

根据监管要求及公司业务的全生命周期风险管理机制，针对公司层面的整体风险管理要素，从公司治理、风险偏好、风险管理要素、数据及系统建设等方面着手，识别公司当下风险管理现状与标准之间的差距。

4. 以差距着手，构建全面风险管理体系

根据识别的差距，结合公司实际，以信用风险与集中度风险、市场风险、操作风险、合规风险、流动性风险为核心，结合压力测试、敏感性测试、系统建设等工具与方法，制定管理办法和业务系统模块，构建公司层面及项目生命周期全覆盖的事前、事中、事后风险管理体系。

目前，多家信托公司包括百瑞信托、外贸信托、安信信托及中建投信托等公司已不同程度地开展了全面风险管理体系建设工作。风险管理工作覆盖业务事前、事中、事后全周期，需要公司管理层和各业务及职能部门的高度重视与参与，在全面的管理体系、制度和方法的基础上，落实数据及系统建设等操作工具，从定性和定量的角度全面提升主动风险管理能力。

综上，2007 年至 2017 年是信托公司由粗放式风险管理向主动全面风险管理高速发展的十年，受宏观经济增速下滑以及房地产行业波动因素影响，自 2012 年开始信托行业个案项目风险加快出现。中国信托业协会数据显示，2014 年至 2017 年信托公司风险项目个数及规模逐年增加，年平均涨幅分别为 18% 和 19%，但增速逐年下降。信托公司风险合规经营意识不断加强，推动信托业务转型，规范交叉金融产品，制订并落实风险个案事件化解方案。未来信托公司仍须积极落实监管政策，加强全面风险管理体系建设，充分发挥金融服务功能，有效投资并支持实体经济发展及供给侧改革，由行业高速增长阶段转向高质量发展阶段。

2017 年信托行业监管环境研究报告

黄婷儿

金融监管是经济发展的稳定器和调节器，也是金融机构健康稳定发展的保障。中国的资产管理行业①自 2012 年起连续 4 年保持 40% 以上的扩张速度，以 2017 年第五次全国金融工作会议召开为标志，金融监管进入史无前例的高压状态，资管业务的扩张周期迎来"分水岭"。

本轮监管周期主要围绕两个主题展开。

首先是金融监管的强化。2017 年，中共十九大、全国金融工作会议、中央经济工作会议等各类重要会议②多次提出深化金融改革、加强金融监管、整治金融乱象，守住不发生系统性风险的底线，以促进形成金融和实体经济、金融和房地产、金融体系内部的良性循环。金融工作会议后，金融行业的监管力度持续加码，原银监会严格落实"三三四十"专项检查，严肃执行各项监管政策，监管人员密集进驻金融机构进行现场督查，同时也加大了对金融机构违规经营的处罚力度。

其次是金融监管的统一。随着资管业务规模日渐庞大，业务创新与交叉经营趋势明显，现有的监管体制无法适应金融新形势的需求，亟待改革。过去几年里，信托行业的监管周期与金融同业之间存在较为明显的异步特征。2014 年"99 号文"的出台可以作为信托监管由宽趋严的标志性事件，监管部门一改以往对信托公司鼓励和保护的态度，对信托业务开始新一轮规范与整顿。而同一时期，券商资管、基金子公司等则迎来创新大潮，在宽松的监管环境下圈占资管市场。到了 2016 年四季度，监管形势发生阶段性逆转，银行理财新规促使通道业务回流信托，资管同业则面临更加严苛的监管政策。金融监管的异步化是导致 2017 年信托规模逆周期快速增长的重要因素，而随着资管新规正式颁布，监管机构整合重组，金融业的统一监管已成为监管改革大趋势，信托的展业逻辑也将随之发生巨大变化。

---

① 资产管理行业包括银行理财、信托计划、保险资管、公募基金、私募基金、证券资管、基金子公司、期货等形式，具体定义见中国人民银行等四部委发布的《关于规范金融机构资产管理业务的指导意见》。

② 重要会议精神要点梳理详见附件一。

一、政策约束和处罚问责双管齐下，强监管力度空前

资管业务的快速发展对满足社会投融资需求、推动经济发展发挥了积极作用，然而也出现了产品多层嵌套、表外循环、推高杠杆等问题，资金空转现象严重。为扭转金融业"脱实向虚"趋势，防范金融风险，监管层开始加强整治金融乱象。监管思路由"促发展调结构"完全转为"控风险严问责"。

（一）统筹监管、功能监管已经实质开展

国务院金融委员会的成立和"资管新规"的正式发布，拉开了统一监管标准的序幕，中国金融监管体系正式进入新纪元。

梳理 2017 年以来出台的各个文件要点可以发现，针对同一业务往往有多方监管机构从资金端、资产端全面落实监管要求，政策协同力度加大，通过"穿透监管""实质监管"统一同类资产管理产品监管标准的雏形已基本形成。比如，规范地方政府平台融资和 PPP 项目的相关政策最多，各监管机构累计出台文件 19 个，涉及"一行三会"、财政部、发改委、国资委等 7 大机构，全面收紧平台非标融资口子，严禁任何形式的地方政府担保行为；涉及地产融资的文件 9 个，银行、基金、资管计划等资金口全面被限，地产公司的资金压力增大；与通道类业务相关的文件有 11 个，基本所有监管机构都出台了封堵政策，严格规范金融同业业务、委托贷款业务等，严控杠杆比例，消除多层嵌套，杜绝监管套利；明令禁止名股实债的文件 5 个，全面落实"实质重于形式"的监管，杜绝通过交易结构设置变债权业务为投资业务，规避监管要求。中建投信托博士后工作站全面梳理了相关监管政策要点，本文第二部分还将分类进行详细解读。

站在统筹监管启程的路口，信托参与大资管业务已不仅仅是守住自身的"一亩三分田"，不违背本行业的监管具体要求即可，更要围绕中央供给侧结构性改革"三去一降一补"的主线，立足金融监管的重要原则，放眼大资管体系，全面把控风险，严守合规底线，更好地支持服务实体经济。

（二）政策密集出台，监管广度与深度不断加码

2017 年以来，"一行三会"等监管机构针对银行、信托、公募、券商资管、保险等出台一系列严厉政策，致力于化解资管领域金融风险。据中建投信托博士后工作站不完全统计，截至 2018 年 4 月底，各方监管机构已陆续出台政策法规和窗口指导①共计 59 个，覆盖 17 个不同的监管机构，其中多部门联合发布的文件 8 个，原银监会②发布 16 个，证监会发布 9 个，原保监会发布 4 个，财政部发布 10 个，中基协发布 3 个，中证协发布 1 个。此外，发改委、沪深交易所、国资委、住建部等也均有相关文件发布（见表1）。

表1 各监管机构发布政策数量（2017 年 1 月~2018 年 4 月）			
监管机构名称	单独发布	联合发布	合计
央行	1	5	6
原银监会	16	4	20
证监会	9	3	12
原保监会	4	2	6
财政部	10	4	14
中基协	3		3
中证协	1		1
上交所		1	1
深交所		1	1
中登		1	1
发改委	2		2
国资委	1		1

---

① 2017 年至 2018 年 1 月监管政策一览表详见附件二。

② 含上海银监局发布文件。

续表

监管机构名称	单独发布	联合发布	合计
住建部	1		1
不动产登记部门	1		1
外汇局		1	1
P2P网贷风险专项整治工作领导小组办公室	1		1
互联网金融风险专项整治工作领导小组	1		1

数据来源：监管机构公告，中建投信托博士后工作站。

从发布期间来看，文件和窗口指导主要于 2017 年 11 月起密集发布，其中 2017 年三季度、2017 年四季度、2018 年一季度出台政策数分别为 5 个、12 个和 25 个，发布数量成倍增长，监管加码趋势明显（见图 1）。从内容上来看，"一行三会"、中基协、中证协、交易所等机构 2017 年 12 月起陆续出台的一系列文件都是当年 11 月"资管新规"征求意见稿的细化落实，秉承了"控杠杆、禁嵌套、去通道"的监管思路，监管措施全面覆盖，监管真空和套利机会被挤。2018 年 4 月 26 日，《关于规范金融机构资产管理业务的指导意见》（"资管新规"）正式印发，指导精神和大体要求与征求意见稿保持高度一致，并进一步完善了操作细节，指导性进一步增强。

图1 2017 年以来各月监管政策出台数量

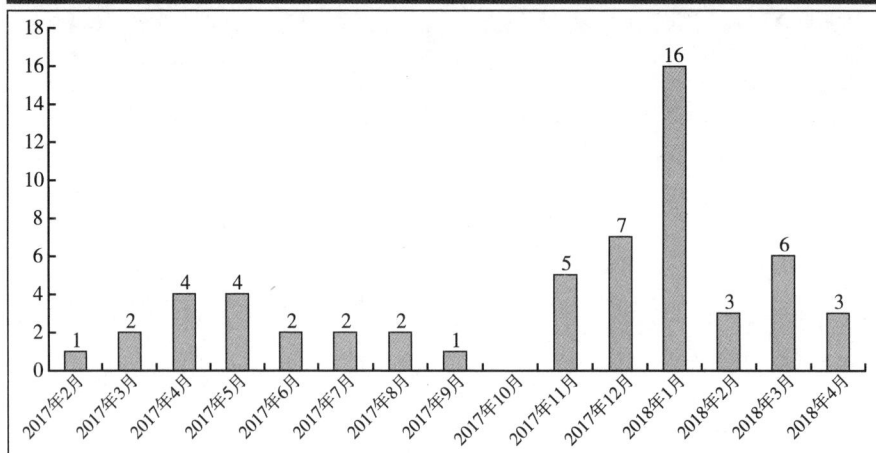

数据来源：银保监会公告的行政处罚信息，中建投信托博士后工作站。

（三）监督检查常态化，处罚问责动真格

"立规矩，打板子"。2017 年起，监管处罚问责力度明显增强，形成广泛震慑作用。一方面地方政府存量债务审计后，财政部严肃问责地方政府违法违规举债和担保行为，依法处理部分县市主管、个别企业和金融机构；另一方面，2017 年 4 月 7 日，银监会发布《关于集中开展银行业市场乱象整治工作的通知》（"5 号文"），提出要整治金融"十乱象"，随后开展"三三四十"专项检查，坚决查处了"侨兴债"违规担保、浦发银行775 亿造假违规放贷、邮储银行武威分行套取票据资金等重大案件①，不仅仅重罚案发银行及违规购买理财产品机构，更对参与交易的各类机构及相关人员进行严惩。

根据原银监会公布的数据，2017 年全系统共做出行政处罚决定 3452件，其中处罚机构 1877 家，罚没 29.32 亿元；处罚责任人员 1547 名，罚款合计 3759.4 万元，对 270 名相关责任人取消一定期限直至终身银行业从业和高管任职资格。处罚机构数、处罚责任人数以及机构罚没金额分别是2016 年的 2.97 倍、3.67 倍和 10.86 倍。处罚频度、广度明显增强，问责力度加强，罚没金额激增，违法违规成本大大提高。

具体到信托行业，自 2014 年 4 月 8 日原银监会发布《关于信托公司风险监管的指导意见》以来，监管陆续出台信托业保障基金、行业评级指引信托登记管理办法等制度，引导信托公司规范管理、稳健经营。监管处罚自 2015 年以来也逐步攀升，处罚领域不断延伸。

根据原银监会网站公布的行政处罚信息，2015 年以来监管共开具 45笔罚单②，涉及 34 家信托公司。其中 2017 年全年向信托公司行政处罚 22

---

① 详情参见附件三。
② 2015 年至 2018 年 3 月底，累计开具罚单 45 张。

笔，超过了过去10年来的罚单总数，"三三四"检查后的2017年5月发布了6起，12月下旬再次密集发布10起（见图2）。

图2　2004~2018年信托公司受处罚数量

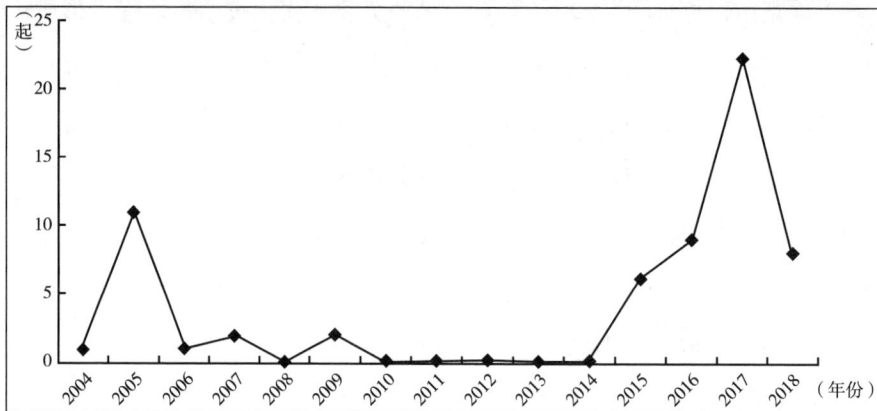

数据来源：银保监会公告的行政处罚信息，中建投信托博士后工作站。

梳理这45笔罚单开具原因可以发现，2015年处罚原因还集中于业务违规，2016年开始，监管的处罚原因已经变得多元化，从资金用途、推介方式等业务领域，逐步扩展到董监高履职、经营决策、账户管理、内控管理、信息填报与披露等公司治理与管理细节。而自2017年起因内控不健全、经营不审慎原因被罚机构增多，业务违规则集中于地产项目资金用途违规和平台业务违规担保等监管集中整治领域（见表2）。任何触碰合规底线、违规融资的行为，都将面临被严惩的风险。

表2　近年来信托公司被处罚原因

单位：起

处罚原因	2018年	2017年	2016年	2015年	合计
信息披露不符合要求		3	4		7
业务违规	7	8	2	4	21
推介违规		1	1	2	4
董监高行权履职		1	1		2
账户管理缺陷			1		1
内控不到位	1	2			3

处罚原因	2018 年	2017 年	2016 年	2015 年	合计
经营不审慎		3			3
关联信息未事前报备		2			2
绩效发放不符合要求		1			1
法人治理结构存在严重缺陷，实际控制人不明		1			1
小　计	8	22	9	6	45

数据来源：银保监会公告的行政处罚信息，中建投信托博士后工作站。

2018 年 1 月 13 号，原银监会《关于进一步深化整治银行业市场乱象的通知》（"4 号文"）正式发布，强调要将同业、理财、表外等业务以及影子银行作为 2018 年整治重点，继续推进金融体系内部去杠杆、去通道、去链条，奠定了新一年的监管基调。

"4 号文"明确了"遏制违法违规、金融回归本源、实现差异化经营、合规稳健经营"的四大工作目标，提出遵循"深化问题导向"和"突出整治重点"的原则，并指出要落实主体责任和监管责任，施行对违法金融机构和违法机构管理人"双罚"、违法金融机构和不作为监管机构"双惩"。毫无疑问，2018 年必定是全面深化整治、严厉肃清违法违规的一年，监管的重点将从 2017 年的"控制乱象增量"升级为"解决乱象根源"，信托业甚至整个大资管行业面临的监管环境势必将更加严峻。

二、逐个击破套利手段，信托业务逻辑发生转变

2017 年以来发布的监管政策覆盖地产、平台、同业、委贷、证券、消费金融等各个信托展业领域，针对监管套利、多层嵌套、刚性兑付、资金池逐一击破，引导包括信托公司在内的大资管行业回归本源，提升主动管理能力，规范股权及公司治理，控制金融杠杆。

（一）地产非标债权资金来源全面受堵

1. 2017 年地产非标债权逆势扩张

2016 年 9 月 30 日，北京发布楼市调控新政，分类提高首付比例，开启本轮房地产调控，地产公司各类融资渠道随之逐步收紧。债券融资难度加大，融资规模下降，房地产公司债审核新政和发改委停止房企海外发债备案，限制了房企直接融资渠道；银行房地产开发贷明显收紧，由于原银监会强化对银行理财投资房地产的监管，并展开针对房地产相关业务的专项检查，房地产企业变相通过上下游企业进行违规融资行为被限制。

在此背景下，2017 年房企融资渠道明显向非标债权倾斜。截至 2017 年三季度末，信托行业新增集合信托规模中，房地产投向占比已从 2016 年末的 11.52% 上升至 19.84%，房地产投向的扩张趋势明显。而实际上，地产非标融资规模的上升，不乏银行借道信托或私募基金等向房企发放的贷款。具体包括以下四大类。

（1）依靠关联方融资模式。通过寻找符合"四三二"条件的关联方或者非房企类关联方（如工商企业）进行融资，然后关联方通过向房企注资或者发放委托贷款的方式，将资金实质用于地产开发项目。

（2）名股实债模式。通过"股"的设计突破监管对于向房企债性融资的限制要求，从而实现房企在拿地阶段、持有阶段的多元融资需求。一般以股权投资的方式参与，资金通过信托或资管计划或私募基金等入股房地产项目公司，并通过项目公司分红来进行收益分配，项目公司或其母公司、实际控制人等关联方通过持有劣后级、承诺回购等为项目增信。随着监管趋紧，此类模式也衍生出设计为永续债、可转债、购买特定资产收益权等结构，亦有充分利用几种股权投资主体在监管、投资限制和投资范围等方面的不同，通过多层嵌套最终实现银行资金投向房企。

（3）并购基金模式。基本原理同（2），适用于并购场景。

（4）一二级联动。该模式被广泛运用于旧城改造、棚户区改造等项目，实质包含了土储融资和地产开发融资两部分。

2. 从资金端扼住房企绕道融资的咽喉

前述各类绕道融资手段大多通过嵌套结构实现，2017 年"资管新规"征求意见，统一监管标准，直击通过多层嵌套、名股实债等违规融资。原银监会、证监会、中基协、中证协等监管机构出台政策共计 9 项，全面落实"穿透"原则，封堵资金来源。银行不得利用信托通道规避监管或实现资产虚假出表，银信合作不得将信托资金违规投向房地产；券商集合资管计划不得投向委托贷款资产或信贷资产；基金资管计划不得投资于热点城市普通住宅项目，并将采取穿透原则审查资金最终投向，明令禁止资金用于支付土地出让金和补充流动资金。

银行受托发放贷款应明确用途，不得作为注册资本金等违反监管规定的用途，通过关联方转道融资之路被堵。银证保基联合围堵限制"名股实债"融资。私募基金不得变相保底保收益，停止一切"名股实债"项目的备案；保险资金不得通过产品嵌套违规投资不动产，保险资金设立股权投资计划不得承诺保本保收益，"名股实债"被列为违规。2018 年 1 月 24日，上海证监局发布《关于规范开展并购贷款业务的通知》，设立了并购贷款融资新的风向标，按照穿透原则，并购贷款亦须满足"四三二"。

政策全面收紧地产融资资金来源，未来非标债权融资规模将难以实现扩张，但资产证券化、股权投资、实质并购业务机会增多。

首先，资产证券化不受新规影响，顺应"盘活存量"的号召受到鼓励，总体将在 2018 年得到大力发展。但由于地产资产证券化不同子类别受到政策的窗口指导影响较大，信托公司需要在开展业务时谨慎选择资产类别。比如尾款 ABS 可能持续面对政策微调，而以长租公寓为基础资产的资产证券化业务，受到十九大精神和中央经济工作会议的鼓励，将有望蓬勃发展。

其次，地产公司资本金压力增大，开放股权融资意愿增强，股权和并购投资机会增多。在"穿透监管"和"实质监管"下，房企债权融资将严格执行"四三二"规定，且将严查资金用途。开发商资质不达标、项目四证不全或土地购置资金压力大等情形下，必然需要通过项目并购或引入新投资者的方式获得继续开发资金。信托公司可以优选核心城市、核心区域的核心物业，适时参与并购和股权投资。

（二）平台业务被迫与政府信用剥离

1. 地方政府违规担保举债屡禁不止

中央对地方政府债务的整治由来已久，2013 年"10 号文"后，要求对地方政府融资平台实施名单制管理，不得对名单外的平台公司授信。名单内的又按照"仍按平台类"和"退出类"区别对待，不同类型的公司可以开展的业务不同。但这并未有效控制地方政府债务规模，利用同一控制下不同类别平台公司相互担保等各种结构设计绕道融资的情况不在少数。

2014 年国务院"43 号文"出台，明文规定政府债务[①]只能通过政府及其部门举借，融资平台公司不得新增政府债务，正式剥离融资平台公司的政府融资职能。"43 号文"要求政府债务举债必须采取"政府债券"方式，并明文禁止政府为平台公司提供融资担保。"43 号文"前，金融机构为平台融资一般都认为政府可以为还款作最终兜底，无论是采取项目贷款、流动资金贷款，还是应收账款转让附回购等交易结构，风控的重点都在政府增信方式和地方财政实力、偿债能力；"43 号文"锁定地方债务存量，将融资平台与政府信用相剥离，要求政企分开，风险自担。此后，地方政府举借机制逐步形成，建立了"限额管理、纳入预算、风险处置"等管理体系，但对于地方政府的一些表外隐形债务即政府或有债务，仍没有得到很好抑制，2016 年平台业务规模再次抬头，地方政府违法违规担保屡

---

① "43 号文"将政府性债务划分为政府债务和政府或有债务。政府债务即政府负有偿还责任的债务，政府债务以外的政府性债务统称为政府或有债务，包括政府负有担保责任、可能有一定救助责任的债务等。

禁不止，通过政府购买服务、政府引导基金和 PPP 等方式变相举债行为大行其道。

2. 重责下击破各类地方政府变相举债手段

基于此，2017 年财政部联合多部委开展了一轮封堵和清理地方政府违法违规举债担保的联合行动，要求严肃问责机构和责任人，连续发文强调要严格执行"43 号文"规定，以负面清单的形式，全面封堵了前述地方违法违规融资的各类渠道。

2017 年 1 月财政部向 5 省[①]发函要求问责当地个别违法违规举债担保行为，同年 3~4 月，重庆、山东等地陆续公布整改处罚决定。4~5 月，"50 号文"、"62 号文" 和 "87 号文" 发布，重申地方政府不得通过地方政府债券以外的任何方式举借债务，规范政府购买服务预算管理，严禁以政府购买服务名义违法违规举债。金融机构不被允许接受地方政府以担保函、承诺函、安慰函等任何形式提供的担保。6~7 月，全国各地全面开展摸底排查行动，全面改正地方政府不规范的融资担保行为，甚至不乏地方政府发文撤回承诺函，一时引起业界哗然。自此地方政府平台类融资业务开始大幅缩量，不但新增业务难以开展，存量业务也不时被迫因地方政府平台要求提前还款而提前到期结束。以构造政府购买服务合同为建设工程变相举债，或者通过签订应收账款合同帮助平台公司融资等融资手段——被禁，以储备土地提供担保或以土地储备名义为非土地储备机构举借政府债务等行为也均被视为违规。平台类业务正式进入萧条期。

与此同时，PPP 业务也受到严厉监管，2017 年 11 月至 2018 年 1 月期间，财政部、国资委、发改委、原银监会、原保监会等相关机构陆续出台 7 项政策，从产品和资金两端全面规范 PPP 业务。明令禁止 "名股实债"

---

① 2017 年 1 月初，财政部分别致函重庆、山东、内蒙古、河南、四川等省（自治区、直辖市）政府，要求依法问责部分县市违法违规举债、担保的行为，不仅要求处理负有直接责任的主管人员和其他直接责任人员，还建议金融监管部门对租赁、信托、村镇银行等违规金融机构进行处罚。

的设置，禁止地方政府平台进行任何形式的担保，平台公司作为社会资本方参与也被限制。PPP 项目的入库标准也从严约束，仅涉及工程建设无运营、仅提供融资无运营的，均不得入库，已入库的将被清退。很明显，通过包装成 PPP 项目解决地方政府平台融资之路已经彻底被堵。加上国资委"192 号文"严令国有企业参与 PPP 项目要确保投资回报，不允许违规为其他方提供担保或保证收益，也不得参与名股实债类结构的劣后级，金融机构通过建设方转移收益而实现在 PPP 项目中保本保收益也几无可能。

综上，平台类项目将完全剥离政府信用。政府举债将仅通过发行地方政府债而无非标债权展业空间；政府采购服务将严格遵循"先预算后采购"的原则，以往通过此途径变相举债将难有空间；各类名股实债的"伪PPP"业务之路终结，各金融机构要参与政府基建项目，将不得不以股权方式进入，真正的共担风险与收益，项目期限将大大加长，收益率却并不一定有提升。平台类业务"躺着挣钱"的时代将一去不复返。

（三）同业面临最严监管以杜绝资金空转

同业业务顾名思义是具有金融牌照的银行、证券、保险、信托等机构之间开展的业务。对于信托公司来说，同业业务可分为两大类。一是资金来自同业的。这类业务中包含大量通过委托贷款等形式进入的银行理财资金、券商资管资金，甚至其他类基金产品募集资金，通过信托最终投向非标债权。一是资产来自同业的，即信托计划通过资管计划或有限合伙等投向资本市场，合作方一般为券商和基金公司。这些业务大多为通道业务，搭建同业架构以规避监管对合格投资者、资金投向以及业务资质的限制要求。

2017 年原银监会、证监会、中基协等机构单独或联合发文共计 7 个，以同年 3 月的"三三四十"专项检查和 11 月的"资管新规"要点为纲，严禁金融机构以资产管理产品，提供规避投资范围、杠杆约束等监管要求的通道服务。

在银信合作方面，2017 年 12 月发布《关于规范银信类业务的通知》（"55 号文"）对商业银行和信托公司进行双向监管。文件首次将表内外资金和收益权以及财产权类信托都纳入银信类业务范畴。一方面，要求银行按照实质重于形式原则，将穿透原则落实在监管要求中，明确不得利用信托通道规避监管要求或实现资产虚假出表，不得绕道信托将信托资金违规投向限制或禁止领域。另一方面，要求信托公司不得接受委托银行直接或间接担保，不得签订"抽屉协议"，不得为规避监管要求提供通道服务（业界称"三不得"）。

文件发布 4 天后的 12 月 26 日，中信信托率先立下军令状，向原银监会信托部和北京银监局提交《自律承诺函》，承诺 2018 年银信通道业务规模只减不增，随后国民信托、紫金信托、华鑫信托等也纷纷表态不新增银信合作类业务。更多信托公司虽无发表声明，也基本在 2018 年 1 月开始陆续暂停了银信通道业务。

在信证合作方面，证监会与基金业协会全面收紧券商资管、基金专户、基金子公司及私募基金通道类业务。2017 年 5 月证监会发言人张晓军首提全面禁止资管计划通道业务，强调不得让渡管理责任。2018 年 1 月证监会下达窗口指导，要求集合资产管理计划不得投向委托贷款资产或信贷资产，不得新增，存量的到期不得展期。集合资管计划和基金一对多投向信托贷款的停止备案。资管和基金资金投资非标债权已无通道。此外，对于定向资管计划，明令要求资管机构穿透识别委托人原则，要求资金来源必须为自有资金，不能是募集资金。因此，信托计划以募集资金通过定向资管投资的渠道也将受限，"穿透原则"关闭了搭建信托交易结构规避投资限制之路。

在信保合作方面，2018 年 1 月中下旬，原保监会陆续发文加强保险资金运用管理和风险化解，严查违规加杠杆、多层嵌套，坚决制止明股实债等违规行为，命令禁止受托资金转委托和提供通道服务等行为。

严监管下，通道业务显然已全面受限，去通道成为业界共识。尽管由于众多信托公司明确表态不再新增通道业务而使得通道业务变得稀缺，通道业务费率上涨，而且可以在项目中优中选优，收益提高、安全性增强，但基于严厉打击空转套利、禁止多层嵌套的统一监管思路，该类业务合规性较差，面临随时被监管叫停的可能。同时监管若严格执行"55号文"，并通过中信登登记实施穿透监管，则银行通过信托作为通道发放信托贷款的业务很难合规，最终必将消亡。

（四）委托贷款脱离非标回归本源

委托贷款是指委托人提供资金，由受托人根据委托人确定的借款人、用途、金额、币种、期限、利率等代为发放、协助监督使用、协助收回的贷款。理论上来说，受托人可以是具有发放贷款资质的任何金融机构，而委托人可以是任何机构和个人。由于借款人、贷款金额、利率、资金用途等贷款要素均由委托人和最终借款人事先协商确定，该业务对受托人来说是一项通道业务或者说是事务管理类业务。委托贷款初衷是以具有放贷资质的受托人的专业服务来规范企业间借款，却在近年被广泛运用于资产管理业务，以实现理财资金和资管产品资金投向非标债权资产，实质上成了金融机构"倒贷"套利、突破资金用途限制等规避监管约束的一种手段。

以原银监会发布的《商业银行委托贷款管理办法》（"2号文"）为代表，2018年1月银、证、基、保分别发文"封堵"金融机构通过委托贷款在资金约束方面的所有监管套利行为。商业银行不得接受委托人为金融资产管理公司和经营贷款业务机构的委托贷款业务申请，不得接受受托管理的他人资金、银行的授信资金、具有特定用途的各类专项基金、其他债务性资金和无法证明来源的资金等发放委托贷款。即任何资产管理产品募集的资金，包括信托计划、银行理财、私募基金、券商资管、基金子公司专户等都不能作为银行委托贷款的委托人，因此所有这些产品都将不能再通过银行发放委托贷款，从而直接封堵了资管计划、私募基金等通过银行投资非标债权之路。

另外，监理机构规范委贷资金用途，要求其不得用于生产、经营或投资国家禁止的领域和用途，不得从事债券、期货、金融衍生品、资产管理产品等投资，不得作为注册资本金、注册验资，不得用于股本权益性投资或增资扩股等。想通过绕道银行的委托贷款以突破资金用途限制的交易结构设置也将无法实施。

从短期来看，对商业银行委托贷款业务进行限制后，部分业务可能转向信托，但信托并非可以不受监管约束开办委贷业务。加上资金端方面，证监会、基金业协会、原保监会等相继围堵，明确出台集合资产管理计划、私募基金均不得投向委托贷款资产等严格规定，未来"名为委贷实为资管"的业务将彻底消亡。

（五）证券类业务严控杠杆比例

信托公司参与资本市场程度不深，开展较为广泛的证券类业务无非两种，一是结构化配资业务，二是股票质押融资业务。

"资管新规"对产品分级以及杠杆比例做出明确限定，要求单一标的的私募产品（包括投资股票债券等标准化产品超过 50% 的）均不得分级，分级产品的管理不得转委托劣后级投资者，上市公司的员工持股计划、大股东增持计划等结构化产品都将受到影响。对于结构化产品杠杆比例限制，不仅按照固定收益类产品、权益类产品、其他类产品①分类别设定上限，更下达窗口指导，要求信托公司暂停设置有中间级的结构化证券投资业务。暂停设置中间级的规定直击突破杠杆比例的要害，对于 2 : 1 的杠杆上限，以往通过设置优先级 : 中间级 : 劣后级为 8 : 1 : 3 能够通过监管审查，一般在资金层面将中间级当作优先级的劣后，则优先 : 劣后 = 2 : 1，符合要求，但实际操作时中间级也往往要求保本保息，则实质分级比例为 3 : 1，

---

① 其他类产品包括商品及金融衍生品类产品、混合类产品。

已经突破杠杆限制。新规和窗口指导实施后，再无法通过此类设计加杠杆。加上2018年1月，原保监会、中基协纷纷发文，强调不得违反杠杆比例要求，并将严肃查处加杠杆、违规多层嵌套投资行为，进一步封堵了结构化产品通过结构创新突破杠杆限制的资金来源。

股票质押新规①对股票质押式业务的融入方、融出方、融入资金用途、质押比例、质押回购期限等均做了详细明确的约束，要求融入方不得为金融机构或其发行的产品、公募集合资管不得做融出方，所有公募产品将无法再参与股票质押式回购业务。加上新规明确提出证券公司参与股票质押交易的各类产品均需额外增加计算1.5%的特定风险资本准备，显著加大了证券公司尤其是中小券商的资本压力，直接影响证券公司的相关风控指标和展业动力，对此项业务的约束效果必将立竿见影。

可以看到，以资管新规为纲的系列监管细则、窗口指导将从提高监管执行力、可操作性方面全面落实监管的有效性。未来结构化产品杠杆比例将无突破可能，各种拟通过创新绕开监管的行为必将被坚决打击。同时，结构化产品的优先级资金来源也受到限制，规模难以扩张。而股票质押业务，由于融资方大多为民企、小市值的上市公司，较难找到其他融资方式，基于证监会严厉约束证券公司参与，这些旺盛的股票质押融资需求将流向其他金融机构融资渠道。随着资金口的收紧，金融机构将拥有更多优选项目的机会，更能获得高收益回报，信托公司或可在夹缝中寻得更多业务机会和经营增长点。

（六）消费金融也将纳入严监管体系

2017年12月1日，央行和原银监会联合发布《关于规范整顿"现金

---

① 2018年1月12日，沪深交易所与中国结算修订《股票质押式回购交易及登记结算业务办法》（简称《办法》），1月19日，证监会发布《关于做好股票质押式回购交易风险防范有关工作的通知》（简称《通知》），本文将《办法》和《通知》统称为"资管新规"。

贷"业务的通知》（以下简称《通知》），一时在消费金融界引起热议。《通知》发布并非突然，当年 7 月份金融工作会议就提到要加强互联网金融监管，强化金融机构防范风险主体责任。互联网金融业务纳入整体金融体系进行严监管约束是必然趋势。

《通知》旨在清理整顿"现金贷"行业乱象，着力于对不合规业务的规范和整顿。规定无牌照机构不得放贷，也不得共同放贷，同时暂停新增发放牌照或者异地展业牌照，因此对已获取牌照机构为利好。同时，通知还指出要对不符合规定的已批设机构重新核查业务资质。因此寻找合作交易对手时，信托公司应当对照国务院有关文件规定审慎考察公司资质。《通知》对利率也做出限制，明确综合成本不得超上线。该规定利好于利率较低、靠风控能力盈利的机构，对放贷利率较高、风控缺失、依靠高利率覆盖坏账的机构会有沉重打击。

此外，《通知》多方封堵了小贷机构融资途径，禁止通过网络借款信息中介机构融入资金。合作开展贷款业务的，第三方合作机构不得向借款人收取息费，而且规定 ABS 业务不再具有出表功能，需要和表内融资合并计算杠杆指标。未来小贷公司资本金压力增大，预计小贷公司将迎来增资潮。但 ABS 仍然是"资产强主体弱"的小贷公司的优质融资工具，增加资本金后，ABS 发行预计仍将盛行。

"无特定场景依托、无指定用途的网络小额贷款"、校园贷、多头借贷等业务被限，以及资本金对业务开展的约束等，或将引起小贷行业整体规模下降，同时部分 ABS 产品可能由此提前结束。

综上，信托公司在消费金融领域开展 ABS 业务和"助贷业务"仍大有机会，但应着重做好以下几方面工作：一要审慎选择交易对手，优选具有无瑕疵牌照资质的小贷公司合作，并积极关注小贷公司资本实力和业务规模的匹配程度；二要着重提升自身对消费金融业务相关核心风控能力，在小贷公司杠杆受限情况下，合规"助贷"需求必然上升，将成为业务的新增长点；三要在开展 ABS 业务时关注底层基础资产业务实质，防止"踩雷"，比如多头借贷现象严重的资产，或因贷款停止发放后借款人无法"借新还旧"而使不良率大幅上升，最终影响产品收益率。

三、资管行业面临重构，信托公司辞旧迎新

2017 年之前，中国资产管理市场一直呈现高速发展态势，整个资管行业资产管理规模逐年大幅上升，从 2010 年的 13.44 万亿元，增长至 2016 年的 116.18 万亿元，6 年年均复合增长率 43%，在全球资产管理市场表现抢眼。虽然 2016 年增速仅为 30.1%，较前几年回落明显，但横向对比欧美、日本及亚太其他市场，仍具有明显领先优势。

进入 2017 年，资管行业整体面临严格的监管，"去杠杆、去通道"下，资管行业规模增速大幅下滑，年末资产管理规模为 124.25 万亿元，同比增加 8.08 万亿元，比 2016 年少增近 19 万亿元（见图 3）。

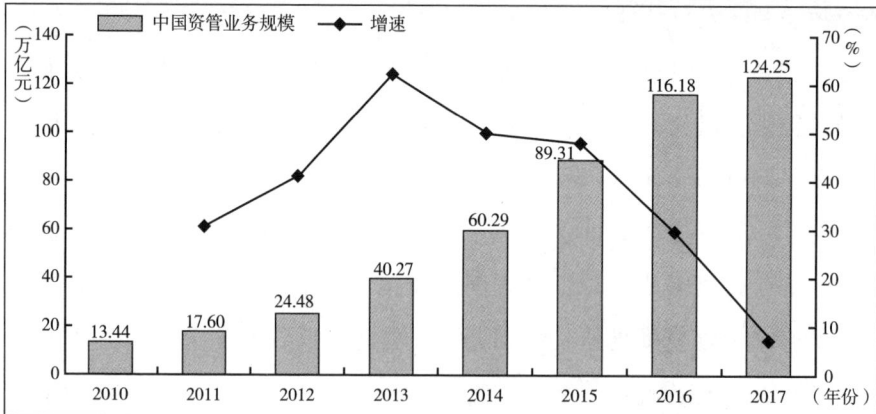

图 3　中国资管业务规模趋势

数据来源：各行业协会统计数据，中建投信托博士后工作站。

中国资管行业各子行业发展趋势各异，竞争格局不断变迁。2010 年以来，排名第一的子行业的市场占比逐渐下降，各类资管业务发展渐趋均衡，且竞争加剧。2012 年前，业务规模最大的是保险业，市场占比超过 35%。随后由于监管不断放开，行业分业经营壁垒被逐渐打破，银行、信托、基金等机构的资管业务规模不断增长，截至 2012 年底，形成了银行理财、信托、保险三分天下的局面，三者管理资产规模均突破 7 万亿元大关，也就是在这一年，信托超越保险成为大资管行业规模最大的子行业，市场占比 30% 左右。但随着信托资产规模增速放缓，两年后，银行理财代替信托成为市场第一，4 年来市场占比一致维持在 25% 左右。目前，资管市场各子行业的市场占比均在 15%～25% 的区间内，彼此间差距缩小，市场呈现均衡发展、充分竞争的状态。

回顾历史，银行理财、信托资管为资管行业最主要竞争主体，市场占比一直分别保持在 25% 和 20% 左右；保险资管紧随其后，管理资产规模市场占比维持在 13% 左右；公募基金、私募基金、期货等资管机构，由于基数较低，资产规模的市场占比排名不高，但 2013 年以来一直呈逐年稳步增长态势，三者合计市场占比从当年的 10% 上升至 2016 年的 15%。而证券资管、基金子公司属于机会发展型，2016 年前扩张明显，市场占比一度达到 15% 以上，但之后随监管收紧又快速下滑。

展望未来，2017 年中国资管行业将迎来发展新纪元，引导重塑新的市场竞争格局。"两会"机构改革宣布设立银保监会，资管新规正式出台，中国资管行业统一监管时代来临。分类监管和功能监管将掐断监管套利链条，通道业务势必消亡，主动管理能力将成为行业分化筛选的利器。2017 年各子行业表现已初现端倪，信托资管、保险资管、基金类资管业务规模均较年初实现增长，其中信托业同比增加 6.02 万亿元，市场占比维持在 20% 左右，排名继续稳居第二；私募基金和公募基金较年初分别增加 3.21 万亿元和 2.44 万亿元，带动其市场占比分别上升 2.1 个百分点和 1.5 个百分点；而银行理财资金规模仅微增 0.49 万亿元，市场占比连续两年下滑；基金子公司和证券资管的管理资产余额更是较年初分别大幅减少 4.62 万亿元和 1.04 万亿元，市场占比均下滑约 5 个百分点。

显然，在监管约束通道，金融去杠杆，以及"货币政策＋宏观审慎政策"双支柱调控框架下，各种不同类型的资管机构需要"勤练内功"，不断提高资产管理专业能力，严守合规经营底线，积极变革产品结构，构造自身差异化竞争优势，以赢取在资管行业新格局中更稳固的地位。

附件一：重要会议精神

详见附表1。

日期	会议名称	政策要点
2017 年 4 月 25 日	中央政治局会议	集体学习"维护国家金融安全"，把维护金融安全作为治国理政的一件大事，提出 6 大任务：深化金融改革、加强金融监管、采取措施处置风险点、为实体经济发展创造良好金融环境、提高领导干部金融工作能力、加强党对金融工作的领导
2017 年 7 月 14 ～ 15 日	全国金融工作会议	会议设立国务院金融稳定发展委员会，强化宏观审慎和系统性风险防范责任，强调： ①防范金融风险，强调金融要回归本源，要以强化监管为重点、以防范系统风险为底线，增强金融监管协调的权威性、有效性，强化金融监管的专业性、统一性、穿透性，所有金融业务都要纳入监管，及时有效识别和化解风险； ②强化监管问责，监管"长牙齿"，明确提出"有风险没有及时发现是失职、发行风险没有及时提示和处置是渎职"，形成敢于监管、严格问责的严肃监管氛围； ③把国企降杠杆作为重中之重，进一步严控地方政府举债，终身问责，倒查责任 同时提出要坚决整治严重干扰金融市场秩序的行为，严格规范金融市场交易行为，规范金融综合经营和产融结合，加强互联网金融监管，强化金融机构防范风险主体责任。要加强社会信用体系建设，建立健全符合我国国情的金融法治体系
2017 年 7 月 24 日	中央政治局会议	部署下半年经济工作，提出"整治金融乱象"，加强金融监管协调，提高金融服务实体经济的效率和水平
2017 年 10 月 23 ～ 25 日	十九大	提出我国经济的突出问题是发展的不平衡不充分，金融服务实体经济的能力是解决我国经济发展"不平衡不充分"问题的关键因素 深化金融体制改革，增强金融服务实体经济能力，提高直接融资比重，促进多层次资本市场健康发展；健全货币政策和宏观审慎政策双支柱调控框架，深化利率和汇率市场化改革；健全金融监管体系，守住不发生系统性金融风险的底线

附表 1 重要会议精神

日期	会议名称	政策要点
2017 年 12 月 8 日	中央政治局会议	分析研究 2018 年经济工作，提出防范化解重大风险要使宏观杠杆率得到有效控制，金融服务实体经济能力增强
2017 年 12 月 18～20 日	中央经济工作会议	会议强调，要统筹各项政策，加强政策协同 提出要切实加强地方政府债务管理，促进多层次资本市场健康发展，更好地为实体经济服务，守住不发生系统性金融风险的底线 会议确定，按照党的十九大的要求，今后 3 年要重点抓好三大攻坚战：其一打好防范化解重大风险攻坚战，重点是防控金融风险，要服务于供给侧结构性改革这条主线，促进形成金融和实体经济、金融和房地产、金融体系内部的良性循环，做好重点领域风险防范和处置，坚决打击违法违规金融活动，加强薄弱环节监管制度建设

附件二：近期出台的相关监管政策

详见附表 2。

附表 2　2017~2018 年 1 月监管政策一览

发布机构	日期	政策/会议名称	主要内容	影响业务领域
中基协	2017 年 2 月 13 日	《证券期货经营机构私募资产管理计划备案管理规范第 4 号》（备案规范"4 号文"）	适用于所有私募基金 不得新增，存续项目到期不得续期 二、投资于房地产价格上涨过快热点城市普通住宅地产项目的，暂不予备案，包括不限于以下方式： （一）委托贷款； （二）嵌套投资信托计划及其他金融产品； （三）受让信托受益权及其他资产（受）益权； （四）以名股实债的方式受让房地产开发企业股权； （五）中国证券投资基金业协会根据审慎监管原则认定的其他债权投资方式 二、履行向下穿透审查义务，即向底层资产进行穿透审查，以确定受托资金的最终投资方向符合本规范要求 三、私募资产管理计划不得通过银行委托贷款、信托计划、受让资产收（受）益权等方式向房地产开发企业提供融资，用于支付土地出让价款或补充流动资金；不得直接或间接为各类机构发放首付贷等违法违规行为提供便利	地产
原银监会	2017 年 3 月 18 日	《关于开展银行业"违法、违规、违章"行为专项治理工作的通知》（银监办发〔2017〕45 号文）	整治"三违反"（自查细则） 提出为进一步控防金融风险，治理金融乱象，扎严制度笼子，更好地服务于实体经济，对于银行业金融机构制度存在的一些漏洞和"牛栏关猫"现象，有章不循、违规操作等问题，决定在银行业开展"违反金融法律、违反监管规则、违反内部规章"（简称"三违反"）行为专项治理 消除风险隐患控盲区，要求银行开展全系统自查及上对下抽查，全面覆盖体制、机制、系统、流程、人员及业务，在 11 月 30 日前全面完成自查，上查下以及监管检查问题的整改和问责	同业
原银监会	2017 年 3 月 18 日	《关于开展银行业"监管套利、空转套利、关联套利"专项治理工作的通知》（银监办发〔2017〕46 号文）	整治"三套利"（自查细则） 主要针对银行同业业务、投资业务、理财业务等跨市场，跨行业等交叉金融业务中存在的杠杆过高、嵌套多、链条长、套利多等问题开展专项治理 套利监管的原则是"资金来源于自身的资管计划"，对于资金来源于又金融监管的原则，银行要求承担起主体责任，出了风险就追究谁的责任，不能将风险转移给"通道机构"	同业

续表

发布机构	日期	政策/会议名称	主要内容	影响业务领域
原银监会	2017年4月6日	《关于开展银行业"不当整治"不当交易、不当激励、不当收费"专项治理工作的通知》（银监办发〔2017〕53号文）	整治"四不当"（自查细则）自查内容有所重合，但重点在于检查银行的金融创新业务、运行情况、创新活动创新金融创新政策和新产品的风险限额，是否建立了金融创新制约在可控制的风险范围内审批金融创新制度和审查程序，使金融创新限制在可控制的风险范围内自查要求各分支机构于7月15日以前提交自查报告	同业
原银监会	2017年4月7日	《关于集中开展银行业市场乱象整治工作的通知》（银监发〔2017〕5号文）	整治"十乱象"（总览性文件）由银监会现场检查局牵头，组织全国银行业进行集中整治市场乱象，这十大乱象包括：①股权和对外投资方面；②机构与高管；③规章制度；④业务；⑤产品；⑥人员行为；⑦行业廉洁风险；⑧监管履职；⑨内外勾结违法方面，对违法违规；⑩涉及非法金融活动方面，对非法集资、地下钱庄、乱办金融等活动进行打击和联动	纲领性
原银监会	2017年4月7日	《关于银行业风险防控工作的指导意见》（银监发〔2017〕6号文）	银行业金融机构要建立全口径房地产风险监测机制将房地产企业贷款、个人按揭贷款以及房地产为抵押的贷款，房地产企业债券，以及其他形式地产的房地产融资纳入检测范围，定期开展房地产压力测试	房地产
财政部、发改委、央行、司法部、原银监会、证监会	2017年4月26日	《关于进一步规范地方政府举债融资行为的通知》（财预〔2017〕50号文）	"融资平台公司在境内外举借债务时，应当向债权人主动书面声明不承担政府偿债责任"确自2015年1月1日起其新增债务依法不属于地方政府债务 二、"地方政府及其所属部门不得干预运营和市场化融资，地方政府不得将储备土地注入融资平台公司，不得承诺将储备土地预期出让收入作为融资平台公司偿债资金来源，不得利用政府性资源干预金融机构正常经营行为" 三、地方政府及其所属部门以PPP项目、设立政府出资的各类投资基金时，不得以任何方式承担社会资本方损失，不得以任何方式向社会资本方承诺保底收益，不得对有限合伙制基金等任何形式股权投资方式投资额外附加条款承诺回购社会资本方的投资本金，承诺函、安慰函等任何形式担保变相举债	地方政府债务相关

续表

发布机构	日期	政策/会议名称	主要内容	影响业务领域
财政部、发改委、司法部、央行、银监会、证监会	2017 年4 月 26 日	《关于进一步规范地方政府举债融资行为的通知》（财预〔2017〕50 号文）	五、严格执行预算法和国发〔2014〕43 号文件规定，健全规范的地方政府举债融资机制，地方政府举债一律采取在国务院批准的限额内发行地方政府债券方式，除此以外地方政府及其所属部门不得以任何方式举借债务。地方政府及其所属部门不得以文件、会议纪要、领导批示等任何形式，要求或决定企业为政府举债或变相为政府举债	地方政府相关债务
银监会	2017 年5 月 1 日	《2017 年信托公司现场检查要点》	要求重点排查地产信托中类似明股实债的绕监管操作	地产、明股实债
财政部	2017 年5 月 16 日	关于印发《地方政府土地储备专项债券管理办法（试行）》的通知（财预〔2017〕62 号文）	第三十二条：地方各级政府不得以土地储备名义为非土地储备机构举借政府债务，不得通过土地储备机构以任何方式举借政府债务，不得以储备土地为任何单位和个人的债务以任何方式提供担保	地方政府相关债务
证监会	2017 年5 月 19 日	窗口指导（证监会发言人张晓军）	首建全面禁止通道业务，强调不得让渡管理责任。提出：证券基金经营机构从事资管业务应坚持资管业务本源，谨慎勤勉地履行管理人职责，不得从事让渡管理责任的所谓"通道业务"	同业、证合作
财政部	2017 年5 月 28 日	《关于坚决制止地方以政府购买服务名义违法违规融资的通知》（财预〔2017〕87 号文）	二、严格按照《中华人民共和国政府采购法》确定的服务范围实施政府购买服务，不得将原材料、燃料、设备、产品等货物，以及建筑物和构筑物的新建、改建、扩建及其相关的装修、拆除、修缮等建设工程作为政府购买服务项目 严禁将建设工程与服务打包作为政府购买服务项目 严禁将铁路、公路、机场、储备土地前期开发、农田水利等建设工程作为政府购买服务项目 三、严禁将建设工程项目融资作为政府购买服务项目 政府购买服务项目涉需使用财政资金，应当依照《中华人民共和国招标投标法》规范实施 四、地方政府及其部门不得利用或虚构政府购买服务合同为建设工程变相举债，不得通过虚构或超越权限签订应付（收）账款合同帮助融资平台公司等企业融资 政府及其部门不得向金融机构、融资租赁公司等非金融机构进行融资，不得以任何方式虚构融资	地方政府相关债务

续表

发布机构	日期	政策/会议名称	主要内容	影响业务领域
央行、财政部、证监会	2017年6月19日	《关于规范开展政府和社会资本合作项目资产证券化相关工作的通知》（财金（2017）55号文）	分类稳妥地推动PPP项目资产证券化，鼓励项目公司开展资产证券化优化融资安排	地方政府债务相关
财政部	2017年6月下旬		联合多部委展开新一轮封堵和清理地方政府违法违规举债担保行动，从严肃问责到发文详列违规举债负面清单	地方政府债务相关
财政部	2017年7月13日		再次明令禁止地方违法违规举债行为	地方政府债务相关
住建部	2017年7月20日	《关于在人口净流入的大中城市加快发展住房租赁市场的通知》	人口净流入的大中城市要借鉴国、日本等国经验，支持相关国有企业转型为住房租赁企业，以充分发挥国有企业在稳定租金和租期、积极盘活存量房屋用于租赁、增加租赁住房有效供给等方面的引领和带动作用 坚持市场化方向，鼓励民营的机构化、规模化住房租赁企业发展 土地政策方面，鼓励各地通过新增用地建设租赁住房，在新建商品住房项目中配建租赁住房等方式，多渠道增加新建租赁住房供应 人口净流入的大中城市，超大城市，特大城市可开展利用集体建设用地建设租赁住房按照国土部、住建部的统一部署试点工作 金融政策方面，加大对住房租赁企业的金融支持力度，拓宽直接融资渠道，支持发行企业债券、公司债券、非金融企业债务融资工具等公司信用类债券及资产支持证券，专门用于发展住房租赁业务 鼓励地方政府出台优惠政策，积极支持并推动发展房地产投资信托基金（REITs） 鼓励开发性金融等银行业金融机构加大对租赁住房项目的信贷支持力度，向住房租赁企业提供符合经营特点的长期贷款和金融解决方案 支持金融机构创新针对住房租赁项目的金融产品和服务 鼓励地方政府出台优惠政策，积极支持并推动发展房地产投资信托基金	地产
财政部	2017年8月2日		在法定专项债务限额内，鼓励地方试点发展项目收益专项债券，是坚持以推进供给侧结构性改革为主线，健全规范的地方政府举债融资机制的重要举措，有利于防范化解地方债务风险	地方政府债务相关

续表

发布机构	日期	政策/会议名称	主要内容	影响业务领域
财政部	2017 年 8 月 18 日	《关于运用政府和社会资本合作模式支持养老服务业发展的实施意见》	鼓励政府将现有公办养老机构交由社会资本方运营管理 支持机关、企事业单位将所属的度假村、招待所、疗养院等，通过 PPP 模式转型为养老机构，吸引社会资本运营管理 鼓励商业地产库存高、出租难的地方，通过 PPP 模式将闲置厂房、商业设施及其他可利用的社会资源改造成养老机构 合理界定养老服务项目类型，PPP 项目依法登记为公益性或经营性养老机构，按规定享受现行投资、补贴、税收、土地等优惠政策，保障养老服务设施用地供应	地方政府债务相关社务领域
证监会	2017 年 9 月 1 日	《公开募集开放式证券投资基金流动性风险管理规定》	对公募基金尤其货币基金提出了更加严格的流动性管理要求，新规自 2017 年 10 月 1 日起实施	流动性管理
住建部、央行、原银监会	2017 年 11 月 3 日		规范购房融资行为，加强房地产领域反洗钱工作，严禁房地产开发企业、房地产中介机构违规提供购房首付融资；严禁个人综合消费贷款等资金挪用于购房	地产
财政部	2017 年 11 月 10 日	《关于规范政府和社会资本合作（PPP）综合信息平台项目库管理的通知》（"92 号文"）	防控地方政府隐性债务风险，纠正 PPP 中的不规范行为 规范 PPP 的绩效管理和融资管理 明确针对明股实债和项目资本金穿透式管理的问题，提出了防范措施。 （1）对项目库按阶段进行分类管理 "……按项目所处阶段将项目库分为项目储备清单和项目管理库，将处于识别阶段的项目，纳入项目储备清单，移交阶段的项目，纳入项目管理库，按照 PPP 相关法律和制度要求，重点进行项目库孵化和推介；将处于准入 （2）进一步规范 PPP 项目入库标准，并对已入库项目进行清理，不符合要求的要清退 明确规定对于以下项目不得入库：①不适宜采用 PPP 模式实施；包括不属于公共服务领域……如商业地产开发、招商引资项目等；仅涉及工程建设，无运营内容的……②前期准备工作不到位，改扩建项目未按规定履行相关立项审批手续的；涉及国有资产产权益转移或存量项目未作评估的；③未建立按效付费机制的，包括通过政府付费或可行性缺口补助方式获得回报，但未	实地方政府债务相关务领域

续表

发布机构	日期	政策/会议名称	主要内容	影响业务领域
财政部	2017年11月10日	《关于规范政府和社会资本合作（PPP）综合信息平台项目库管理的通知》（"92号文"）	建立与项目产出绩效相挂钩的付费机制的；政府付费或可行性缺口补助在项目合作期内未连续、平滑支付，导致某一时期内财政支出压力激增的；项目建设成本不参与绩效考核，或实际与绩效考核结果挂钩部分不足30%，固化政府支出责任的 已入库项目中存在下列情形之一的项目，应予以清退：①未按规定开展"两个论证"；②不宜继续采取PPP模式实施，实质性进展困难的；尚未进入采购阶段但所属所在年度及以后年度本级政府融资平台公司作为社会资本方的；采用建设-移交（BT）方式实施的；……③不符合规范运作要求的；……④构成违法违规举债担保，包括由政府或政府指定机构回购社会资本投资本金或承诺保本投资本金固定收益回报的；政府及其本部门向项目债务提供任何形式担保的；存在其他违法违规举债担保行为的；⑤未按规定进行信息公开的	地方政府债务相关
国资委	2017年11月21日	《关于加强中央企业PPP业务风险管控的通知》（国资发财管〔2017〕192号文）	一、坚持战略引领，强化集团管控 明确集团对PPP业务管控的主体责任和各级子企业的具体管理责任，由集团总部（含整体上市的上市公司总部）负责统一审批PPP业务 二、严格准入条件，提高项目质量 将PPP项目纳入企业年度投资计划管理，严控非主业领域PPP项目投资 优先选择发展改革、财政等部门入库项目，不得参与相同或相近期限债务融资或保障的项目 三、严格规模控制，防止推高债务风险 累计对PPP项目的净投资（直接或间接投入的股权和债权资金，转让等收回的资金）原则上不得超过上一年度集团合并净资产的50%，不得因开展PPP业务推高资产负债率 严禁开展不具备经济性的项目，严控近期主业领域PPP项目投资成本，由企业提供担保或增信的其他资金之间，减去企业通过分红、转让等收回的资金	地方政府债务相关

续表

发布机构	日期	政策/会议名称	主要内容	影响业务领域
国资委	2017 年11 月21 日	《关于加强中央企业PPP 业务风险管控的通知》（国资发财管〔2017〕192 号文）	明确相关子企业PPP 业务规模上限；资产负债率高于85% 或近2 年连续亏损的子企业不得单独投资PPP 项目 不得参与仅为项目提供融资、不参与建设或运营的项目 四、优化合作安排，实现风险共担 吸引各类股权类受托管理资金，但不得通过引入"名股实债"类股权投资基金等参与投资，多措并举加大项目资本金投入，基本养老保险基金等参与投资，多措并举加大项目 在PPP 项目股权合作中，不得为其他方股权出资提供担保、承诺收益等；项目债务融资需要增信的，原则上应由项目自身权益、资产或股权投资担保，确需股东担保的应由各方股东按照出资比例共同担保 五、规范会计核算，准确反映PPP 业务状况 按照"实质重于形式"原则综合判断对PPP 项目的控制程度，规范界定合并范围 六、严肃责任追究，防范违规经营投资行为 对PPP 业务重大决策实施终身责任追究制度	地方政府债务相关
发改委	2017 年11 月30 日	《关于鼓励民间资本参与政府和社会资本合作（PPP）项目的指导意见》	鼓励民营企业运用PPP 模式盘活存量资产，加大民间资本PPP 项目融资支持力度 不断加大基础设施领域开放力度，除国家法律法规明确禁止准入的行业和领域外，一律向民间资本开放，不得以任何名义、任何形式限制民间资本参与PPP 项目	地方政府债务相关
央行、原银监会	2017 年12 月1 日	《关于规范整顿"现金贷"业务的通知》	明确了现金贷监管规则，统筹监管，开展对网络小额贷款清理整顿工作 银监会表示将尽快遏制现金贷无序发展势头，取缔无牌照机构 一、业务开展原则：未取得经营放贷业务资质不得经营放贷业务；各类机构以利率和各种费用	消费金融

123

续表

发布机构	日期	政策/会议名称	主要内容	影响业务领域
央行、原银监会	2017年12月1日	《关于规范整顿"现金贷"业务的通知》	形式对借款收取的综合资金成本应符合最高人民法院关于民间借贷利率的规定……收取的综合资金成本应统一折算为年化形式，公开披露，向借款人提示相关风险……不得向无收入来源的借款人发放贷款，单笔贷款的本息费债务总负担应记录应明确设定金额上限，贷款展期次数一般不超过2次；强调坚持审慎经营，全面考虑信用记录缺失、多头借款、欺诈等因素对贷款质量造成的影响……不得以各种方式隐匿不良资产 二、统筹监管 （一）暂停新批设网络（互联网）小额贷款公司；暂停新增批小额贷款公司跨省（区、市）开展小额贷款业务；已经批准筹建的，暂停批准开业； 对于不符合规定的已批设机构，要重新核查业务资质 （二）暂停发放无特定场景依托、无指定用途的网络小额贷款，逐步压缩存量……采取有效措施防范借款人"以贷养贷""多头借贷"等行为；禁止发放"校园贷"；禁止发放"首付贷" （三）禁止用途用于各类交易场所销售、转让及相变相让本公司的信贷资产；禁止通过互联网平台或地方各类机构融入资金；以信贷资产化名义转让、资产证券化等名义现行规定执行，各地不得放宽或变相放宽小额贷款公司融入资金净额与资本净额的比例规定；对于超过比例的小额贷款公司应当按地现行规定比例执行，合并后的融资总额与资本净额的比例规定；对于超过比例的小额贷款公司应制定压缩规模计划…… 三、银行业金融机构参与"现金贷"业务限制：不得以任何形式为无放贷业务资质的机构提供资金发放贷款，也不得以共同出资放贷形式发放贷款；与第三方机构合作开展贷款业务的，不得将授信审查、风险控制等核心业务外包；不得接受无担保的第三方机构提供增信服务以及兜底承诺等变相增信服务，应要求并保证第三方合作机构不得向借款人收取息费	消费金融

续表

发布机构	日期	政策/会议名称	主要内容	影响业务领域
中基协	2017 年 12 月 2 日	《防范利益冲突 完善内部治理 推动私募基金行业专业化发展——洪磊会长在第四届中国（宁波）私募投资基金峰会上的发言》	表示：基金与信贷是两类不同性质的金融服务活动 从基金的本质出发，任何基金产品都不能对投资者保底保收益，不能搞名股实债或明基实贷，并向市场传递了以下重要信息： 1. 涉嫌非法集资的产品，不予备案 2. 合伙型私募基金中有限合伙人直接担任基金管理人或通过代持成为管理人的产品，不予备案 3. 私募基金产品担任普通合伙人的产品，不予备案 4. 基金投资者中出现代缴代付等违反法律法规原则要求的产品，不予备案 5. 对违法违规开展专营专牌特殊金融机构持牌业务或者不符合协会自律规则的产品，不予备案 6. 特别强调开展以下业务的产品不予备案： （1）进行直接借贷 （2）民间借贷 （3）P2P （4）众募 （5）直接购买商品房房出售获取差价	名股实债
原银监会	2017 年 12 月 6 日	《商业银行流动性风险管理办法（修订征求意见稿）》	修订的主要内容包括： 一是新引入三个量化指标，其中，净稳定资金比例适用于资产规模在 2000 亿元（含）以上的商业银行，优质流动性资产充足率适用于资产规模在 2000 亿元以下的商业银行 二是进一步完善流动性风险监测体系，对部分监测指标的计算方法进行了合理优化，强调其在风险管理和监管方面的运用 三是细化了流动性风险管理相关要求，如日间流动性风险管理、融资管理等。	流动性管理
原保监会	2017 年 12 月 15 日	《保险资产负债管理办法（征求意见稿）》	新规明确了保险资产负债管理的基本要求、监管架构、评级方法以及对应的差别化监管措施，是资产负债管理监管的纲领性文件，共 5 章 38 条	纲领性，所有领域

续表

发布机构	日期	政策/会议名称	主要内容	影响业务领域
原银监会	2017年12月22日	《关于规范银信类业务的通知》（"55号文"）	55号文共10条，分别从商业银行和信托公司双方规范银信类业务，并提出了加强银信类业务监管的要求 首次明确将表内外资金收益权同时纳入银信类业务的定义，并要求银行不得利用信托资金违规避监管或实现资产虚假出表，对信托公司实施名单制管理等，明确提出不得将信托资金违规投向房地产、地方政府融资平台、股票市场，产能过剩等限制或禁止领域 第七条明确规定，商业银行和信托公司开展银信类业务，应贯彻落实国家宏观调控政策，遵守相关法律法规，不得将信托资金违规投向房地产、地方政府融资平台、股票市场，产能过剩等限制或禁止领域	地产、地方政府债务相关
原银监会	2017年12月22日	《关于规范银信类业务的通知》（"55号文"）	第一条，明确定义：银信通道业务，是指在银信类业务中，商业银行作为委托人设立资金信托或产权信托，信托公司仅作为通道，信托资金或信托资产的管理，运用和处分均由委托人决定，风险管理责任和因管理不当导致的风险损失全部由委托人承担的行为； 第二条，商业银行在银信类业务中，应按照实质重于形式原则，将商业银行实际承担信用风险的业务纳入统一授信管理并落实授信集中度监管要求； 第三条，要求在银信通道业务中，银行应还原业务实质进行风险管控，不得利用信托通道掩盖风险实质，规避资金投向，资产分类，投备计提和资本占用等监管规定； 第四条，商业银行对信托公司实施名单制管理，应根据客户及自身的风险偏好承受能力，选择与之相适应的信托产品及信托公司； 第六条，规范银信类业务中信托公司的行为，在银信类业务中，信托公司不得接受委托方银行直接或间接提供担保，不得与委托方银行签订"抽屉协议"，不得为委托方银行规避监管要求或第三方机构违法违规提供通道服务 第七条，商业银行和信托公司开展银信类业务，应贯彻落实国家宏观调控政策，遵守相关法律法规，不得将信托资金违规投向房地产、地方政府融资平台、股票市场，产能过剩等限制或禁止领域	银信合作

续表

发布机构	日期	政策/会议名称	主要内容	影响业务领域
原保监会	2017 年 12 月 27 日	《关于保险资金设立股权投资计划有关事项的通知》（保监资金〔2017〕282 号文）	三、股权投资计划取得的投资收益，应当与被投资上市企业的经营业绩或私募股权投资基金的投资收益挂钩，不得采取以下方式承诺保障本金和投资收益： （一）设置明确的预期回报，且每年定期向投资人支付固定投资回报； （二）约定到期，强制性由被投资企业或关联第三方赎回投资本金； （三）中国保监会认定的其他情形 四、保险资产管理机构设立股权投资计划，应当承担主动管理职责，不得直接或变相开展通道业务，不得投资嵌套其他资产管理产品的私募股权投资基金 五、股权投资计划投资私募股权投资基金的，所投资金额不得超过该基金实际募集金额的80%	名股实债
证监会	2018 年 1 月 4 日	《规范债券市场参与者债券交易业务的通知》（"302 号文"）	新增对金融机构自营回购业务限定杠杆率约束 要求信托固有债券持有的债券正回购资金余额或逆回购资金余额/上月末净资产不超过 120%；私募性质的非法人产品债券正回购或逆回购余额不超过上一月净资产的 100% 叫停了带有中间级的多层结构化产品	证券类－结构化配置
原银监会	2018 年 1 月 5 日	《商业银行委托贷款管理办法》（2018 年 "2 号文"）	分为五章、三十三条 第三条对委托贷款做出明确定义，指委托人提供资金，由商业银行（受托人）根据委托人确定的借款人、用途、金额、币种、期限、利率等代为发放、协助监督使用、协助收回的贷款，不包括现金管理项下委托贷款和住房公积金项下委托贷款 第七条明确规定商业银行不得接受委托人为金融资产管理公司和经营贷款业务机构的委托贷款业务申请 第八条规定商业银行受托办理委托贷款业务，应要求委托人承担以下职责，并在合同中做出明确约定： （一）自行确定委托贷款的借款人，并对借款人资质、贷款项目、担保人资质、抵质押物等进行审查；	委托贷款，地产、地方政府债务等相关

续表

发布机构	日期	政策/会议名称	主要内容	影响业务领域
原银监会	2018年1月5日	《商业银行委托贷款管理办法》（2018年"2号文"）	（二）确保委托资金来源合法合规且委托人有权自主支配，并按合同约定及时向商业银行提供委托资金； （三）监督借款人按照合同约定使用贷款资金，确保贷款用途合法合规，并承担借款人的信用风险； 第十条 商业银行不得接受委托人下述资金发放委托贷款： （一）受托管理的他人资金； （二）银行的授信资金； （三）具有特定用途的各类专项基金（国务院有关部门另有规定的除外）； （四）其他债务性资金（国务院有关部门另有规定的除外）； （五）无法证明来源的资金 第十一条 商业银行发行债券筹集并用于集团内部的资金，不受本条规定限制 企业集团发行债券筹集并用于集团内部的资金，商业银行受托发放的贷款应有明确用途，资金用途应符合法律法规、国家宏观调控和产业政策，资金用途不得为以下方面： （一）生产、经营或投资国家禁止的领域和用途； （二）从事债券、期货、金融衍生品、资产管理产品等投资； （三）作为注册资本金、注册验资； （四）用于股本权益性投资或增资扩股（监管部门另有规定的除外）； （五）其他违反监管规定的用途	委托贷款，地产，地方政府的债务相关
原银监会	2018年1月11日	窗口指导	北京和上海等地银监部门对信托公司进行了窗口指导，要求规范信托公司证券投资类业务，暂停设置有中间级的结构化证券投资业务	证券类—结构化配置
证监会	2018年1月11日	窗口指导	要求集合资产管理计划不得投向委托贷款资产或信贷资产 具体要求如下： （1）不得新增参与银行委托贷款、信托贷款等贷款类业务的集合资产管理计划（一对多）；	同业—信托合作，证券类，委托贷款

续表

发布机构	日期	政策/会议名称	主要内容	影响业务领域
证监会	2018年1月11日	窗口指导	（2）已参与上述贷款类业务的集合资产管理计划自然到期结束，不得展期； （3）定向资产管理计划（一对一）参与上述贷款类业务的，管理人应切实履行管理人职责，向上应穿透识别委托人的资金来源，确保资金来源于委托人自有资金，不存在委托人使用募集资金的情况；向下做好借款人的尽职调查，信用风险防范等工作，其他监管机构有相关要求的，也应从其规定。 （4）已参与上述贷款类业务的定向资产管理计划发生兑付风险的，管理人应及时向监管部门及行业协会报告，管理人应切实履行职责，做好风险处置工作，不得刚性兑付，同时应避免发生群体性事件 另外，集合类和基金一对多投向信托贷款的停止备案	同业—信托合作，证券类委托贷款
			总体要求：不得向非合格投资者募集，严格实投资者适当性管理制度，不得变相保底保收益，不得违反相关杠杆比例要求，严格履行相关信息披露要求 二、明确私募基金的投资不应属借贷活动，下列不符合"投资"本质的经营活动不属于私募基金范围：	地产、委托贷款
中基协	2018年1月12日	《私募投资基金备案须知》	1. 底层标的为民间借贷、小额贷款、保理资产等《私募投资基金合同指引》所投资的资产或其收（受）益权； 2. 通过委托贷款等方式直接或间接从事借贷活动的； 3. 通过特殊目的载体、投资类企业等方式变相从事上述活动的 为促进私募投资基金回归投资本源，按照相关监管精神，协会将于2018年2月12日起，不再办理不属于私募投资基金范围的产品的新增申请和在审申请	证券类—结构化配置、名股实债
原保监会	2018年1月12日	《打赢保险业防范化解重大风险攻坚战的总体方案》（"9号文"）	严查违规加杠杆、多层嵌套、坚决制止明股实债等违规行为 工作任务包括全面开展针对股东背景、资质、关联关系的穿透性审查，严查违规代持（发改、证券类—结构化配置、明股实债部）； 重点防范保险资金违规投资风险，向特定关系人输送利益的风险，特别是逃避关联交易监管，明股实债	地方政府债务、相关证券类—结构化配置、明股实债

续表

发布机构	日期	政策/会议名称	主要内容	影响业务领域
原保监会	2018年1月12日	《打赢保险业防范化解重大风险攻坚战的总体方案》（"9号文"）	重点防范非理性并购、炒作股票，通过金融产品嵌套违规开展不动产投资，短钱长投等激进投资风险，重点防范投资失败导致大额损失的风险；要集中整治保险资金运用乱象，严肃查处违规利用保险资金运用关联交易、违规开展股权投资、违规开展境外投资等行为，严禁开展多层次嵌套投资、违法违规向地方政府提供融资，坚决制止明股实债等变相增加实体经济成本的违规行为，依法从重处罚相关机构和责任人（资金部）	地方政府债务相关、证券类一结构化配置、明股实债
不动产登记部门	2018年1月12日	窗口指导	有些城市的不动产登记部门不再给委贷业务中的担保人办理抵押业务，只能将抵押办理给委托银行，这封堵了一条倒贷路径	委托贷款
沪深交易所、中登	2018年1月12日	《股票质押式回购交易及登记结算业务办法（2018年修订）》	自2018年3月12日起正式实施的规定包括： 1. 第十五条……融入方不得为金融机构，或者从事贷款、私募证券投资或私募股权投资、个人借贷等业务的机构，或者前述机构发行的产品，符合一定政策支持的创业投资基金及其他上交所认可的情形除外。 2. 第十七条、第十八条：融出方包括证券公司及其资产管理子公司管理的公开募集资管计划、定向资管计划、专项资管计划也遵照执行，公开募集资管计划参与，应该审查确认合同文件明确可参与股票质押回购，且明确约定参与的投资比例；以定向资管计划参与的，应核查确认合同文件明确的投资比例、质押率上限等事项；还应在相关文件中向客户充分揭示股票质押回购可能产生的风险； 3. 第二十二条：明确约定融入资金用途，不得直接或者间接用于下列用途： （一）投资于被列入国家相关部委发布的淘汰类产业目录，或者违反国家宏观调控政策、环境保护政策的项目； （二）进行新股申购； （三）通过竞价交易或者大宗交易方式买入上市交易的股票；	证券类一股票质押回购

续表

发布机构	日期	政策/会议名称	主要内容	影响业务领域
沪深交易所、中登	2018 年 1 月 12 日	《股票质押式回购交易及登记结算业务办法（2018 年修订）》	（四）法律法规、中国证监会相关部门规章和规范性文件禁止的其他用途融入资金违反约定用款的，《业务协议》应明确约定改正措施和相应后果 4. 第二十四条：融入方首笔初始交易金额不得低于 500 万元，此后每笔初始交易金额不得低于 50 万元，上交所另行认可的情形除外；5. 第二十六条、三十条：约定回购期限，股票质押回购的回购期限不得超过 3 年，延期购回后累计的回购期限一般不超过 3 年；6. 第三十五条：证券公司作为融出方的，单一集合资产管理计划或定向资产管理客户接受单只 A 股股票质押的数量不得超过该股票 A 股股本的 30%，单一证券公司接受单只 A 股股票质押的数量不得超过该股票 A 股股本的 15%；单只 A 股股票市场整体质押比例不超过 50%；因股票质押导致单只 A 股股票市场整体质押比例超过上述比例或触及上述比例后继续补充质押标的证券的情况除外；同时，第七十一条进一步明确，交易各方不得通过补充质押标的证券、规避本办法第二十九条第二款关于标的证券范围、第六十五条关于单只 A 股股票质押数量及市场整体质押比例相关要求；7. 第六十七条……股票质押率上限不得超过 60%，质押率是指初始交易金额与质押股票市值的比率；8. 第七十五条：融出方为集合资产管理计划的，可通过证券公司或其他第三方的信用增级措施保障融出方权益	证券类—股票质押式回购
中证协	2018 年 1 月 12 日	《证券公司参与股票质押式回购交易风险管理指引》	第十二条 质押股票出现下列情形之一的，证券公司应当审慎评估质押该股票的风险：（一）质押股票所属上市公司上一年度亏损且本年度仍无法确定能否扭亏；（二）质押股票近三年涨跌幅或市盈率较高，期后质押的股票市场整体质押比例与融资融券担保物的比例与其作为融资融券担保物对应的上市公司存在退市风险；（三）质押股票对应的上市公司存在退市风险；（四）质押股票对应的上市公司或其实际控制人正在被有关部门立案调查；（五）质押股票对应的上市公司及其高管、实际控制人正在被有关部门立案调查；	证券类—股票质押式回购

续表

发布机构	日期	政策/会议名称	主要内容	影响业务领域
中证协	2018年1月12日	《证券公司参与股票质押式回购交易风险管理指引》	第十三条 质押股票有业绩承诺股份承诺补偿协议的，证券公司……重点关注业绩承诺补偿的补偿方式、承诺期及所承诺的业绩等风险因素……不得以其管理的集合资产管理计划和定向资产管理客户作为融出方参与股票质押式回购交易； 第十五条……证券公司应当对同一质押股票质押率进行差异化管理，以有限售条件股票作为质押股票的，原则上质押率应当低于同一质押股票无限售条件下同等条件较短的质押股票的质押率；交易期限较长的质押股票的质押率…… 第二十一条 证券公司应当在业务协议中与融入方明确约定融人资金用途……取切实措施对融入方融入资金的使用情况进行跟踪，融资方违反……约定使用的，应当督促融入方按照约定定期限改正的，应当定的期限改正，未改正前不得继续向融入方融出资金；未按照业务协议约定定期限改正的，应当要求融入方提前购回； 第二十二条 质押标的股票为有限售条件股票的，融入方在待购回期间购回的，融入方在待购回期间延长待购回期间的，证券公司可以评估并根据项目自律具体情况要求融入方提前购回，补充质押等措施； 第三十四条 证券公司以自有资金参与股票质押式回购交易，应当根据有关监管规定和自律规则，建立健全参与股票质押式回购交易的风险控制机制，并持续符合以下风险控制指标要求：分类评价结果为A类、B类、C类及以下的证券公司，自有资金融资余额分别不得超过公司净资本的150%、100%、50%； 第三十六条 证券公司应当建立股票质押式回购交易黑名单制度……存在下列行为的融入方记入黑名单： （一）融入方未按照业务协议约定购回，且经催缴超过90个自然日仍未能购回的行为，证券公司应当在5个工作日内通过中国证券业协会向行业协会披露黑名单信息； （二）融入方存在未按照法律法规、自律规则规定使用融入方资金且未按照业务协议约定使用的	证券类股票质押式回购

续表

发布机构	日期	政策/会议名称	主要内容	影响业务领域
中证协	2018年1月12日	《证券公司参与股票质押式回购交易风险管理指引》	约定期限改正的行为，证券公司应当在业务协议中约定在整改期限到期限起5个工作日内通过中国证券业协会向行业披露黑名单信息； （三）中国证监会或协会规定的其他应当记入黑名单的行为 对记入黑名单的融入方，证券公司在披露黑名单信息的，协会将采取相应自律管理措施或自律处分，情节严重的，移送相关机关处理 照本指引准确记录黑名单等相关处理 第三十七条 证券公司参与股票质押式回购交易，不得有下列行为： （四）以自有资金向本公司的股东或者股东质押的股票提供股票质押式回购服务； （五）允许未在资产管理合同及相关文件中做出明确约定的集合资产管理计划或者定向资产管理客户参与股票质押式回购交易； （六）未经资产委托人同意，通过集合资产管理计划或者定向资产管理客户融出资金，供融入方购回质押股票回购自有资金回购交易。	证券类—股票质押式回购
原银监会	2018年1月13日	《关于进一步深化整治银行业市场乱象的通知》（"4号文"）	乱象整治加强版，主要内容基本一致，共分八大方面22个小项： 一是公司治理不健全，包括股东与股权、履职与考评、从业资质等三个方面； 二是违反宏观调控政策，包括违反信贷政策和违反房地产行业政策，包括违规子银行交叉金融产品风险，理财业务、表外业务、合作业务等四个要点； 三是影子银行和交叉金融产品风险，包括违规开展同业业务、理财业务、表外业务、合作业务等四个要点； 四是侵害金融消费者权益，主要是与金融消费者权益直接相关的不当销售和不当收费； 五是利益输送，包括向股东输送利益、向关系人员输送利益； 六是违法违规展业，包括未经审批设立机构并展业、违规开展存贷业务、违规开展票据业务、违规掩盖或处置不良资产四个要点； 七是案件与操作风险，主要列举了一些案件高发多发的薄弱环节和存在的突出问题，包括员工管理不到位、内控管理不到位、案件处置不到位； 八是行业廉洁风险，包括业务经营和信息管理两个方面 此外，还单独列举了监管履职方面的负面清单	纲领性、所有领域

续表

发布机构	日期	政策/会议名称	主要内容	影响业务领域
保监会、财政部	2018年1月17日	《关于加强保险资金运用管理 支持防范化解地方政府债务风险的指导意见》	对保险机构向地方政府提供融资等问题做出了明确规定 鼓励保险机构向地方购买地方政府债券，但严禁违法违规向地方政府提供融资，不得要求地方政府违法违规或变相违规提供担保； 地方政府及其所属部门不得以文件会议纪要、领导批示等任何形式，向保险机构违法违规变相提供担保； 除外国政府和国际经济组织贷款转贷外，地方政府及其所属部门不得对保险机构投资业务中任何单位和个人的债务提供任何方式的担保； 保险机构开展保险私募基金、股权投资计划、投资收益应当与被投资企业经营业绩或股权投资基金的投资收益相挂钩，不得要求地方政府或融资平台公司通过支付固定投资回报或约定到期、强制赎回投资本金等方式保障本金和投资收益，不得为地方政府违法违规或变相举债提供任何形式的便利； 坚决制止地方政府以引入保险机构等社会资本名义，通过融资平台公司、政府投资基金等方式违法违规或变相举债上新项目、铺新摊子	地方政府债务相关
证监会	2018年1月19日	《关于做好股票质押式回购交易风险防范有关工作的通知》	重申要严格按以上修订后规则落实 第二条明确规定： （一）证券公司及其资产管理子公司管理的公开募集集合资产管理计划不得作为融出方参与股票质押式回购交易，即严禁新增大集合参与股票质押式回购交易； （二）证券公司不得以集合资产管理计划或定向资产管理计划、存量业务融资规模不得增加，到期不得延续，参与业绩承诺未履行完毕或涉及股份补偿协议的股票的质押率； （三）证券公司应对参与股票质押式回购交易的集合资产管理计划、定向资产管理客户和专项资产管理计划再额外增加计算1.5%的特定风险资本准备	证券类—股票质押式回购

续表

发布机构	日期	政策/会议名称	主要内容	影响业务领域
证监会	2018 年 1 月 19 日	《关于做好股票质押式回购交易风险防范有关工作的通知》	要求证券公司对照修订后的自律规则和本通知要求，对存量业务风险情况进行自查，并提出相应的整改计划（2018 年 1 月 31 日前完成）；证监会将适时对辖区证券公司参与股票质押回购的合规风险情况进行现场检查	证券类——股票质押式回购
证监会	2018 年 1 月 20 日	修订《非公开发行公司债券项目承接负面清单指引》	强化对债券募集资金的规范管理，防止"脱实向虚"；对发行人财务会计文件存在虚假记载或公司存在其他重大违法行为的禁止发行债券时限由 12 个月延长至 24 个月；将最近 6 个月内因违反公司债券相关规定被证券交易所等自律组织采取纪律处分的发行人纳入负面清单	
上海银监局	2018 年 1 月 24 日	《关于规范开展并购贷款业务的通知》	严格控制并购贷款投向，并购贷款投向房地产开发土地并购或房地产开发土地项目公司股权并购的，应按照穿透原则管理，拟并购土地项目应当完成在建工程开发投资总额的百分之二十五以上；按照穿透原则评估并购贷款业务的合规性，对"四证不全"的房地产项目不得发放任何形式的贷款，并购贷款不得投向未足额缴纳土地出让金项目，不得用于变相置换土地出让金，防范关联企业借助虚假并购套取购买贷款资金，确保贷款资金不被挪用	地产
原银监会	2018 年 1 月 26 日	全国银行业监督管理工作会议	2018 年要打好防范化解金融风险攻坚战，使宏观杠杆率明显增强、硬性约束能力增强，金融服务实体经济能力明显增强，硬性约束制度建设全面加强，系统性风险得到有效防控。会议强调，对于违法违规行为要坚决予以严厉打击。会议还部署了 2018 年的十大任务：一是着力降低企业负债率；二是努力抑制居民杠杆率；三是继续压缩同业投资；四是严格规范所有领域交叉金融产品；五是大力整治违法金融活动；六是严厉打击非法金融机构；七是清理规范金融控股集团；八是有序处置高风险金融机构；九是有序处置高风险房地产泡沫化；十是主动配合地方政府整顿隐性债务	纲领性、所有领域

135

续表

发布机构	日期	政策/会议名称	主要内容	影响业务领域
原保监会	2018年1月26日	《保险资金运用管理办法》修订	修订内容主要包括：进一步规范投资管理人受托管理保险资金的行为；禁止受托管理保险资金转委托和提供通道服务等行为，切实加强去嵌套、去杠杆和去通道工作；切实强化监管和风险管控机制；明确风险责任人制度；明确保险资金运用信息披露要求等	委托贷款
财政部、发改委	2018年2月12日	《关于进一步增强企业债券服务实体经济能力 严格防范地方债务风险的通知》	进一步增强企业债券服务实体经济能力，严格防范地方债务风险	地方政府债务相关
财政部	2018年2月24日	《关于做好2018年地方政府债务管理工作的通知》（财预〔2018〕34号）	严格遵循地方政府举借的债务只能用于公益性资本支出的法律规定，地方政府债券发行必须一律与公益性建设项目对应；完善专项债券管理，在严格将专项债券发行与项目一一对应的基础上，加快实现债券资金使用与项目管理、偿债责任相匹配，以及债券期限与项目期限相匹配；继续推进发行土地储备和政府收费公路专项债券；合理扩大专项债券使用范围，鼓励地方按照《财政部关于试点发展项目收益与融资自求平衡的地方政府专项债券品种的通知》（财预〔2017〕89号）要求，创新和丰富债券品种，按照中央经济工作会议确定的重点工作，优先在重大区域发展以及乡村振兴、生态环保、保障性住房、公立医院、公立高校、交通、水利、市政基础设施等领域选择符合条件的项目，积极探索试点发行项目收益专项债券	地方政府债务相关
P2P网贷风险专项整治工作领导小组办公室	2017年12月8日	《关于做好p2p网络借贷风险专项整治整改验收工作的通知》（"57号文"）	上海网贷整改验收工作方案：上海网贷机构的备案需要获得双同意，即上海市金融办以及上海银监局必须认可同意；未来，上海金融办将负责网贷机构的"机构监管"，上海银监局对其进行"行为监管"	互联网金融

续表

发布机构	日期	政策/会议名称	主要内容	影响业务领域
央行	2018年1月25日	《对外投资备案（核准）报告暂行办法》	通过实行最终目的地管理原则，凡备案（核准）必报告原则等，将利于掌握对外投资资金真实去向，并为对外投资主体投资到最终目的地企业的路径上设立的所有壳公司，管理部门均不予备案或核准。"穿透式"管理有利于掌握对外投资资金真实去向，同时也有利于政府部门为对外投资企业提供精准服务和保障	境外投资
发改委	2018年2月11日	《境外投资敏感行业目录（2018年版）》	房地产作为其中的敏感行业之一，其境外投资项目将受限，对包括房地产、酒店、影城、娱乐业、体育俱乐部及在境外部及在境外设立无具体实业项目的股权投资基金或投资平台在内的六类行业的境外投资项目进行限制	境外投资
证监会	2018年3月2日	《关于改革完善并严格实施上市公司退市制度的若干意见》修订公开征求意见		
证监会	2018年3月9日	《外商投资证券公司管理办法》公开征求意见	修订内容主要涉及以下几个方面： 一是允许外资控股合资证券公司，外资由参转控； 二是逐步放开合资证券公司业务范围，允许新设合资证券公司根据自身情况，依法有序申请证券业务，初始业务范围需与控股股东、第一大股东的证券业务经验相匹配； 三是统一外资持有上市和非上市两类证券公司股权的比例，将全部境外投资者持有上市内资证券公司股份的比例调整为"不超过我国证券业务对外开放所作的承诺"，要求"通过证券交易所持有的证券交易或者协议收购方式，单个境外投资者持有，或者通过协议，其他安排与他人共同持有上市证券公司已发行的股份比例不得超过30%"； 四是放宽单个境外投资者持有上市证券公司股份的比例限制，具有良好的国际声誉和经营业绩，近3年长期信用均保持在高水平； 五是完善境外股东条件，境外股东须为金融机构，且具有良好的国际声誉和经营业绩，近3年业务规模、收入、利润处于国际前列，近3年长期信用均保持在高水平； 六是明确境内股东的实际控制人身份变更导致质变导致控股公司性质变更相关政策	境外投资

续表

发布机构	日期	政策/会议名称	主要内容	影响业务领域
原银监会	2018年3月19日	《中国银监会办公厅关于做好2018年三农和扶贫金融服务工作的通知》	提出涉农贷款、精准扶贫贷款不良率高出自身各项贷款不良率年度目标2个百分点（含）以内的，可不作为银行内部考核评价的扣分因素，并要求各银行业金融机构制定和完善普涉农、扶贫金融服务尽职免责制度	
原银监会	2018年3月19日	《中国银监会办公厅关于推动银行业高质量发展的通知》	重点针对单户授信1000万元以下（含）的小微企业贷款，提出"两增两控"的新目标，"两增"即单户授信总额1000万元以下（含）小微企业贷款同比增速不低于各项贷款同比增速、小微企业贷款户数不低于上年同期水平，"两控"即合理控制小微企业贷款资产质量水平和贷款综合成本	
证监会	2018年3月22日	《关于开展创新企业境内发行股票或存托凭证试点的若干意见》		
财政部	2018年3月31日	《关于规范金融企业对地方政府和国有企业投融资行为有关问题的通知》（财金〔2018〕23号）	国有金融企业要按照"穿透原则"切实加强资金投向管理，全面掌握底层基础资产信息，分离定价特征的资金池产品对接，不得以具有滚动发行、集合运作、分离定价特征的资金池产品对接	强化地方政府债务相关
财政部	2018年4月3日	《试发行地方政府棚户区改造专项债券管理办法》（财预〔2018〕28号）	试点发行棚改专项债券的棚户区改造项目应当有稳定的预期偿债资金来源，对应纳入政府性基金的国有土地使用权出让收入、专项收入应当能够保障偿还债券本金和利息，实现项目收益和融资自求平衡	地方政府债务相关

续表

发布机构	日期	政策/会议名称	主要内容	影响业务领域
互联网金融风险专项整治工作领导小组	2018 年 4 月 3 日		监管层明确: 1. 通过互联网开展资产管理业务的本质是资产管理业务,资产管理属于特许经营业务,须纳入金融监管; 2. 依托互联网公开发行、销售资产管理产品,须取得中央金融管理部门颁发的资产管理业务牌照或资产管理产品代销牌照,未经许可,销售资管产品; 3. 未经许可,依托互联网以发行销售各类资管产品(包括但不限于"定向委托计划""定向融资计划""理财计划""资产管理计划""收益权转让")等方式公开募集资金的行为,明确视为非法金融活动; 4. 互联网平台不得为各类交易场所代销(包括以"引流""导流"等方式相提供代销服务)"37 号文""38 号文"以及清理整顿各类交易场所"回头看"政策要求资管产品; 5. 存量业务最迟于 2018 年 6 月底前压缩至 0,仍有存量互联网贷网贷资管业务的网贷机构不得备案登记	互联网金融
央行、银保监会、证监会、外汇局联合印发	2018 年 4 月 26 日	《关于规范金融机构资产管理业务的指导意见》("资管新规")正式印发	《意见》明确资产管理业务不得承诺保本保收益,打破刚性兑付等,相比征求意见稿,《意见》将过渡期从 2019 年 6 月 30 日延长至 2020 年底 1. 金融机构不得为其他金融机构的资产管理产品提供规避投资范围、杠杆约束等监管要求的通道服务; 2. 资产管理产品可以投资一层资产管理产品,但所投资的资产管理产品不得再投资其他资产管理产品; 3. 符合以下要求的信托产品不得进行份额分级:①公募产品;②开放式私募产品;③投资于单一投资标的私募产品,投资比例超过 50% 即视为单一;④投资债券、股票等标准化资产比例超过 50% 的私募产品; 4. 固定收益类产品的分级比例不得超过 3:1,权益类产品的分级比例不得超过 1:5,商品及金融衍生品类产品、混合类产品的分级比例不得超过 2:1	同业、证券类一结构化配置

附件三：2017～2018年1月原银监会重大处罚事件

1. 广发银行惠州分行"侨兴债"违规担保案

案件涉案机构高达 21 家，累计罚没金额 20.68 亿元。63 名责任人被罚，其中 11 人被取消高管任职资格。其中：

2017 年 12 月 8 日对广发银行及其分支机构一次性罚没 7.22 亿元，5 名高官被取消任职资格，6 名员工终身禁止任职；

12 月 22 日，对通道机构（含 5 家信托公司，2 家银行）罚款合计 515 万元，7 名高管和直接责任人被罚；

12 月 29 日，对涉案的 13 家出资机构（含 1 家信托公司）罚没金额合计 13.41 亿元，45 名责任人被罚，其中取消 6 人高管任职资格。

2. 浦发银行成都分行 775 亿元违规放贷造假案

2018 年 1 月 19 日，浦发银行成都分行被罚 4.62 亿元，775 亿元违规放贷造假案曝光。

为掩盖不良贷款，浦发银行成都分行通过编造虚假用途、分拆授信、越权审批等手法，违规办理信贷、同业、理财、信用证和保理等业务，向 1493 个空壳企业授信 775 亿元，换取相关企业出资承担浦发银行成都分行不良贷款。2 人被取消高管任职资格，3 人被终身禁止从事银行业工作，并分别处以 30 万、50 万元罚款，成都分行行长王兵被开除，2 名副行长降级和记大过，195 名责任人员被内部问责。

2018 年 3 月青岛、济南等多地分行接连收到处罚，罚没金额超过 3 亿元。

3. 邮储银行武威分行违法违规套取票据资金案

2018 年 1 月 27 日公布邮储银行武威票据案处罚决定，12 家涉案银行①共计被罚没 2.95 亿元，处罚责任人 45 人，其中 5 人被取消高管任职资

---

① 涉案银行主要为城商行、农商行。

格，1 人终身禁止从事银行工作。其中：

案发银行邮储银行武威市分行被罚 9050 万元，4 名高管被取消任职资格，1 名终身被禁任职；违规购买理财的机构吉林蛟河农商行被罚 7744 万元，2 名高管被取消任职资格；10 家违规交易银行共计罚款 12750 万元，33 名责任人被罚，其中取消 3 人高管任职资格。

2017 年信托公司人力资源管理研究报告

黄婷儿

一、信托行业从业人员总体情况

（一）信托从业人员突破2万人，增速低位上行

根据 68 家信托公司披露的年报数据统计，截至 2017 年末，信托行业从业人员达到 20142 人，突破 2 万人大关。较 2016 年末的 18393 人增加了 1749 人，增速达到 9.51%，远高于前两年的 4.6%～4.7%。图 1 列示了自 2011 年以来信托从业人员数量及增长率情况。可以看出，从业人员数量一直保持增长态势，但各年增速变化较大。2011～2014 年人员增速均保持在 20% 以上的高位，这主要是由于信托公司数量从 2010 年的 60 家逐步增加至 2013 年的 68 家、新重组开业的信托公司补充人员配备所致。2015 年行业进入结构调整和转型升级阶段，人员扩张随之趋缓，年增速下降至 10% 以下。但 2017 年在行业总人数规模基数较大的情况下，仍旧实现了 9% 以上的高速增长，一方面由于行业结构调整进入最后阶段，采取收缩策略的信托公司基本已完成减员动作，2017 年人数出现减少的信托公司为 9 家，

图1　2011～2017 年信托从业人员数量及增长走势

数据来源：信托公司年报，中建投信托博士后工作站。

远少于前两年的 21 家；另一方面，转型路上确立优势业务的信托公司开始"招兵买马"，实现战略扩张，相应增加人员储备。

从信托公司平均员工数量来看，2017 年末，信托公司平均员工数为 296 人，中位数为 239 人，分别比 2016 年增长 9.63% 和 17.73%，增速远高于 2016 年的 4.65% 和 4.37%。图 2 列示了自 2011 年以来信托公司平均员工数量及增长率的变化，可以发现，信托公司平均员工数量及增长率走势比行业总人数走势平缓，且能明显看出行业发展的阶段性变化。2011~2014 年为第一个阶段，信托公司平均人数年增长率保持在 20% 左右的高位，各年增速相差不大，体现届时行业处于稳定扩张阶段；2015~2017 年为第二个阶段，平均人数增速下降至 10% 以下，且由于信托公司数量稳定在 68 家，平均人数增长趋势与行业总人数走势保持一致。

图2 2011~2017 年信托公司平均员工数量及增长率走势

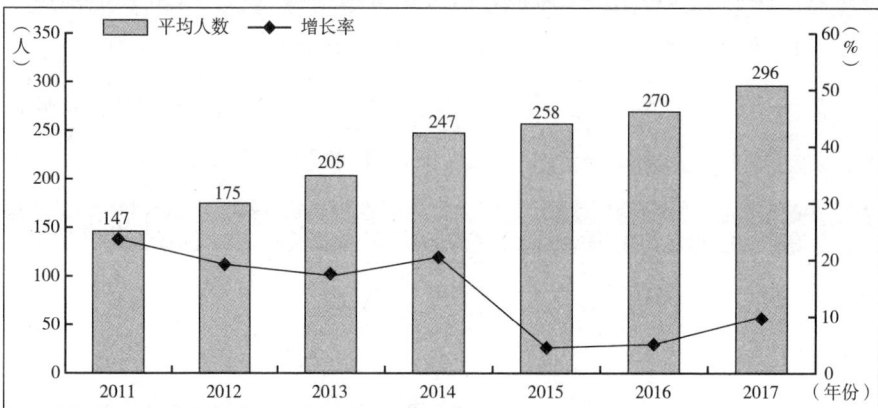

数据来源：信托公司年报，中建投信托博士后工作站。

（二）行业整体仍体现人员扩张，人员集中度逐年降低

随着信托业务规模的不断攀升，信托从业人员也持续增长。2015 年后

增速虽然下滑，但仍以扩张为主。从 2015～2017 年三年累计增员情况来看，绝大部分信托公司员工数实现增长，仅有 11 家信托公司缩减员工规模。57 家信托公司累计增员 4251 人，占 2017 年底总人数的近四分之一，相应推动信托公司人员分布往上迁移。图 3 列示了 2015～2017 年间信托公司的员工数量分布情况，可以看到，员工人数为 100～199 人和 200～299 人之间的信托公司占比最高，但两者差距逐步缩小。信托公司员工总数分别超过 400 人、300 人、200 人的公司占比均逐年增加，而员工人数为 100～199 人和少于 100 人的公司占比则逐年减少。

图3 2015～2017 年信托公司员工数量分布走势

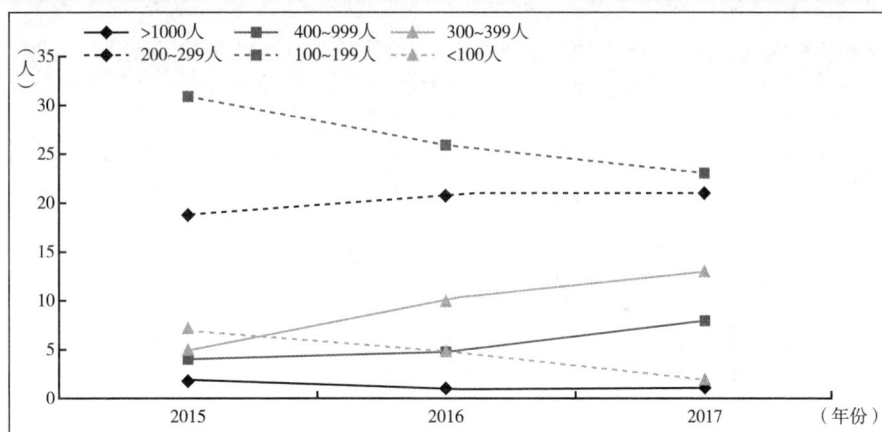

数据来源：信托公司年报，中建投信托博士后工作站。

不同信托公司之间员工数量差别较大，但从行业整体来看，这种差距有缩小的趋势。2017 年末，员工数量超过千人的仅中融信托一家，但员工超 400 人以上的信托公司增加了 3 家，分别为陕国投、外贸信托和中建投信托。同时，100 人以下的信托公司仅华宸信托和国联信托两家，比 2016 年减少 3 家。员工数量最多的 6 家公司依次是中融信托、四川信托、平安信托、长安信托、中信信托和兴业信托，合计 5337 人，占行业总人数的 26.5%，较 2016 年末下降 2.3 个百分点。其中平安信托因连续两年大幅减员，排名跌至第三；中信信托 2017 年增员 129 名，使得其总人数接近 650 人，员工总数排名超越兴业信托位列行业第五。员工人数靠前的信托公司，经营产出相对较高，因此各项指标水平大多呈稳定向上趋势。

表 1 列示了 2014～2017 年信托行业员工集中度变化情况。整体来看，行业员工分布仍具有一定集中度，2017 年员工数量排名前十的信托公司员工总数达到 7052 人，占比 35%，但较 2016 年进一步下降 1.8 个百分点。排名靠前的信托公司员工总数占行业比例逐年下降，而排名靠后的信托公司员工总数行业占比逐年上升，员工集中度呈现持续下降趋势，但集中度下降趋势有所放缓。

表1　2014～2017 年信托行业员工人数集中度（占行业比）

单位：亿元

年份	前三	前五	前十	前二十	前三十	后二十	后十	后五
2017	17.2	23.7	35.0	52.7	66.5	14.2	6.1	2.4
2016	19.8	26.0	36.8	53.6	66.9	14.0	5.8	2.3
2015	21.9	28.3	38.7	54.6	67.6	13.6	5.1	2.1
2014	21.6	28.0	39.9	55.5	68.0	13.7	5.4	2.2

数据来源：信托公司年报，中建投信托博士后工作站。

2017 年末，员工数量排名前 10 位和后 10 位的信托公司如表 2 所示，员工数量前 10 位和后 10 位的信托公司与 2016 年相差不大。其中中信信托 2017 年增员 129 人，员工总数超过兴业信托跻身前五；外贸信托 2017 年增员 67 名，排名重回行业第八[①]；陕国投连续两年人数增幅排名前三，3 年累计增加 245 人，总人数排名也接连上升；华融信托虽人数增幅稳定，但因民生信托和陕国投等大幅增员，员工总人数排名跌出前 10 名，从第 9 名下降至第 12 名。

———————

① 外贸信托 2015 年员工总数 325 人，行业排名第 8 位；2016 年员工总数 348 人，因中建投信托和陕国投人员大增，排名被挤出前十，位列第 11 名。

排名	信托公司	员工数量（人）	2016 年排名	排名	信托公司	员工数量（人）	2016 年排名
表2　2017 年末员工数量排名前 10 位和后 10 位的信托公司列表							
1	中融信托	1974	1	59	重庆信托	151	56
2	四川信托	749	3	60	天津信托	149	57
3	平安信托	743	2	61	金谷信托	145	61
4	长安信托	659	4	62	苏州信托	144	62
5	中信信托	646	6	63	江苏信托	142	65
6	兴业信托	566	5	64	粤财信托	132	63
7	陕国投	498	8	65	长城新盛信托	106	67
8	外贸信托	415	11	66	西藏信托	101	66
9	中建投信托	407	7	67	华宸信托	80	64
10	上海信托	395	10	68	国联信托	74	68

数据来源：信托公司年报，中建投信托博士后工作站。

（三）各信托公司人才政策出现分化

2017 年末行业总人数较 2016 年末增加 1749 人，超过前两年人数净增长之和。不同信托公司间人才政策分化较大。总体来看，68 家信托公司中的 59 家员工数量增加，9 家员工数量减少。浙商金汇信托、陕国投、民生信托 3 家信托公司连续两年员工数量绝对增量排名前十，相应职工薪酬也同步大幅度增长①，足见其扩张的人才政策。表 3 和表 4 分别列示了 2017 年员工数量增幅和增员前 10 位和后 10 位的信托公司。从增量上看，浙商金汇信托以增员 227 人排第 1 名，随后依次为陕国投、中信信托和民生信托，这 3 家信托公司 2017 年增员人数均突破 100 人；从增幅上看，有 15 家信托公司员工人数增速超过 20%，浙商金汇信托因基数较小且人员增量

---

① 2017 年，浙商金汇信托和民生信托的应付职工薪酬同比分别增长 133.9% 和 45.7%，与其员工人数增长比例相当。陕国投的应付职工薪酬数虽然相当，但现金流量表中"支付给职工以及为职工支付的现金"金额由 2016 年的 1.71 亿元大增至 2.26 亿元，增幅 31.6%，与其 2017 年员工人数增长相匹配。

最多，以高达 165.69% 的增速遥遥领先于其他公司。尽管该公司增员后总收入、信托业务收入和净利润排名均有不同程度上升，但仍处于 60 名左右的靠后位置，而且人均指标下降明显，后续发展值得关注。除 4 家增员人数超百的信托公司之外，其余增幅靠前的信托公司员工总数排名相对靠后，增幅靠前与其基数较小相关。2017 年增员数量和增员幅度均排名前十的有 7 家信托公司，分别是浙商金汇信托、陕国投、中信信托、民生信托、爱建信托、西部信托、云南信托，比 2016 年增加 2 家。其中，民生信托连续两年增员数量和增员幅度均排名前十。

表3	2017 年员工数量增员排名前 10 位和增幅排名前 10 位的信托公司					
排名	信托公司	增员人数（人）	增幅（%）	信托公司	增幅（%）	增员人数（人）
1	浙商金汇信托	227	165.69	浙商金汇信托	165.69	227
2	陕国投	131	35.69	江苏信托	54.35	50
3	中信信托	129	24.95	爱建信托	40.30	81
4	民生信托	109	38.25	西部信托	39.34	72
5	爱建信托	81	40.30	民生信托	38.25	109
6	西部信托	72	39.34	陕国投	35.69	131
7	外贸信托	67	19.25	长城新盛信托	27.71	23
8	中诚信托	55	20.30	北方信托	26.52	35
9	云南信托	54	25.47	云南信托	25.47	54
10	江苏信托	50	54.35	中信信托	24.95	129

数据来源：信托公司年报，中建投信托博士后工作站。

　　员工数量减少最多的是平安信托，在 2016 年减员 148 人的基础上，2017 年继续大幅减员 229 人，随后依次为中泰信托、华澳信托、新华信托和华宸信托，人员收缩趋势凸显。

　　2017 年 59 家增员的信托公司共增加员工 2118 人，其中增员前 10 位的信托公司员工数量增加 975 人，占增加人数的 46%。超过半数的信托公司增员在 20 人以上，全行业人员呈现小幅扩张态势。2017 年员工数量增加分布情况如表 5 所示。

表4 2017 年员工数量增员排名后 10 位和增幅排名后 10 位的信托公司						
排名	信托公司	增员人数（人）	增幅（%）	信托公司	增幅（%）	增员人数（人）
1	平安信托	−229	−23.56	平安信托	−23.56	−229
2	中泰信托	−41	−19.07	中泰信托	−19.07	−41
3	华澳信托	−31	−15.90	华宸信托	−16.67	−16
4	新华信托	−17	−9.24	华澳信托	−15.90	−31
5	华宸信托	−16	−16.67	新华信托	−9.24	−17
6	华信信托	−13	−6.88	华信信托	−6.88	−13
7	新时代信托	−12	−4.88	新时代信托	−4.88	−12
8	昆仑信托	−8	−3.16	昆仑信托	−3.16	−8
9	国联信托	−2	−2.63	国联信托	−2.63	−2
10	国元信托	1	0.65	国元信托	0.65	1

数据来源：信托公司年报，中建投信托博士后工作站。

表5 2017 年信托公司增员分布情况		
员工数量增加情况	信托公司数量（家）	信托公司名称
>100 人	4 家	浙商金汇信托、陕国投、中信信托、民生信托
50（含）~99 人	6 家	爱建信托、西部信托、外贸信托、中诚信托、云南信托、江苏信托
20（含）~49 人	27 家	华润信托、兴业信托、安信信托、国通信托、山西信托、上海信托、华宝信托、万向信托、光大兴陇信托、中粮信托、长安信托、中航信托、北方信托、华融信托、中融信托、华能信托、建信信托、北京信托、四川信托、中原信托、大业信托、长城新盛信托、粤财信托、百瑞信托、厦门信托、五矿信托、中海信托
10~19 人	15 家	中铁信托、国投信托、湖南信托、杭工商信托、金谷信托、苏州信托、交银信托、西藏信托、中建投信托、中江信托、渤海信托、紫金信托、东莞信托、天津信托、重庆信托
1~9 人	7 家	英大信托、山东信托、国民信托、吉林信托、陆家嘴信托、华鑫信托、国元信托

数据来源：信托公司年报，中建投信托博士后工作站。

2017 年仅有 9 家信托公司员工数量减少，减员范围缩小，且减员总人数中超过 6 成由平安信托一家贡献，平安信托 2017 年继续大幅减员 229 人，减幅达 23.56%，连续减员后其从业人员数量行业排名从第

2 名下降至第 3 名。除平安信托外，其余信托公司减员人数均在 50 人以下。

二、信托从业人员结构分析

（一）年龄结构：人员保持年轻化，30～39岁员工成主力军

2017 年 62 家信托公司在年报中公布了员工年龄结构，公布年龄结构的信托公司共有员工 18235 人，占信托行业从业总人数的 90.53%，基本可以反映整个行业年龄结构分布。2017 年行业 30 岁以下员工 5527 人，占比 30.31%；30～39 岁员工 9037 人，占比 49.56%；40 岁及以上员工 3671 人，占比 20.13%。信托行业人员保持年轻化，信托公司有较多的青年员工分布于信托核心岗位，30～39 岁人员成为行业绝对主力军，信托业员工年龄结构更趋合理。

如图 4 所示，2013～2017 年行业 40 岁以上员工占比基本维持稳定，保持在 20% 左右，而 30 岁以下青年员工占比和 30～39 岁员工占比走势出现分化，且两者差距不断扩大。2013 年，信托行业中以 30 岁以下青年员工为主，占比最高达 40.95%，此后逐年下降，至 2017 年占比下降超过 10%；与此同时，30～39 岁员工占比逐年稳定增长，成为行业中坚力量。信托行业 30～39 岁从业人员逐年增加，说明整体市场环境不景气以及大资管竞争环境下，目前信托行业发展更需要同时具备丰富业务经验和风险管理能力的人才。该年龄段员工也同时处于自身职业生涯关键时期，具备较强开拓创新精神。前几年进入信托行业的 20～29 岁的青年员工也已进入 30 岁行列。

具体看各家信托公司年龄结构情况，30 岁以下员工占比超过行业平均数（30.31%）的有 24 家，30～39 岁员工占比超过平均数（49.56%）的

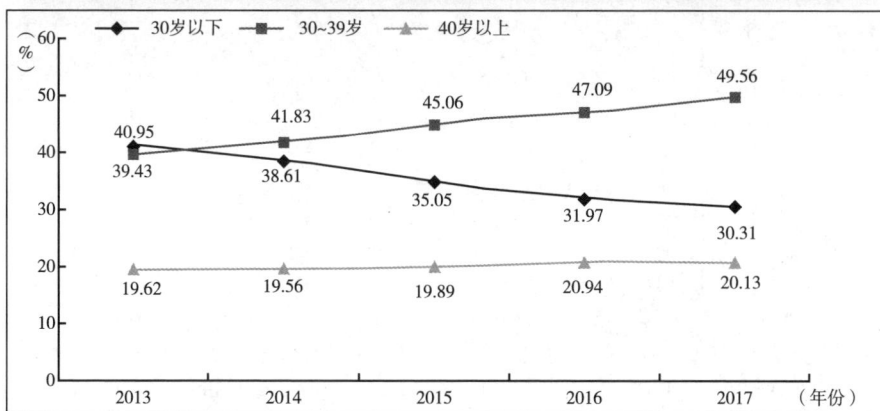

图4 2013～2017 年信托行业年龄结构分布走势

数据来源：信托公司年报，中建投信托博士后工作站。

有 27 家，绝大多数（51 家）信托公司 30～39 岁员工人数占比超过 40%，40 岁以上员工占比超过平均数（20.13%）的有 37 家。如表 6 可见，40 岁及以上员工占比较高的信托公司的人员规模均较小，排名前 10 位的信托公司中，除中江信托、昆仑信托和新时代信托外，其余总人数行业排名均在 50 名之外，这些信托公司普遍成立时间较长且人员较为稳定。此外，华宸信托和山西信托 2018 年未披露员工各年龄组人数，但其员工平均年龄分别达到 41.97 岁和 39.2 岁，足见这两家信托公司也以 40 岁以上员工为主。30～39 岁员工占比排名前 10 位的信托公司占比均在 50% 以上，其中兴业信托、光大兴陇信托、渤海信托、国民信托这 4 家信托公司的 30～39 岁员工占比首次闯入行业前十，30～39 岁人员增长均远超公司总人数的增长，而 30 岁以下员工人数缩减明显。30 岁以下员工占比较高的信托公司大多集中于南方地区且以中型信托公司为主，这些信托公司的人员结构偏年轻化。

40 岁及以上员工占比最低的是民生信托、外贸信托、五矿信托和中建投信托，均不足 10%；30～39 岁员工占比最低的是天津信托和厦门信托，均不足 30%，与 2016 年保持一致；30 岁以下员工占比最低的是国元信托、新华信托、华鑫信托和交银信托，占比均不足 20%。

表6 2017年末各年龄组占比排名前10位的信托公司								
排名	信托公司	30岁以下占比（%）	总人数行业排名	信托公司	30~39岁占比（%）	总人数行业排名	信托公司	40岁以上占比（%）	总人数行业排名
1	云南信托	56.02	25	民生信托	62.69	11	天津信托	52.35	60
2	外贸信托	47.23	8	兴业信托	60.07	6	国元信托	51.61	58
3	西藏信托	46.53	66	中融信托	58.87	1	北方信托	43.11	51
4	万向信托	41.39	34	华鑫信托	57.50	43	英大信托	40.88	56
5	上海信托	41.01	10	紫金信托	56.33	57	吉林信托	37.21	50
6	厦门信托	40.81	38	光大兴陇信托	55.66	22	中江信托	33.21	26
7	五矿信托	40.62	20	交银信托	55.50	39	新华信托	32.93	52
8	苏州信托	40.28	62	陆家嘴信托	55.37	23	新时代信托	31.20	35
9	中建投信托	39.31	9	渤海信托	54.00	31	昆仑信托	31.02	33
10	国投信托	39.13	42	国民信托	53.85	32	金谷信托	30.34	61

数据来源：信托公司年报，中建投信托博士后工作站。

（二）学历结构：人才结构不断优化提升，硕博人数占比过半

2017年68家信托公司均公布了员工学历结构，其中博士研究生学历410人，较2016年增加34人，占比2.04%；硕士研究生学历9853人，较2016年增加1072人，占比48.92%；本科学历8727人，较2016年增加732人，占比43.33%，呈现稳中微降的趋势；专科及其他学历1152人，较2016年减少89人，占比5.72%，进一步下降1.03个百分点（见图5）。信托从业人员高学历占比逐年攀升，反映行业人才结构不断优化，其中硕士研究生学历人数连续5年超过本科人数，成为主力军。

具体到各信托公司人才学历结构，有15家信托公司博士人数超过10人，其中中信信托、陕国投、建信信托名列前三名，分别拥有博士23人、20人和18人。而从博士学历员工占比来看，百瑞信托的占比最高，为7.01%，其次为吉林信托，博士学历员工占公司总人数的6.98%。16家信托公司硕士人数超过200人，这些信托公司的员工总人数均位列行业前20名以内。表7列示了2017年末高学历人员数量靠前的信托公司信息，可以看

图 5　2013～2017 年信托行业学历结构分布走势

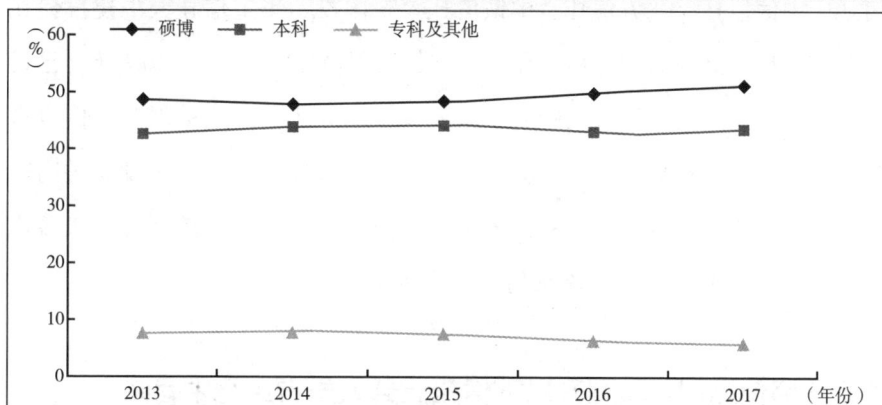

数据来源：信托公司年报，中建投信托博士后工作站。

表7　2017 年末各学历结构人数靠前的信托公司列表

项目	信托公司数量（家）	信托公司名称
博士人数 >=10 人	15 家	中信信托（23）、陕国投（20）、建信信托（18）、中诚信托（16）、百瑞信托（15）、华融信托（15）、民生信托（15）、平安信托（15）、光大信托（12）、华润信托（12）、吉林信托（12）、上海信托（11）、兴业信托（11）、长安信托（10）、中建投信托（10）
硕士人数 >=200 人	16 家	中融信托（564）、中信信托（424）、长安信托（344）、平安信托（334）、兴业信托（312）、陕国投（284）、外贸信托（258）、四川信托（242）、上海信托（241）、中建投信托（236）、华融信托（230）、华润信托（228）、中诚信托（215）、建信信托（215）、民生信托（207）、中航信托（204）

数据来源：信托公司年报，中建投信托博士后工作站。

到，博士学历人员较多的信托公司以央企背景为主，而硕士学历人员较多的 16 家信托公司中有 12 家博士学历人数也在行业前列，两者重合度较高。同时，2017 年增加博士研究生学历员工最多的为民生信托和吉林信托，均增加 8 人，其次是中信信托，增加 7 人；而平安信托和昆仑信托两家公司虽然 2017 年总人数减少，但博士学历人员配备却分别增加 2 人和 3 人，进一步表明信托公司在转型过程中正积极调整人才策略，优化人才结构，以支持自身的业务创新和经营突破。

截至 2017 年末，共有 8 家信托公司设立了博士后工作站，它们是百瑞信托、中信信托、北方信托、中铁信托、陕国投、华宝信托、中建投信托和北京信托，已设立博士后工作站的信托公司占比达 12%。2017 年，已设立博士后工作站的信托公司中有 4 家实现博士学历员工人数增长，但也有 2 家信托公司博士学历人员出现减少。中信信托博士后工作站设立时间较长，与北京大学联合培养，对人才吸引力较大，为公司发展储备了较多优质人才，2017 年中信信托增加博士研究生学历员工 7 人。

（三）岗位结构：转型升级下信托业务人员占比稳中有降

2017 年度，共有 63 家信托公司披露了员工岗位分布情况，总人数共 18515 人，占信托行业从业总人数的 91.92%，基本可以反映整个行业岗位结构分布。2017 年信托业共有董监高人员 591 人，信托从业人员逼近万人大关，达到 9990 人，自营业务人员 480 人，其他人员 7454 人，具体占比如图 6 所示。

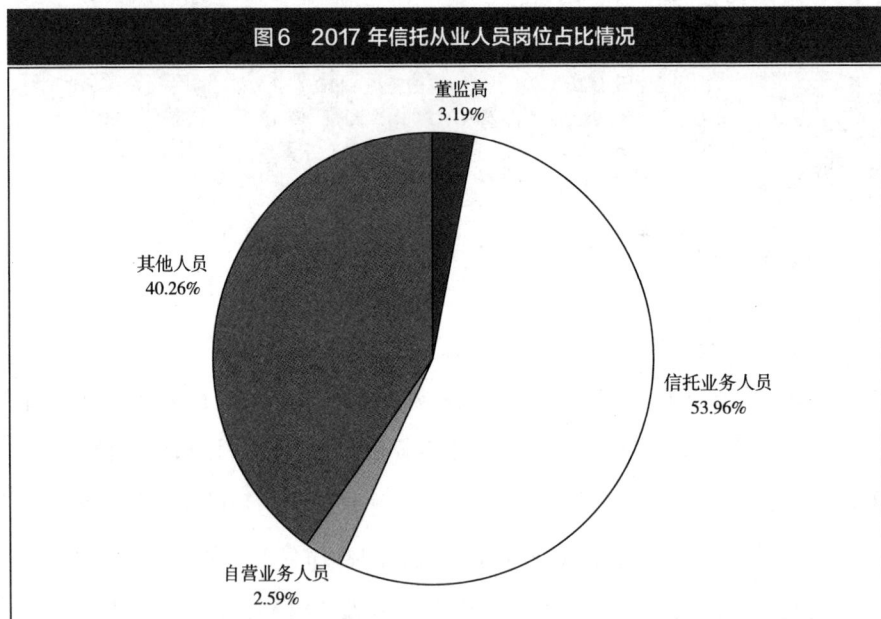

图6　2017 年信托从业人员岗位占比情况

董监高
3.19%

其他人员
40.26%

信托业务人员
53.96%

自营业务人员
2.59%

数据来源：信托公司年报，中建投信托博士后工作站。

由图 7 可见，2013 年以来信托业务人员比例一直保持在 50% 以上，但 2015 年以来占比略有下降，而以财富管理人员、中后台人员为主的其他人员占比逐年稳步上升，2017 年末该类人员占比已突破 40%。主要原因为随着行业转型升级，业务类型趋多元化，信托公司需要进一步提升自主销售能力和风控管理能力，因此加大了财富、风控、运营等领域人才的招聘力度。

图 7　2013~2017 年信托从业人员岗位分布走势

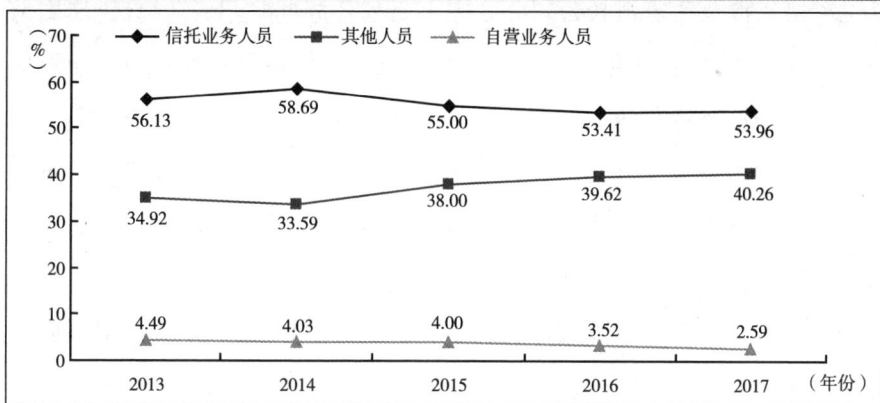

数据来源：信托公司年报，中建投信托博士后工作站。

整体来看，信托公司信托业务人员占比最高，但 2015 年后有所下降，自营业务人员占比则低位下行，反映中后台人员布局的其他人员占比呈现上升。预计随着监管的持续加强，该趋势将继续保持。人员配置向中后台倾斜一方面可有效提高信托公司风险管理能力，降低创新类业务的投资风险；另一方面也改变了之前以业务拓展为主的粗放式发展模式，业务管理逐渐向精细化转变。

（四）信托公司高管变动频繁

2017 年信托行业共计发生高管变动 31 人次，涉及 24 家信托公司，占比 35.29%。其中董事长变更的有 18 家，总经理或总裁变更的有 12 家，同时涉及董事长和总经理变更的有 6 家，分别为江苏信托、兴业信托、华宝信托、百瑞信托、中海信托和东莞信托。截至 2018 年 5 月底，又有 4 家信托公司变更总裁或总经理，中建投信托总经理因个人原因辞职后，成为第 7 家同时变更董事长和总经理的信托公司。

分析高管变更原因可见，董事长到任退休的有 5 家信托公司；因集团调整安排岗位发生变更的，涉及 9 家信托公司；因个人原因变更请辞的均为总经理，涉及 7 家信托公司，其中 1 名到任辞职[①]、1 名因身体原因请辞[②]，其余大多为辞职创业或另谋高就；此外，国通信托（原方正东亚信托）因控股股东变更从而履新董事长，重庆信托在 2016 年新设立总经理岗位，2017 年 6 月正式任命窦仁政为总经理（见表 8）。整体来看，董事长的变更大多为到任退休、集团调整安排等，与控股股东决策关系较大，而总经理的变更情况则更加多样复杂。

2017 年，因管理层涉嫌违纪而发生变更的有 4 家信托公司，其中除山东信托主要经营指标仍然保持 30 名左右，位于行业中游水平外，其余 3 家

表8　2017 年信托公司高管变更原因总结		
变更原因	信托公司（家）	信托公司名称
到任退休	5	中建投信托、华宝信托、中海信托、建信信托、中铁信托
集团调整	8 +1	江苏信托、兴业信托、东莞信托、华润信托、平安信托、粤财信托、湖南信托、渤海信托、西藏信托、百瑞信托、中海信托、爱建信托
控股股东变更	1	国通信托
新设岗位	1	重庆信托
个人原因	4 +3	华宝信托、百瑞信托、外贸信托、五矿信托、紫金信托、长安信托、中建投信托
涉嫌违纪	4	山东信托、北方信托、陆家嘴信托、吉林信托

数据来源：信托公司年报，中建投信托博士后工作站。

---

① 紫金信托原总裁崔斌任期届满后递交了书面辞呈，原任外贸信托副总经理刘燕松接任。
② 长安信托原总裁崔才进因身体原因辞职，总裁职责暂由长安信托董事长高成程代为履行。

信托公司行业排名均受到一定影响。其中北方信托三项指标排位均跌出 50 名外，信托业务收入大幅下挫 42%，排名下降 20 个位次；吉林信托三项指标均在 60 名左右；陆家嘴信托 2017 年总收入和信托业务收入分别下降 17% 和 19%，行业排名分别下降 10 位和 11 位。可见，高管层非预期变动直接影响信托公司发展。

截至 2018 年 5 月底，有东莞信托、华宝信托、长安信托、中建投信托、吉林信托和北方信托 6 家信托公司的董事长、总经理或总裁存在空缺情况，尚未正式任命。

三、人员数量与经营业绩的关系

（一）行业人均信托规模再增长

2017 年末信托行业人均信托资产规模达 13.05 亿元，较 2016 年进一步增加 1.65 亿元，超过平均数的有 30 家。人均信托资产规模[①]超过 20 亿元的信托公司有 11 家，比 2016 年增加 3 家，其中交银信托以人均 44.29 亿元超越西藏信托荣登榜首，江苏信托、建信信托和华润信托依次紧随其后，人均信托规模均超 37 亿元。人均信托资产规模排名前 10 名的信托公司基本保持稳定，渤海信托 2017 年大力发展消费金融业务，人均信托资产规模从 2016 年末的行业第 16 位跃升至 2017 年的第 7 位，相应信托业务收入排名也跻身前五。人均信托规模不足 3 亿元的信托公司有 5 家，分别是杭工商信托、东莞信托、中泰信托、山西信托和华宸信托，最低的为华宸信托（不足 5000 万元）。其中，东莞信托和杭工商信托的信托报酬率分别为 3.63% 和 2.73%，遥遥领先于行业其他信托公司，因此其人均信托业务

---

① 以披露年报的年末存量信托资产规模总量计。

收入排名较为靠前。

从人均集合信托资产规模来看，2017 年末超过行业平均规模 4.94 亿元的信托公司有 28 家，比 2016 年增加 4 家。人均集合信托规模超过 10 亿元的有 4 家，依次为交银信托、中海信托、建信信托和华润信托，其中交银信托以 14.35 亿元的规模位列第一。尽管交银信托人均信托规模和人均集合信托规模均位列行业第一，但由于其信托报酬率较低，仅为 0.22%，其人均信托业务收入排名和人均净利润排名均在 10 名之外。此外，中海信托和华润信托虽未披露信托报酬率，但其人均信托业务收入排名靠后，可以推测人均业务规模的增长并未带来经营业绩的提升（见表 9）。人均集合信托规模不足 1 亿元的公司有 4 家，比 2016 年减少 2 家。

表 9　2017 年人均信托规模和人均集合信托规模排名前 10 位信托公司

排名	信托公司	人均信托规模（万元）	2016 年人均信托规模排名	人均信托业务收入排名	排名	信托公司	人均集合信托规模（万元）	人均信托规模排名	人均信托业务收入排名
1	交银信托	442949.34	4	11	1	交银信托	143510.24	1	11
2	西藏信托	420255.65	1	9	2	中海信托	132227.36	10	38
3	江苏信托	388129.59	2	7	3	建信信托	115593.76	4	18
4	建信信托	378943.54	3	18	4	华润信托	107329.70	5	47
5	华润信托	374149.83	6	47	5	中信信托	96305.96	6	8
6	中信信托	307543.31	5	8	6	中航信托	95712.83	14	6
7	渤海信托	301989.94	16	5	7	重庆信托	95069.24	31	2
8	华能信托	296261.99	8	4	8	中铁信托	93852.59	13	3
9	上海信托	230985.18	7	20	9	外贸信托	86679.13	33	23
10	中海信托	222693.12	9	38	10	华鑫信托	82916.38	23	31

数据来源：信托公司年报，中建投信托博士后工作站。

（二）人均总收入水平持平，人均信托业务收入小幅增长

2017 年信托行业人均总收入为 588.20 万元，与 2016 年末的 588.62 万元基本持平，而人均信托业务收入却由 2016 年末的 399 万元上升至

406.11 万元，实现 1.78% 的小幅增长。这主要是由于 2017 年信托行业从业人员的增长主要分布于信托业务人员，行业信托业务人员从 2016 年的 138 人增长至 159 人，增速高达 15.22%，相应带动行业信托业务收入从 2016 年的 732.57 亿元提高至 817.41 亿元，实现 11.58% 的增长。但由于信托业务收入的增速低于信托业务人员增速，以信托业务人员总数计的人均信托业务收入较 2016 年下降 3.16%。

　　表 10 列示了 2017 年人均总收入和人均总收入增速排名前 10 位的信托公司。人均总收入排名前 10 位的信托公司基本保持稳定，重庆信托、安信信托、江苏信托分别位列前三，与 2016 年排名完全一致，但规模均较 2016 年有所下降。2017 年人均总收入超过千万元的信托公司有 5 家，比 2016 年减少 4 家。排名前 10 位的信托公司的人均总收入大多呈下降趋势，华能信托和天津信托人均总收入增长分别为 17.82% 和 8.13%，排名提升 4 名；渤海信托则实现 89.2% 的高速增长，人均总收入排名大幅提升 32 位，位列第六。

表 10　2017 年人均总收入和人均总收入增速排名前 10 位信托公司						
排名	信托公司	2017 人均总收入（万元）	2016 年人均总收入排名	排名	信托公司	人均总收入增长率（%）
1	重庆信托	2808.52	1	1	中粮信托	129.51
2	安信信托	2162.29	2	2	华澳信托	125.22
3	江苏信托	1414.33	3	3	渤海信托	89.20
4	中铁信托	1093.77	5	4	金谷信托	75.10
5	华能信托	1059.58	9	5	新时代信托	45.43
6	渤海信托	991.40	38	6	平安信托	37.86
7	粤财信托	891.99	8	7	昆仑信托	36.86
8	中信信托	890.09	7	8	大业信托	33.47
9	天津信托	873.32	13	9	国民信托	32.03
10	百瑞信托	856.66	10	10	长城新盛信托	25.55
	行业平均值	588.20				-0.07

数据来源：信托公司年报，中建投信托博士后工作站。

人均总收入增速最快的是中粮信托和华澳信托，两家信托公司人均总收入增速均超过120%。尽管实现高速增长，由于基数太低，2017年中粮信托和华澳信托的人均总收入排名仍然比较靠后，分别位列第37名和第51名。平安信托在大幅减员229人的情况下，仍然实现总收入63.55亿元，人均总收入增长率进入行业前十，相应人均总收入也从2016年的第30名一举跃升至行业第11名，公司经营效率水平凸显，行业竞争力进一步提升。

从人均信托业务收入来看，人均信托收入排名前10位的信托公司基本与2016年保持一致，仅有渤海信托是首次跻身行业前十，它也是唯一一家人均信托收入和人均信托收入增速排名均位列前十的信托公司。2017年人均信托收入增速超过50%的有5家，其中增速最快的是长城新盛信托，2017年人均信托收入达到325.76万元，而2016年人均信托收入不足80万元；排在第2位的是新时代信托，人均信托收入实现翻番，进入行业中上游水平（见表11）。

表11　2017年人均信托收入和人均信托收入增速排名前10位的信托公司						
排名	信托公司	2017人均信托收入（万元）	2016年排名	排名	信托公司	人均信托收入增长率（%）
1	安信信托	2040.37	1	1	长城新盛信托	324.72
2	重庆信托	1411.52	2	2	新时代信托	110.71
3	中铁信托	830.14	3	3	渤海信托	55.73
4	华能信托	776.78	5	4	平安信托	55.46
5	渤海信托	769.23	16	5	吉林信托	54.60
6	中航信托	728.50	8	6	光大兴陇信托	41.60
7	江苏信托	705.23	6	7	大业信托	36.84
8	中信信托	688.50	4	8	国投信托	34.48
9	西藏信托	619.35	7	9	华澳信托	34.44
10	百瑞信托	588.15	9	10	金谷信托	29.73
	行业平均值	406.11				1.78

数据来源：信托公司年报，中建投信托博士后工作站。

（三）人均净利润出现明显下降趋势

2017 年信托行业人均净利润为 319.62 万元，较 2016 年的 336.82 万元下降 5.11%，行业从业人员的大幅扩张，并未带来净利润的同步增长。

具体来看各信托公司情况。2017 年人均净利润超过千万元的信托公司有 3 家，依次为重庆信托、安信信托和江苏信托，其中重庆信托 2017 年实现人均净利润约 2220 万元，尽管连续两年净利润下降超过 10%，但仍遥遥领先于行业其他信托公司；安信信托人均净利润稳定在 1400 万元左右；而江苏信托人均净利润从 1444 万元降至 1139 万元，降幅超过 20%。此外，湖南信托和平安信托人均净利润实现高速增长，增速分别达到 41.07% 和 34.59%，2017 年人均净利润排名均提升 14 名，双双进入行业前十，这两家信托公司也是人均净利润排名和人均净利润增速排名均位于行业前十的信托公司（见表 12）。

表 12　2017 年人均净利润和人均净利润增速排名前 10 位的信托公司

排名	信托公司	2017 人均净利润（万元）	2016 人均净利润（万元）	2016 年人均净利润排名	排名	信托公司	人均净利润增长率（%）
1	重庆信托	2219.52	2591.22	1	1	华澳信托	420.34
2	安信信托	1427.32	1444.74	2	2	新华信托	161.16
3	江苏信托	1139.42	1444.55	3	3	渤海信托	79.20
4	粤财信托	733.41	765.67	5	4	华宸信托	66.04
5	中铁信托	631.16	697.91	7	5	金谷信托	52.51
6	华润信托	627.78	621.42	9	6	湖南信托	41.07
7	华能信托	611.14	554.09	11	7	新时代信托	39.80
8	华信信托	568.35	849.91	4	8	民生信托	38.00
9	湖南信托	554.33	392.96	23	9	平安信托	34.59
10	平安信托	525.79	390.65	24	10	光大兴陇信托	28.77
	行业平均值	319.62					−5.11

数据来源：信托公司年报，中建投信托博士后工作站。

除湖南信托、民生信托和平安信托外，人均净利润增速前十的信托公司在 2017 年的人均净利润排名均比较靠后。如华澳信托和新华信托 2017 年虽分别实现了 420% 和 160% 的高速增长，其人均净利润排名仍然在 50 名之外；渤海信托由于开辟创新业务领域，经营业绩获得突破，导致信托业务收入大幅提升，人均净利润水平也快速提升，2017 年实现近 80% 的增长，人均净利润排名从第 42 名大幅跃升至行业第 11 名。平安信托减员不减效益，行业竞争优势进一步稳固。

行业转型升级之后机遇与挑战并存，信托公司应该充分利用自身的资源禀赋和人才结构优势，开源与节流双管齐下，一方面积极开阔创新业务寻找业务增长突破口，建立差异化竞争优势，另一方面向管理要效率，提高人员的单位产能。

第二部分
专题研究

资产证券化市场全解

黄婷儿

一、中国的资产证券化基本概念

资产证券化（Asset-Backed Securitization）是以特定资产组合或特定现金流为支持，发行可交易证券的过程。它将具有可预期收入的基础资产池，在资本市场上发行出售以获得融资，从而提高资产的流动性。而资产支持证券（Asset-Backed Securities，ABS），就是一种以资产池为基础的类债权的可交易证券，通常我们称其为资产证券化产品。

（一）资产证券化产品类别

根据交易场所的不同，中国的资产证券化市场可分为场内 ABS 和场外 ABS。所谓场内一般是指在上海证券交易所（简称上交所）、深圳证券交易所（简称深交所）和全国银行间债券市场（简称银行间市场）交易的 ABS，场内 ABS 一般有专门的监管机构监管审批，有专门的业务规则和操作指引，发行要求比较严格，发行流程更为规范；场外是指在中证机构间私募产品报价与服务系统（简称报价系统）、银行业信贷资产登记流转中心（简称银登中心）、地方金融资产交易中心（简称金交所）、互联网金融资产交易平台（简称互金平台）、保险资产登记交易平台等场所交易的 ABS，准确地说场外发行的 ABS 产品是类资产证券化产品。一般来说，场内 ABS 的监管要求更加严苛，基础资产质量较高，更受投资者青睐，因此最终的发行成本也能更低；场外 ABS 的发行门槛较低，发行流程较短，基础资产灵活度较高，但存在产品流动性不足，定价机制不完善，市场接受度较低等缺点。

业界习惯把场内 ABS 称为公募 ABS，把场外 ABS 称为私募 ABS，但事实上这两组概念不能完全等同。场内 ABS 市场中，只有在银行间债券市场发行的信贷资产支持证券（简称"信贷 ABS"或"CLO"）和资产支持票据（简称"ABN"）可以真正采取公开方式发行，在交易所发行的资产支持证券要求投资者不能超过 200 家，属于非公开发行，实际也是私募。因此，严格来说只有信贷资产支持证券和资产支持票据是公募 ABS，其余均为私募 ABS。图 1 简单展示了场内、场外、公募 ABS 的关系。

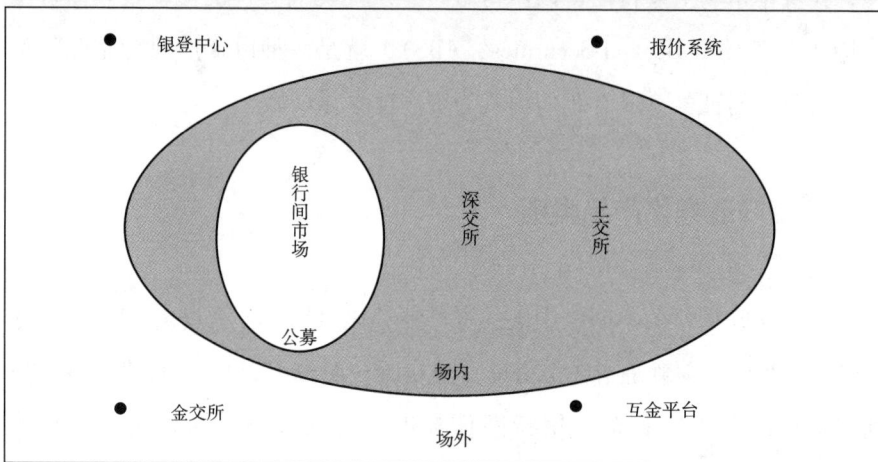

图1 场内 ABS、场外 ABS、公募 ABS 关系示意

按照基础资产性质的不同，资产证券化产品可以分为信贷资产证券化产品和企业资产证券化产品两大类。顾名思义，信贷资产证券化产品的基础资产为信贷资产，因此其发起机构为金融机构；而企业资产证券化产品为企业资产，其发起机构为非金融机构。

信贷资产证券化产品是指银行业金融机构作为发起机构，将信贷资产信托给受托机构，由受托机构以该财产所产生的现金支付资产支持证券收益，并以资产支持证券的形式向投资机构发行的受益证券。信贷资产证券化明确规定由特定目的信托受托机构发行，产品的基础资产都是信贷资产，资产质量高，发行成本低。

企业资产证券化产品的资产范围更广，基础资产更加复杂多样，风险评估和资产归集难度也更高。企业资产证券化产品根据发行载体和归属监管机构的不同，又可以分为资产支持专项计划、资产支持票据和保险资产支持计划（见图2）。

图2 ABS产品分类

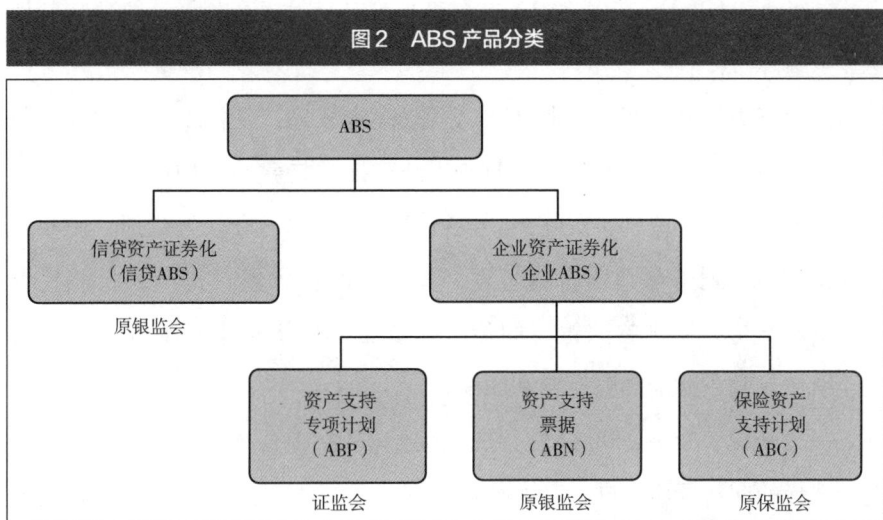

资产支持专项计划（Asset-Backed Plan，ABP）的监管机构为证监会，是指证券公司、基金管理公司子公司（简称"基子公司"）为开展资产证券化业务专门设立的，以基础资产所产生的现金流为偿付支持，通过结构化等方式进行信用增级，在此基础上发行的资产支持证券。

资产支持票据（Asset-Backed Medium-term Notes，ABN）的监管机构为原银监会，是非金融企业为实现融资目的，采用结构化方式，通过发行载体发行的，将能产生稳定现金流的基础资产作为支持，按约定以还本付息等方式支付收益的证券化融资工具，可以在银行间市场公开发行，也可以定向发行。发行载体可以是特定目的信托、特定目的公司或交易商协会认可的其他特定目的载体，也可以为发起机构，但一般为特定目的信托。

保险资产支持计划的监管机构为原保监会，是指以保险资产管理公司等专业管理机构作为受托人设立支持计划，以基础资产产生的现金流为偿付支持，面向保险机构等合格投资者发行受益凭证的业务。保险资产支持计划遵循原保监会发布的《资产支持计划业务管理暂行办法》，其发行的证券化产品被命名为资产支持计划受益凭证（Asset-Backed-beneficiary Certification，ABC），在保险资产登记交易平台交易，产品设计原理与其他企业ABS类似，但投资主体受益限于保险资金，整体发行规模较小。

以上三类产品都属于企业ABS大类，基础资产广泛涉及企业债权、租赁租金、应收账款、小额贷款、商业房地产抵押贷款等多种资产，但由于遵循的发行规程有差别，实际成功发行的资产类别仍有较大差别，比如资产支持专项计划采取负面清单管理，基础资产包含债权资产和收益权资产，资产支持票据则参照银行间债务融资工具准入标准，基础资产为财产、财产权利或财产和财产权利的组合。

一般来说，企业ABS的发行成本高于信贷ABS。但同样是企业ABS，由于选择的交易场所不同，其发行规模、发行成本和资产质量也会有很大差别。比如，选择在场内银行间市场发行，可以采取公开发行的方式，成本相对较低；若选择在交易所或报价系统私募发行，则成本就会高于公开发行；而在金交所、互金平台发行，成本则会更高。场内外ABS对基础资产的入池要求也有严有松，在场内交易所发行的企业ABS既不能是"两高一剩"也不能有名单内平台，对产品的集中度和劣后比例都有要求，而如果选择在报价系统发行，要求则相对宽松；同样是场外市场，银登中心对资产的行业限制比较严格，要求非政府平台和地产类，而北金所债权投资计划的行业限制少。

（二）各发行场所特点

1. 交易所

证券交易所分为上交所和深交所，在交易所发行的ABS在证监会监管框架下，一般通过证券公司和基子公司设立专项资产管理计划实现。它遵循证监会发布的《证券公司及基金管理公司子公司资产证券化业务管理规定》，同时基金业协会和交易所发布有相应的配套规则。

在交易所发行 ABS 的发起方理论上可以是任何企业，但以非金融企业为主。与公司债、中期票据等融资工具相比，交易所发行的企业 ABS 虽然流动性不太好、成本略高，但具有无净资产比例限制、符合一定条件下可出表进而改善财务报表等独特优势，尤其是 2014 年备案制落地后，发行效率大大提高，发行规模逐年攀升。在这个过程中，企业 ABS 的基础资产类别不断扩充，甚至已经从债权资产扩展到收益权资产，为更好控制产品风险，保障投资者权益，监管机构陆续出台了一系列针对具体资产的资产支持证券信息披露指引①，针对不同类别基础资产的不同特点分别设定信息披露要求。

2. 银行间市场

全国银行间债券市场（简称银行间市场）隶属于原银监会体系，2018 年银监会和保监会合并后，则属于银保监会监管范围。在银行间市场发行的产品主要有两大类，一类是信贷资产支持证券（信贷 ABS），另一类是资产支持票据（ABN）。

信贷 ABS 的发起机构为金融机构，基础资产全部是金融机构（主要是银行和金融租赁公司）的信贷资产。遵循 2005 年发布的《金融机构信贷资产证券化试点监督管理办法》和《信贷资产证券化试点管理办法》，2014 年《关于信贷资产证券化备案登记工作流程的通知》发布，信贷 ABS 业务由审批制改为业务备案制。2015 年，央行又发布《关于信贷资产支持证券发行管理有关事宜的公告》，进一步简化信贷 ABS 发行管理流程，提高发行管理效率和透明度。此后，信贷 ABS 的发行可通过有资质的受托机构和发起机构向央行申请注册分期发行。信贷 ABS 由央行金融市场司和原

---

① 2015 年 5 月出台《个人汽车贷款资产支持证券信息披露指引（试行）》《个人住房抵押贷款资产支持证券信息披露指引（试行）》；2015 年 9 月出台《个人消费贷款资产支持证券信息披露指引（试行）》；2016 年 4 月出台《不良贷款资产支持证券信息披露指引（试行）》；2016 年 10 月出台《微小企业贷款资产支持证券信息披露指引（试行）》。

银监会创新监管部共同监管。

资产支持票据即 ABN 的发起机构为非金融机构，属于企业 ABS 产品，遵循交易商协会发布的《非金融企业资产支持票据指引（修订稿）》。

在银行间市场发行的两类产品都以信托作为特定目的载体，信贷 ABS 业务大多以发起人银行主导，但 ABN 因基础资产来自实体企业，信托公司的主导性更强，具备丰富客户资源、ABS 专业服务能力或强大发行承销能力的信托公司将迎来新的业务增长机会。

3. 银登中心

银行业信贷资产登记流转中心有限公司（简称"银登中心"）是经财政部同意、原银监会批准成立的金融基础设施服务机构，于 2014 年 6 月 10 日在国家工商行政管理总局注册成立，注册资本 3.5 亿元，业务上接受原银监会监管。

在银登中心发行的 ABS 为私募信贷 ABS，曾被作为银行存量信贷资产收益权"非标转标"的重要途径。2016 年 4 月原银监会颁布《关于规范银行业金融机构信贷资产收益权转让业务的通知》（"82 号文"），明确规定"符合规定的银行理财产品投资信贷资产收益权，按通知要求在银登中心完成转让和集中登记的，相关资产不计入非标准化债权资产统计，在全国银行业理财信息登记系统中单独列示"，随后颁发的"82 号文"的实施细则①，则确立了信托公司在商业银行信贷资产收益权"非标转标"中的银登中心"非标转标"只能通过信托计划。但资管新规出台后，银登中心登记产品界定为标准债权存疑，银行做私募信贷 ABS 的动力大减。

4. 报价系统

中证机构间私募产品报价与服务系统（简称"报价系统"或"中证报

---

① 《银行业信贷资产登记流转中心信贷资产受益权转让业务规则（试行）》和《银行业信贷资产时登记流转中心信贷资产受益权转让业务信息披露细则（试行）》。

价"），原名中证资本市场发展监测中心有限责任公司，2013 年 2 月 27 日成立，2015 年 2 月 10 日更名改制，是经中国证监会批准并由中国证券业协会按照市场化原则管理的金融机构。报价系统采取参与人制度，为参与人提供私募产品报价、发行、转让及互联互通、登记结算、信息服务。在报价系统发行的是私募企业 ABS，遵循《机构间私募产品报价与服务系统登记结算业务规则（试行）》和《机构间私募产品报价与服务系统资产证券化业务操作说明》。

5. 金交所

地方金融资产交易中心（简称"金交所"）多数以服务所在地或区域金融资产交易为主要任务而成立，旨在解决当地中小企业融资难问题。金交所有三大业务基础，分别为资产交易、权益资产交易和信息服务，主要交易品种为非标资产，是重要的非标资产转让平台。

2010 年 5 月国内首家金交所——北京金融资产交易所（简称"北金所"）成立，随后天津、重庆、湖北（武汉）、四川、辽宁（大连）、山东、浙江、湖北等地也纷纷成立金交所，目前已逾 10 家。各家金交所业务范围和侧重点有所不同，比如天金所业务多元，建成了包括不良金融资产、金融企业国有资产、信托资产、信贷资产等在内的十大类全国性金融资产市场，而武交所的业务则较单一，主要集中于小贷资产收益权转让。目前北金所、浙金所、重庆金交所、深金所、天金所等 7 家金交所已与银登中心签署战略合作协议备忘录。

6. 互金平台

互联网金融资产交易平台（简称"互金平台"）是指利用互联网技术提供 ABS 基础服务的机构，包括协助建立基础资产池、设计产品结构、支持金融资产交易等。部分互金平台甚至还能支持 ABS 产品发行，或通过设立夹层基金为 ABS 产品提供外部增信等服务。表 1 列示了目前主要的互金平台及其控股方。

表1 互金 ABS 平台			
控股方	互金平台	平台性质	成立时间
京东金融	云起	ABS 云平台	2016 年 9 月
众安保险	宇宙立方	ABS 对接系统	2016 年 6 月
厦门国金	ABS Cloud	ABS 云平台	2016 年 9 月
招商局集团	招银前海	ABS 交易系统	2015 年
百度金融	云平台	ABS 平台	2016 年 9 月

资料来源：中建投信托博士后工作站。

通过互金平台发行 ABS，准入标准和发行门槛相对较低，而且由于利用大数据进行风险管理和现金流管理，发行成本较低，发行效率较高。通过建设云平台，从做自营存量资产转变为做第三方增量资产，成为互金平台的重点布局。但由于各家自身经营特点和技术优势的差别，不同平台的业务方向仍有一定区别，比如京东云起主攻擅长的消费金融 ABS 市场，百度 ABS 云侧重为外部资产提供 ABS 服务，而厦门国金拥有自己的金融资产交易中心，其 ABS 云平台 ABS Cloud 提供从基础资产池建立到产品发行的全流程管理，旨在建立场外资产证券化的行业标准。

（三）主要参与机构

资产证券化业务操作中涉及的主体包括发起机构、发行人/特殊目的载体（SPV）、资产管理服务商、受托机构、主承销商、资金监管和保管机构、外部增信机构（如有），以及律师事务所、会计师事务所、信用评级机构、资产评估机构等中介机构。

1. 发起机构

发起机构是指出售基础资产的机构，既可以是资产的原始权益人，如租赁公司、地产公司等，也可以是从原始权益人处购买应收款汇集成一个资产池，并在此出售的人，如投资银行、信托公司等。一般而言，发起人要保证对基础资产拥有合法的权利，并保存有完整的债权债务合同等相关资料。

发起机构的主要职责包括：转让其所拥有的基础资产；配合并支持特殊目的载体、计划管理人和相关中介机构履行职责；向特定目的载体提供相关披露的信息等。

2. 发行人/特殊目的载体

一般来说，发行人可以是发起机构也可以是特殊目的载体（SPV），是指打包资产借以发行 ABS 的人。为了将资产信用和发起机构自身信用分开，会通过设立 SPV 进行破产隔离，SPV 可以是特定目的信托或特定目的公司。

风险隔离是 ABS 的重要特征，即通过利用 SPV 把资产风险转移出来并实现和发起机构自身风险的隔离，以此发行的 ABS 产品仅依赖资产的信用而非发起机构的信用。一般而言，为了实现 ABS 的资产信用融资，避免发起机构和 SPV 的破产风险危及资产，SPV 应以"真实出售"的方式从发起机构处购买资产，同时，SPV 自身构建"破产隔离"载体。

3. 资产管理服务商

资产管理服务商是指证券化产品基础资产的期间管理者，由于基础资产客户管理、资产收付以及风险预警等均需要专门的管理系统处理，一般来说发起机构出售资产后仍将承担资产管理的工作，成为资产管理服务商。

资产管理服务商的主要职责包括收取基础资产产生的本金和利息，将收取的资产到期本息交给受托机构，对过期欠账进行催收，确保资金及时、足额到位，并定期向受托机构和投资者提供基础资产运行管理报告。

4. 受托机构

受托机构主要负责管理基础资产现金流，负责以募集资金从发起机构处购买资产；将资产管理服务商存入 SPV 账户的款项支付给投资人，或对未转付资金进行管理运用产生收益；审查资产服务商提供报告的真实性和充分性，并及时向投资者披露信息等。

受托机构一般由金融机构承担，如证券公司、信托公司。很多情况下，受托机构也会共同参与尽职调查，协助开展财务顾问、发行承销工作。

5. 主承销商

主承销商提供 ABS 产品的承销服务，牵头开展尽职调查工作，也是 ABS 产品发行成功的关键。主承销商一般由商业银行、证券公司担任，2018 年 4 月，交易商协会批复了 6 家信托公司非金融企业债务融资工具承销商资质，信托公司在 ABS 市场的地位得到进一步提升。

主承销商会承担财务顾问的角色，确定入池资产标准，协助发起机构选择入池资产，设计产品交易结构，并对现金流进行建模和测算；设计发行方案，提交注册或备案发行文件，以及组织产品推介和销售等。在基础资产现金流测算和发行方案设计过程中，常常会借助律师事务所、会计师事务所和资产评估机构的力量，确保相关安排符合法律、财会和税务的要求。

6. 其他中介机构

会计师事务所的主要职责是出具特定目的载体设立验资报告、年度审计报告、历史现金流审核报告等。在中国场内 ABS 市场，排名靠前的会计师事务所主要有德勤华永、毕马威华振、安永华明、普华永道、立信、中审华等。

律师事务所的主要职责包括对基础资产的真实性、合法性、有效性和权属状况进行尽职调查；起草相关交易文件；对发行程序、发行文件、相关参与主体、交易结构、信用增进的合法有效性出具法律意见书等。在中国场内 ABS 市场，排名靠前的律师事务所主要有中伦、上海融孚、北京奋迅、金杜、锦天城、君合、大成等。

信用评级机构负责对发行的产品进行信用等级评定和信用质量提高，

包括在产品发行前的初始评级和存续期间的跟踪评级。中国主要的评级机构包括中诚信、大公、联合资信等。

资产评估机构对基础资产在未来特定期间内的现金流入规模进行预测，并出具现金流预测报告、资产评估报告等，在 ABS 存续期间如发生影响基础资产价值的重大事项，则须重新评估。当基础资产为债权类或应收款项类时，资产评估相对简单，一般会选择让会计师事务所在对基础资产历史现金流审核的基础上，同步进行未来现金流预测和评估。但若底层资产涉及不动产或未来收益权的，如商业物业抵押贷款、REITs、高速公路收费权、门票收入等产品，则一般须聘请具备相关资质的资产评估机构进行评估。2017 年 3 月，深交所发布新修订版的《深圳证券交易所资产证券化业务问答》中，就明确要求底层资产涉及不动产评估的，出具不动产评估报告的评估机构应具备住建部核准的房地产估价机构一级资质；涉及高速公路、电力收益权等尽职调查要求高的，应聘请证监会和财政部核准的具备证券期货相关业务评估资格的资产评估机构进行评估。

二、ABS 市场发行情况

（一）场内 ABS 市场

1. 整体概述：企业 ABS 发行规模 2016 年起反超信贷 ABS 市场

场内发行的 ABS 包含在交易所发行的企业 ABS（ABP）、在银行间市场发行的信贷 ABS（CLO）和 ABN。截至 2017 年底，场内 ABS 市场发行 1612 笔，累计发行规模达 33289.83 亿元，其中 2017 年发行 662 笔，共计 14553.97 亿元，占比超过四成，发行数量和发行规模均再创新高。图 3 列示了场内 ABS 三种产品 2012～2017 年的发行规模走势。

图3　2012～2017年场内ABS市场三种产品的发行规模走势

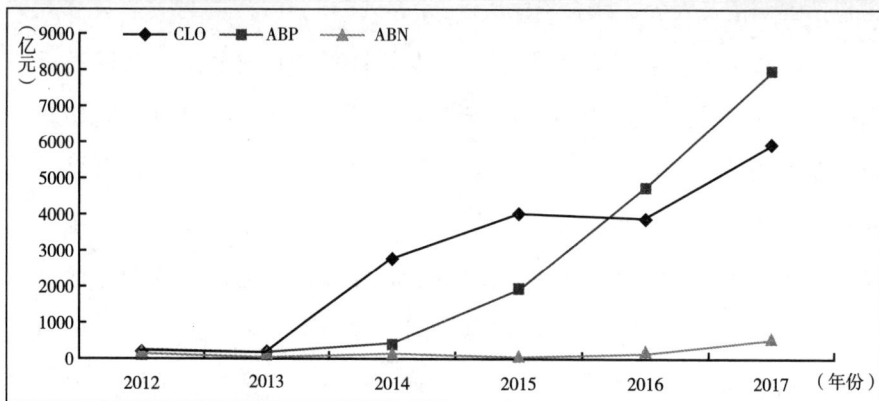

数据来源：Wind，中建投信托博士后工作站。

如图3所示，2013年以前，无论是信贷ABS（CLO）还是企业ABS①发行规模均较小，年累计发行额仅为几十亿～几百亿元规模。2014年，信贷ABS（CLO）首先发力，全年发行总额达到2820亿元，随后出现波动中上行的趋势，2015年保持高速增长（43.9%），发行总额升至4056亿元，2016年小幅下降3.6%，发行3909亿元，2017年再次大增52.9%，发行规模达到5977亿元，接近6000亿元。与此同时，企业ABS呈现稳步上行的发展态势，2016年起企业ABS发行规模已反超信贷ABS市场，但同属于企业ABS的三种产品的发行表现却大相径庭。

具体来看，在交易所发行的企业ABS（ABP）在2014年仅发行391亿元，2015年开始进入爆发式增长阶段，2015年、2016年、2017年发行额分别为2029亿元、4679亿元、7992亿元，三年复合增长率为98%，基本实现每年翻番。在交易所发行的企业ABS（ABP）基本反映了2012～2017年间企业ABS的整体发行状况。在银行间市场发行的ABN和在保险资产登记交易平台发行的ABC，发行规模均较小，六年发

---

① 此处指广义企业ABS，即包含在交易所发行的资产支持专项计划（ABP）、在银行间市场发行的资产支持票据（ABN）等。

行额仅千亿元左右，但这两者发行走势又有所区别。ABN 在 2016 年交易商协会修订指引后，发行规模持续上升，2017 年发行 35 笔共计 585 亿元，占该产品累计发行规模近六成，信托型 ABN 推动 ABN 市场进入快跑道。而 ABC 的发行因投资主体受限于保险资金，发行累计规模虽也达到千亿元左右，但大部分为 2015 年试点阶段发行①，后续几年均未形成规模发展。由于 ABC 发行情况未纳入 wind 数据库，原保监会也未做相关产品的详细披露，因此后续细分类别分析中未包含此类。但由于规模较小，并不影响整体研究结论。

2. 产品结构分析：消费类和应收债权类产品发行势头迅猛

分析各类资产发行结构可以看到，信贷 ABS 市场在 2014 年、2015 年的爆发式增长主要源自企业贷款类产品的快速增加。随着市场逐步成熟、监管加强、风险控制以及优质企业贷款项目逐步完成证券化，2016 年开始，企业贷款类产品发行额大幅下降，整体拉低信贷 ABS 的发行规模。而个人住房抵押贷款支持证券（RMBS）、个人汽车抵押贷款支持证券（Auto - ABS）、信用卡贷款支持证券等消费类② ABS 产品的发行在 2016、2017 年全面爆发，占比逐步上升至 20% 以上，与企业贷款类平起平坐，由此带动信贷 ABS 规模重新上行。2016 年起，信贷 ABS 市场不再由企业贷款类产品一家独大，产品发行结构趋于均衡化（见图 4）。

在交易所发行的企业 ABS 产品种类繁多，影响因素较为复杂。如图 5 所示，小额贷款、应收账款、企业债权和地产相关（包括 REITs、商业房地产抵押贷款）四大类产品的发行规模逐年稳步攀升，年增速均超过 100%，其中小额贷款类产品的发行扩张明显，增长势头最为强劲。

---

① 根据原保监会披露数据，截至 2015 年 9 月，9 家保险公司试点资产证券化业务，共发起设立 22 单共计 812.22 亿元。
② 图 4 中将消费类信贷 ABS 产品合并列示，包含 RMBS、Auto - ABS、信用卡贷款 ABS 和消费性贷款 ABS。将此四类产品合并来看，消费性产品发行结构上行明显。

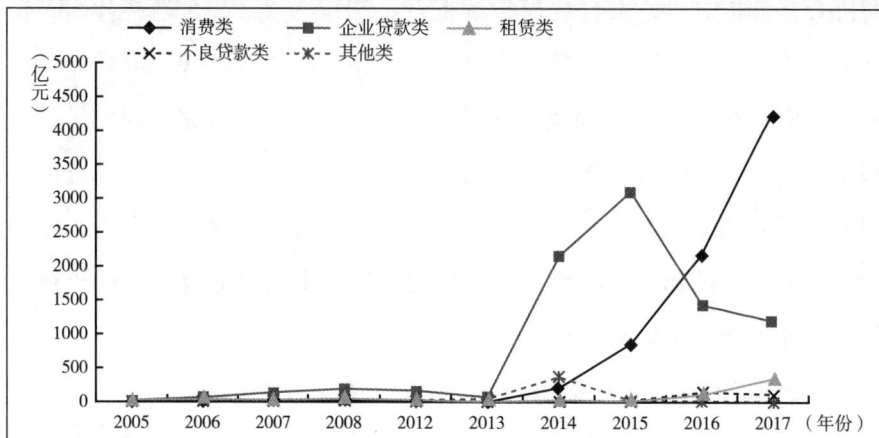

图4　2005~2017年信贷ABS各类资产发行结构

数据来源：Wind，中建投信托博士后工作站。

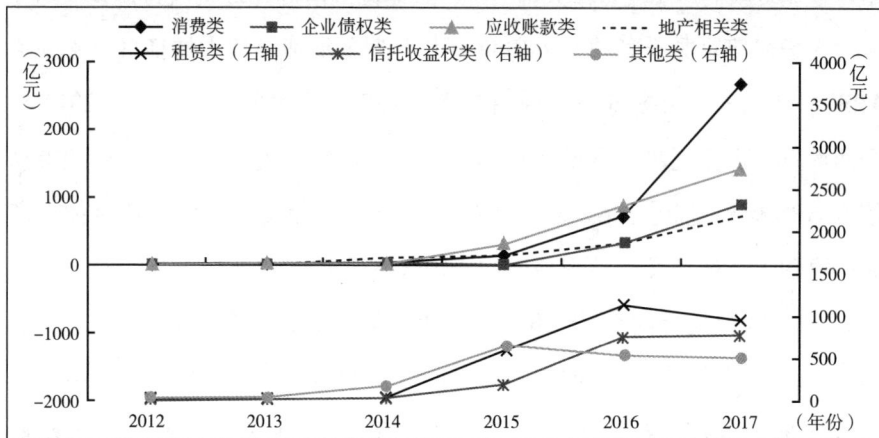

图5　2012~2017年交易所企业ABS各类资产发行结构

数据来源：Wind，中建投信托博士后工作站。

租赁类产品发行规模在2015年、2016年间发生了爆发式的增长，年发行规模一度直逼1200亿元大关，是当年交易所企业ABS增长的主要推动力。但进入2017年，此类产品发行规模调头往下，全年仅发行规模不足800亿，同比下降15.7%。规模占比由第一滑落至第三。与此同时，小额贷款类产品连续 3 年发行增速超过 250%，替代租赁类产品成为支撑交易所企业 ABS 发行增长的主动力，2017 年发行 207 单产品，发行规模 2697.45 亿元，超过交易所企业 ABS 发行总规模的 1/3，遥遥领先于该市场中其他各类资产发行规模。应收账款类产品发行规模也持续稳步上升，2017 年发行 128 单共计 1423.17 亿元，市场占比 18%。此外，信托受益权类产品发行规模实现 3.3% 的小幅上涨，2017 年全年发行 779.74 亿元，与企业债权类、地产相关类产品一起成为交易所企业 ABS 发行主要产品之一，发行规模占比均在 10% 左右，与租赁类产品相当。

ABN 产品起步较晚，整体发行规模较小。实践中 ABN 有两种操作模式：一种是引入特定目的信托的模式；另一种是"特定目的账户 + 应收账款质押"的结构化融资模式。但由于后一种模式无法有效实现破产隔离，在 2012 年交易商协会发布《非金融企业资产支持票据指引》后，一直未有大规模发展，2012～2015 年间合计发行 24 单 229.2 亿元。直到 2016 年交易商协会推动信托作为特定目的载体（SPV）并对指引做出修订，该市场才受到广泛关注。截至 2017 年末，ABN 市场累计发行 67 笔 980.72 亿元，其中 2017 年发行 35 笔共计 584.95 亿元，占比近六成。从发行产品结构来看，2015 年及以前，发行的 ABN 都是 PPP 项目债权类，2016 年开始产品种类逐步丰富，目前底层基础资产已扩展至租赁债权、委托贷款债权、供应链金融、长租公寓等多种类别。

3. 承销情况分析：总承销超 3 万亿元，券商占据绝对主导地位

截至 2017 年末，共有 98 家机构参与了场内 ABS 产品的承销，总承销额达 31412.87 亿元，其中券商负责承销的产品 1711 只，总承销额 28700.88 亿元；银行负责承销的产品 218 只，总承销额 2711.99 亿元。无论是承销数量还是承销规模，券商都占据绝对主导地位，市场占比达九成。

从分市场来看，信贷 ABS 的承销由银行和券商二八分成，因信贷 ABS 产品属原银监会监管，在银行间市场发行，银行在协同管理上具有一定的优势，整体发行表现好于全市场承销情况；在交易所发行的企业 ABS 的承销则几乎全部由券商承担，银行仅抢得 2 单；而 ABN 的产品承销情况则表现为银行主导，截至 2017 年末，银行承销 70 只共计 756. 15 亿元，占比 77. 10% 。

具体来看各承销商的表现，由表 2 可见，承销排名前十的机构全部为券商，排在最前面的是招商证券和中信证券，总承销额均超过 4000 亿元，德邦证券和国开证券紧随其后，总承销额分别约为 3200 亿元和 2500 亿元，另有 4 家券商的总承销额也超过了千亿元。由于 2017 年的规模占总发行额近四成，当年的承销额直接影响各承销商的整体排名，排名前十的承销商 2017 年的总承销额占比基本都在 30% 以上，仅有国开证券一家，2017 年发行额不足 500 亿元，仅占其总承销额的 17.7% 。

表2　场内 ABS 市场总承销额排名前十的机构

机构名称	总承销额（亿元）	总承销排名	总承销数量排名	2017 年总承销额（亿元）	2017 年总承销额排名
招商证券	4211.38	1	2	2085.40	2
中信证券	4134.96	2	1	1514.91	3
德邦证券	3235.37	3	3	2566.26	1
国开证券	2533.23	4	13	447.99	7
中信建投	1748.84	5	5	805.05	4
国泰君安	1561.37	6	6	521.29	6
华泰证券	1295.68	7	4	584.29	5
中金公司	1021.20	8	7	418.92	8
广发证券	694.75	9	8	191.09	16
海通证券	654.92	10	11	220.01	15

数据来源：Wind，中建投信托博士后工作站。

不同承销商的产品发行结构差异明显，而其对产品类别的倾向选择直接影响了其承销表现。如招商证券、中信证券、中信建投、国泰君安的业务类型较为多元但又有各自的侧重点，4 家券商在信贷 ABS 的主要资产类别企业贷款、RMBS 等产品的发行方面均排名靠前，整体拉动了其承销排名，其中招商证券和中信证券在地产相关类产品（如 REITs、RMBS）和应收账款类产品上颇有建树；而德邦证券的承销类别较为单一，业务的90%来自小额贷款类产品；国开证券的主要发行产品为企业贷款类信贷ABS，因此2017年业务收缩明显，当年承销额排名下滑。

（二）场外ABS市场

银登中心发行的私募信贷ABS，由于承接了银行大量"非标转标"项目，2016~2017年间发行火爆，业界预计整体发行规模以万亿级别计①。这主要是由于，在对非标监管的力度持续上升的情况下，银行理财产品非标配置占比却在2016年较2015年底有所回升，因此银行对"非标转标"的动力很强。而随着2018年4月资管新规的出台，定义标准化债权类资产应当同时符合五个条件，其中包括要求"在银行间市场、证券交易所市场等经国务院同意设立的交易市场交易"，银登中心"非标转标"预期落空，发行随即遇冷，未来在银登中心发行的私募ABS规模增长乏力。

报价系统为私募企业ABS的发行场所之一，其于2015年5月发行第一只ABS产品，2016年累计发行规模近700亿元，2017年突破了千亿元，发行规模呈稳定上升态势，但相对场内发行情况，规模仍然较小。从基础资产类型来看，包括应收账款、基础设施收费权、类REITs、CMBS、租赁债权等十余种类型，基本实现了基础资产类型的全覆盖。根据基金业协会公布的数据，截至2017年底，已备案的资产支持专项计划中拟在报价系统挂牌的产品70只，发行规模1142.50亿元。此外，不挂牌的ABS产品规模为2463.24亿元，占比15.27%。

互金平台各家发行状况不一，但由于私募发行均无完整信息披露。据报道，招银前海云平台2017年底交易总计210.16亿元，百度金融的云平

---

① 由于银登中心官方网站未对发行规模做统计披露，具体发行规模无法获取。

台发行外部资产 ABS 规模①接近 200 亿元，京东 ABS 云平台发行规模也在 150 亿元左右，而 ABS Cloud 和宇宙立方则主要是提供 ABS 的在线工作平台和市场数据走势分析等，因此，整体来看，互金平台在 ABS 市场发行占据份额较小，累计发行规模不会超千亿元。

三、信托公司参与 ABS 市场情况

截至 2017 年末，信托公司参与发行的资产证券化产品共计 568 个，其中发行信贷 ABS 产品 425 个，累计发行额 17112.30 亿元；发行 ABN 产品 40 个，累计发行额 733.43 亿元；参与发行交易所企业 ABS 产品 103 个，累计发行 1837.70 亿元，其中通过搭建信托架构发行 99 个信托受益权类 ABS 产品，共计 1744.66 亿元②，特别地，华能信托作为计划管理人参与了首单交易所发行的信贷 ABS 产品③，中航信托发行了信托业首单类 REITs，国元信托作为原始权益人发起 1 笔委托贷款债权类 ABS，昆仑信托作为原始权益人发起设立 1 笔保理融资债权类 ABS。

信托公司作为信贷 ABS 业务指定的受托机构和发行人，万亿级别的信贷 ABS 发行规模在一定程度上助推了信托行业整体业务规模的增长，由于信托公司大多承担通道角色，报酬率低，该业务对行业营收和净利贡献有限。但业务经验的积累使得信托公司能够主导开展企业 ABS 业务，与信托公司既有业务形成联动，为信托公司注入新的收入增长动力。从信贷 ABS、交易所信托受益权类 ABS，再到银行间市场发行的 ABN，信托公司

---

① 截至 2017 年 11 月，发行 ABS 规模 185 亿元。
② 其中 2016 年底推出的融聚川藏高速一期资产支持专项计划实际发行金额为 0，因此不统计入内。
③ 2014 年 6 月，由国泰君安承销，华能信托作为受托人的"平安银行 1 号小额消费贷款证券化信托资产支持证券"在上海交易所发行，成为首单也是唯一一单登陆交易所的银行信贷资产证券化产品。

的参与度逐步加深,虽然信托型 ABN 的累计发行规模仅为 733 亿元,但规模已与交易所发行的信托受益权 ABS 在 2017 年的发行额相当,未来的发展值得期待。

(一)信贷 ABS 业务推动信托公司业务规模持续增长,底层基础资产的多元性提升信托公司专业经验

《信贷资产证券化试点管理办法》第 3 条明确规定,资产支持证券由特定目的信托受托机构发行,代表特定目的信托的信托受益权份额。因此,原银监会监管下的信贷 ABS 业务中,信托公司作为受托人和发行人的参与具有不可替代性。信贷 ABS 是信托公司开展资产证券化业务的首战场,也是主战场,截至 2017 年底,共有 32 家信托公司参与信贷 ABS 业务,共计发行 425 单信贷 ABS,累计发行规模已突破 1.7 万亿元,笔均发行规模 40 亿元,单笔发行规模远高于企业 ABS 产品。各家信托公司发行情况差距较大。从发行数量来看,有 7 家信托公司累计发行产品数超过 20 个,中信信托以 65 个项目位居榜首,积累了丰富的资产证券化业务经验,但同时又有 12 家信托公司发行产品数少于 5 个;从发行规模来看,中信信托、华润信托、上海信托、建信信托、交银信托等排名前列,各家发行规模均超 1300 亿元,相应带动这些信托公司业务规模位居行业前茅,而同时有 12 家信托公司发行规模不足百亿元,排名前十的信托公司平均发行规模是排名后十的 50 倍还要多。

2017 年末存续信托规模排名前十的信托公司,除中航信托外,均已开展信贷 ABS 业务,且资产证券化发行规模排名亦在行业前列(基本在 15 名以内)。尤其是开展信贷 ABS 业务较早且持续发力的信托公司,如中信信托、建信信托、华润信托,其信托业务规模稳居行业前五名,奠定了这些公司在行业内的地位(见表 3)。

表3　2017年末信托规模排名前十的信托公司信贷ABS发行排名

2017年末信托规模排名	信托公司	发行信贷ABS项目总数（个）	发行总额（亿元）	发行规模排名	发行总数排名
1	中信信托	65	19867.30	1	1
2	建信信托	24	14096.70	4	5
3	华润信托	38	13469.39	2	3
4	华能信托	16	10102.53	11	8
5	交银信托	26	9656.30	5	4
6	兴业信托	12	9321.65	12	16
7	上海信托	52	9123.91	3	2
8	渤海信托	1	7549.75	29	27
9	中融信托	15	6699.07	16	11
10	中航信托	—			

数据来源：Wind，中建投信托博士后工作站。

信贷ABS的底层基础资产涵盖企业贷款、汽车贷款、信用卡贷款、消费性贷款、不良贷款，以及个人住房抵押贷款、商业地产抵押贷款和租赁资产等多类品种。多样化的信贷ABS产品类别有助于信托公司拓宽业务领域，提升ABS交易结构设计能力，逐步实现以主导方开展资产证券化业务，增强业务黏性，推动信托行业在资产证券化领域的参与深度与广度。

从各信托公司参与发行的信贷ABS对应的底层基础资产类别，可以明显看到其各自的业务侧重点，而不同的业务倾向塑造了信托公司不同的资源和能力禀赋，并进一步影响其业绩表现。如建信信托累计发行RMBS规模达到1561.17亿元，占其累计发行的信贷ABS业务规模的93.06%，业务聚焦特征明显；华润信托主攻信用卡贷款类产品发行，累计发行775.06亿元，占其业务比重45%；上海信托则发力汽车抵押贷款ABS，发行599.86亿元，该类产品发行额超过其信贷ABS累计发行额的1/3多。

（二）多家信托公司主导发行信托受益权类 ABS，共同推动其跻身交易所企业 ABS 市场前列

"信托受益权资产证券化"是指以信托受益权为基础资产，以其所产生的稳定现金流为偿付支持，通过结构化的方式进行信用增级，并在此基础上发行资产支持证券的活动。由于信托计划无法直接在交易所市场挂牌发行，因此该类产品均采取"双 SPV 结构"，信托公司将信托计划受益权转让给券商或基金子公司的资管计划，借道资管计划实现 ABS 产品在交易所上市。由图 6 可见，该业务在 2015 年进入稳定发行阶段，数量和规模均上升明显，成为交易所企业 ABS 市场最主要品种之一，连续两年规模排名第三。2016 年全年发行 42 笔共计 754.94 亿元，占交易所企业 ABS 市场的 16.13%，2017 年占比回落至 10% 左右，但从绝对值来看基本保持平稳。2017 年占比下降主要是因为小额贷款类产品的发行在 2017 年出现爆发式增长，挤压其他各类资产发行规模在交易所 ABS 市场占比下降。

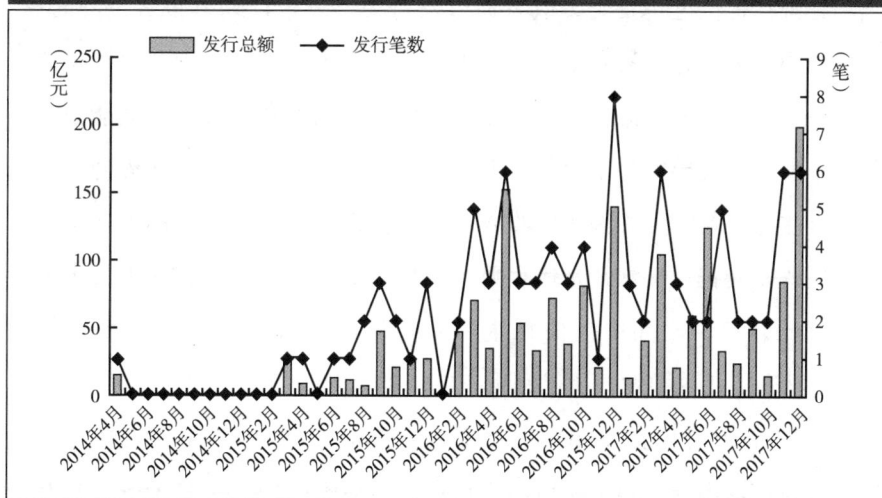

图6　信托受益权类企业 ABS 发行走势

数据来源：Wind，中建投信托博士后工作站。

信托受益权 ABS 可分为存量信托受益权 ABS 和专为项目新设信托受益权 ABS。存量信托受益权 ABS 模式由建信信托首推，根据原始权益人的不同又可以分为两类：其一也是最常见的模式为信托公司借助 ABS 盘活自有资产，产品基础资产为信托自有资金认购或受让的多笔信托项目受益权；其二是商业银行通过 ABS 实现"非标转标"，典型的案例是恒丰银行作为原始权益人发行的国君资管恒信系列 ABS，其基础资产为恒丰银行持有的云南信托、中铁信托等的单一资金信托受益权。存量信托受益权 ABS 的基础资产为已经形成的信托受益权，即该类信托受益权在产品成立之前已经存在，有助于盘活存量资产、增强信托受益权的市场流动性，初期业务规模释放效应明显，但随着同业监管趋严、银行非标业务收缩，长期来看此类业务存在"天花板"。

专为项目新设信托受益权的模式，体现了信托计划在重构现金流、实现破产隔离方面的优势，可以通过设立资金信托或财产权信托两种方式实现。从理论上来说，资金信托可以是单一信托也可以是集合信托，但由于自信托计划设立到 ABS 成功发行的时间间隔较短，实践中往往更多选择单一资金信托方式，提供过桥资金的可以是信托公司、银行或资产关联方。当信托公司提供过桥资金，或者通过发行集合资金计划募集资金的时候，信托公司一般作为交易安排人主导项目论证、方案设计、中介组织、监管沟通、推广发行等全流程服务，体现了信托公司的资产管理专业能力。比如，中航信托主导发行了信托业首单类 REITs，华宝信托设立集合资金信托计划主导发行星美影院票房收入 ABS。在设立财产权信托的方式下，信托公司既是受托人又常常是代表财产权信托的原始权益人，在项目中的参与程度比较高，比如中信信托主导发行了国内首单商用物业租金债权 ABS，昆仑信托主导发行了亿利生态广场类 REITs 等。

可以看到，信托公司在信托受益权类 ABS 产品中参与程度较深，基础资产类别广泛多样，业务领域不断拓宽，推动信托受益权类 ABS 产品跻身企业 ABS 市场前列。

（三）信托型 ABN 推动 ABN 市场进入快跑道

自 2016 年 6 月 15 日平安信托发布首单信托型 ABN，截至 2017 年底共
有 19 家信托公司发行了 40 单 ABN，累计发行规模 733.43 亿元。基础资产
以租赁债权、PPP 项目债权为主，并逐步扩充至供应链金融、长租公寓等
多种新型基础资产。

具体来看各家信托公司的表现，作为信托型 ABN 首推者平安信托又参
与了首单消费金融 ABN——京东白条 ABN，一时名声大振，但从发行数量
和发行规模的排名来看，华润信托的表现更为抢眼。截至 2017 年末，华润
信托累计发行 8 单 ABN 共 134.85 亿元，无论是发行数量还是发行规模均
稳居榜首，遥遥领先于其他信托公司。紧随其后的是兴业信托、云南信
托、华能信托和上海信托，发行规模均突破 60 亿元。表 4 列示了各家信托
公司在 ABN 市场的发行情况及排名。

表4 部分信托公司在 ABN 市场发行排名			
发行机构	发行项目总数	发行总额（万元）	规模排名	发行笔数排名
华润信托	8	1348511.39	1	1
兴业信托	3	950210.57	2	3
云南信托	4	815293.58	3	2
华能信托	3	652300.00	4	3
上海信托	3	601300.00	5	3
建信信托	1	400000.00	6	10
中铁信托	1	394100.00	7	10
平安信托	2	356800.00	8	8
中融国际	1	307600.00	9	10
中诚信托	3	283050.00	10	3
中航信托	1	241200.00	11	10
中信信托	3	234936.46	12	3
金谷信托	1	210000.00	13	10
交银信托	2	202300.00	14	8
中建投信托	1	104681.76	16	10
昆仑信托	1	96000.00	17	10
五矿国际	1	92800.00	18	10
国投泰康	1	43258.00	19	10

数据来源：Wind，中建投信托博士后工作站。

在 ABN 市场主导发行产品的信托公司，在信贷 ABS 市场发行的产品都涉及多种基础资产，而且发行结构较为均衡。比如，华润信托的信贷 ABS 市场业务涉及 7 种品类，每类的发行数量比较平均，发行额也较为均衡，有 4 个品类的发行占比均在 15% ~ 30%；上海信托、兴业信托、华能信托、建信信托在信贷 ABS 发行的品类都在 4 种以上，发行品种主要集中于租赁资产类和消费相关类，而它们在 ABN 市场发行的产品也多与租赁债权相关。不能不说企业 ABS 市场的拓展与信贷 ABS 市场的发行经验息息相关。

在信贷 ABS 市场中，参与的笔数越多，信托公司就越熟悉资产证券化业务全流程，越能够增强与监管机构沟通的能力，越可以积累更多中介机构遴选和发行的承销经验；而涉足的底层基础资产越广泛，意味着信托公司对资产评级、方案设计、项目论证的把握将更准确到位，对相关行业的认识和研究也将更加深入专业。近年来深耕资产证券化业务的信托公司，积淀了深厚的"内功"，已开始陆续尝试主导开展资产证券化业务，从"通道"的配角转变为真正的主角。

四、新监管形势下 ABS 发展方向

（一）场内标准 ABS 是趋势

2018 年以前的 ABS 市场体现为多头监管、标准不一、各市场发行多寡悬殊。场内场外市场在资产准入标准、信息披露要求、参与机构等方面均有较大差异，监管套利空间较大。

随着 2017 年"三三四十"和 2018 年"八乱象"专项检查的开展，防风险成为金融业第一要务。随着资管新规的正式出台、银保监会的设立，在金融统一监管架构下，我国 ABS 市场自然也将迎来统一的监管标准和体系，消除各类 ABS 市场的监管差异，统一各类 ABS 产品的信息披露和规范运作，场内外不同 ABS 市场间的套利空间将被挤压。2018 年资产证券化新政频出（详见表 5），对场内 ABS 和场外 ABS 影响迥异。

表 5　与 ABS 相关新规

发布机构	日期	政策/会议名称	主要内容
原银监会	2018 年 1 月 5 日	《商业银行大额风险暴露管理办法（征求意见稿）》	关于资产管理和资产证券化产品，办法规定商业银行应使用穿透方法（如果能够证明除外），将最终债务人作为交易对手，纳入基础资产的风险暴露
原银监会	2018 年 1 月 13 日	《中国银监会关于进一步深化整治银行业市场乱象的通知》（"4 号文"）	违规开展表外业务……以信贷资产或资管产品为基础资产，通过特定目的载体以打包、分层、份额化销售等方式，在银行间市场、证券交易所市场以外的场所发行类资产证券化产品，实现资产非洁净出表并减少资本计提等
证监会	2018 年 1 月 31 日	证监会系统 2018 年工作会议	表态将研究出台公募 REITs 相关业务细则
深交所	2018 年 2 月 9 日	《发展战略规划纲要（2018～2020 年）》	研究推进 REITs 产品，形成具有深市特色的 REITs 板块 全力开展 REITs 产品创新，为住房租赁、政府和社会资本合作（PPP）项目、保障性住房建设、商业物业等领域提供金融支持 探索发行公募 REITs，引入多元化投资者
沪深交易所、报价系统	2018 年 2 月 9 日	《融资租赁债权资产支持证券挂牌条件确认指南》和配套的《融资租赁债权资产支持证券信息披露指南》	进一步明确了融资租赁债权资产证券化的挂牌要求，并对融资租赁 ABS 的发行和存续期管理进行了规范
沪深交易所	2018 年 3 月 22 日	《资产支持证券存续期信用风险管理指引（试行）（征求意见稿）》	建立健全资产支持证券存续期风险管理机制，切实防范资产支持证券信用风险，督促各市场参与机构有效管理、预警并化解处置资产支持证券信用风险
央行、银保监会、证监会、外汇局	2018 年 4 月 27 日	《关于规范金融机构资产管理业务的指导意见》（"资管新规"）	"资管新规"拓宽了"非标"的界定范围，并对非标资金池和期限错配做了禁止，在豁免之列的 ABS 成为"非标转标"、打破非标限制的一大途径

资料来源：中建投信托博士后工作站。

一方面，利好场内标准化 ABS 市场。在资产端，"资管新规"第三条明确表示"依据金融监督管理部门颁布规则开展的资产证券化业务，不适用本意见"，由此，标准化 ABS 产品不受新规对于杠杆、嵌套、期限错配、信息披露等约束，其交易结构设计灵活度较大，将成为非标融资受限背景下，资产方首选的替代融资手段。在资金端，原先保险公司只被允许投资信贷 ABS，新规下扩大可投范围至交易所企业 ABS、ABN 等，为 ABS 市场带来增量资金。在传统非标投资、股票配资等高收益产品因政策受限的情况下，标准化 ABS 产品无疑将成为资金方投资的重要标的。

另一方面，场外 ABS 业务未来将受限于以下三个因素而出现收缩。

其一，场外发行的类 ABS 产品不再被认定为标准化资产，银行等资金端认购动力不足。根据"资管新规"定义，银登中心发行的类 ABS、北金所的债权融资计划都不属于标准化资产，最多只能算是"非非标"。

其二，SPV、发行载体机构收费将提高。2016 年底《基金子公司的净资本管理办法》正式出台，私募 ABS 需要计提 0.8% 的净资本，相应会通过提高收费覆盖相关成本。

其三，统一监管标准下，场外 ABS 产品备案难度加大，无论是基础资产的类别、分散度或现金流要求，审核标准都将与场内 ABS 趋同，因政策原因从场内转向场外发行的可能性变小。

（二）信托公司如何深度参与 ABS 业务

1. 选择优势领域集中推进，树立业界口碑

首先要有行业的选择，要在评估自身业务结构的基础上，选择优势领域集中进入，建立资产证券化市场某类或某几类产品的核心竞争力。比如目前企业 ABS 市场上，券商作为发行人有各自明显的主攻领域，德邦证券在小额贷款、消费贷款领域独具优势，国金证券、华泰证券在租赁保理类产品发行上稳居前列，招商证券和中信证券则在 REITS、CMBS 以及个人住房抵押贷款等涉及地产物业资产证券化方面颇有口碑。

各家信托公司也有自身的核心业务领域，比如房地产、消费金融等，

在进入资产证券化业务时，从原有展业的优势行业入手，凭借对行业风险、基础资产特点的了解，与发起人长期紧密的合作关系，一能增强业务参与深度，避免被"通道化"；二能提高项目推进效率，快速建立市场基础；三能更好防控风险，降低管理成本，提高收益。

2. 立足现有战略合作伙伴，挖掘客户潜在融资需求

在 ABS 业务承揽上，应充分利用传统展业环境下建立起的客户资源，深入挖掘客户潜在需求，通过投贷联动、pre ABS + ABS 等方式，为融资方提供更加系统的融资方案建议，扩展资产证券化业务领域。参与资产证券化项目的筹备工作，在资产证券化项目推进全过程中发挥协调作用，主导基础资产的筛选、交易结构的设计等工作。

3. 培育复合型专业人才，构建操盘证券化业务实力

在 ABS 业务承做上，无论是尽职调查、产品设计，还是现金流建模、交易文件制作和上报，以及第三方中介机构的筛选、证券产品发行的统筹协调等，都需要具备丰富的专业能力。信托公司需要积极引入法律和财会方面的专业人士，谨慎把关业务风险和资产质量，培养提高项目统筹能力，把 ABS 业务做实做强做出口碑。

4. 广泛接触投资人，夯实销售能力，助力证券产品发行

在 ABS 产品承销上，要一手抓财富一手抓机构，广泛接触资金方，深入把握投资人对资产的偏好要求，及时跟踪资金市场走向，以确保 ABS 项目完成发行并最终落地。由于投资者偏好与产品的前期交易结构设计、后期的运营管理要求等都息息相关，因此必须在产品设计阶段就充分考虑资金端的问题，才能使产品更具市场竞争力。

5. 加强管理体系和信息系统建设，降低业务风险

与传统的信托债权产品相比，ABS 产品的存续周期更长，期间管理更复杂，需要信托公司建设匹配的信息管理体系，改进和优化公司管理流程，支持 ABS 业务的风险管理和运营管理。

从区块链技术看信托业的
金融科技变革

唐彦斌

若非比特币的火热，多数人至今无法意识到区块链技术的存在及其无与伦比的应用价值。比特币和区块链究竟有何种关联？两者不可分割，但非同一物！没有区块链的比特币犹如普通 Q 币，没有比特币的区块链犹如缺了发动机的豪车。币圈和链圈已有共识：比特币作为加密数字货币的鼻祖，是区块链技术迄今为止最成功的一项在货币及支付领域的应用。

本文管窥比特币发行及运行机制，分析其底层的区块链技术实质及创新的互联网特性，再从经济学和社会学的视角阐述区块链的应用价值，最后展望其在信托业金融科技变革中的应用前景。

一、区块链原理——比特币的核心技术

2008 年 11 月 1 日署名中本聪（Satoshi Nakamoto）的人或组织发表比特币白皮书《一种点对点的电子现金系统》。随即 2009 年 1 月 3 日发布首版比特币客户端，比特币横空出世并成为虚拟数字货币的鼻祖。其间中本聪明确指出央行不断通过发行货币稀释财富并制造信贷泡沫的经济实质。而比特币作为一种基于非对称加密的、去中心化（分布式）的、P2P（点对点）交易的数字货币系统，诞生时值全球金融危机巅峰，对以中心化货币发行机制为核心的现代经济金融体系实则是一种挑战。

比特币的发明集成了密码学、计算机科学、数学、经济学等多个领域的理论成果，包括 1976 年的非对称 RSA 加密算法、1985 年椭圆曲线加密算法 ECC、网络点对点技术（P2P）、Dai Wei 提出的 B‑Monye 系统、Nick Szabo 的比特金（Bitgold）等。

（一）区块链渗透于比特币的整个发行机制

比特币的区块链（Blockchain）主要是利用"P2P 技术""非对称加密

算法"及"共识机制"，于网络上构建一套不可篡改的、记录所有比特币发行及交易过程的、去中心化的分布式共享账本。基于该"账本"，对所发行的比特币进行确权并控制其交易的合法性和有效性。而比特币恰是用于激励网络节点争夺这套"账本"记账权的一种虚拟代币。比特币的发行伴随于所谓"挖矿"过程。简单模拟如下。

系统网络设计平均每10分钟[①]生成一个区块（Block）（类似于账页），全网参与挖矿的节点（矿工）须依靠所谓"算力"（挖矿设备[②]的计算能力）求解一个基于加密函数问题[③]，最早成功解题的（工作量证明法[④]）节点将计算结果通过P2P的方式传送至全网节点进行验证。在达成共识后，该节点（矿工）基于"发行规则"获得相应数量比特币作为奖励，有权在上述区块中记录下这段时间内所有比特币交易过程，并从每一笔交易中提取一定比例的比特币作为交易费用即回报。区块记账完成后，将由系统生成的时间戳"盖章"并打包生成一个哈希值作为该账页的索引值，与下一个区块进行关联。随着时间推移，一页页区块前后通过索引值（哈希指针）有机联系，形成了获得全网共识的比特币区块链（Block Chain）账本。这套账本在全网节点进行复制保存共同维护，无人可单独修改除非获得全网51%的算力，但可行性极低。

关于比特币有几点特别说明或澄清。

1. 比特币是一种系统内生的、纯粹虚拟的、无中生有的代币

"挖矿"并非直接挖出比特币，而是矿工凭借算力争夺区块链记账权

---

① 之所以用"平均"，是因为随着网络节点算力的不断提高。根据中本聪对比特币系统的设计，每2016个区块生成后，就会计算这2016个区块的平均生成时间与10分钟相比于多还是少，然后通过调节工作量证明的难度来修正区块生成的时间，确保平均的生产时间为10分钟。

② 挖矿设备最初就是一台普通的PC电脑。随着挖矿竞争的加剧，发展到采用矿机、集成显卡、矿池、矿场等来提高算力。

③ 求解过程类似于枚举法试算过程，谁枚举的速度快、算得快就可以最早得到答案。

④ 工作量证明（Power of Work）的过程类似于在金本位时代开采和提炼黄金的过程，投入的劳动力越多、时间越长就能竞争性地得到相应的黄金。比特币的工作量证明过程是采用一种叫作SHA265的加密算法（安全散列算法）来求解目标值的过程，这种求解过程的难易程度就体现为工作量的大小。

从而获得的一种奖励，该激励机制是系统内生的，而币是凭空的。系统内生意味着通过二级市场的交易和成本消耗的挖矿共同构建了一个封闭的、内生反馈的运作体系。从这个角度来看，比特币并不具有庞氏骗局特征。

2. 比特币采取等比递减的发行规则，总量有限且发行量可预期

最早期的区块奖励 50 个比特币，以后每 4 年奖励数量减半，直到比特币最小分割单位①。2018 年 1 月的奖励是 12.5 个。根据发行规则测算比特币总量限定在 2100 万个，公元 2140 年比特币将发行完毕。总量限定的安排致使不少人认定比特币具有某种通缩性。

3. 比特币已形成比较完备的"二级市场"交易体系，比特币本身的结/清算均通过区块链控制，无须第三方背书。但比特币与法币的兑换交易并不依赖于区块链

比特币的交易体系中包括软件开发者、矿工、交易所、商户处理商、网络数字钱包公司和用户/消费者。用户注册比特币钱包获得公钥（类似账户名②）和私钥（类似账户密码），公钥用于接收比特币，私钥用于支付比特币。交易所就是提供法币与比特币兑换、保管及提取等服务的平台，但 2017 年 9 月 4 日之后在中国提供该项服务或运用法币兑换比特币已被认定为违法违规。

4. 比特币基于区块链，但比特币区块链只是区块链范畴的子集

比特币利用区块链技术模拟真实世界法币的登记、结算、支付体系，在发行机制上模拟金本位体系下的黄金采掘过程。与现行主权国家采用的中央结算系统相比，重大区别在于全网自治、去中心化、无须第三方（国家和央行）背书。引入区块链技术，有效地解决了数字货币的"拜占庭将军问题"和"双花问题"等技术难题。区块链技术是众多技术的有机合

---

① 经有限次减半后达到最小的比特币计量单位 0.00000001BTC（一亿分之一个比特币），业内将这 0.00000001 BTC 定义为 1 聪。

② 理论上公钥由私钥作用于哈希加密算法获得。根据加密算法的不可逆性，反推出私钥的可能几乎为零。

成，并非数字货币特有。所以比特币区块链源于、但不等于区块链技术。比特币泡沫与否与区块链技术有密切关联，但绝不影响区块链技术更广泛的应用价值。

（二）区块链的网络特征及对其技术本质的讨论

区块链本质上是一种借助全网共识机制共同维护的、去中心化的分布式记账并共享的数据库（Distributed Shared Ledger），其具有与传统的网络经济结构迥异的特质。

1. 去中心化机制（Decentralized）决定了区块链是自治的

在传统中心化模式下，网络节点间的互动、信息或价值交换必须通过某个中心节点完成。例如在货币领域现行的"中央银行－商业银行－信贷投放－储蓄存款"货币体系下，央行是商业银行的结算行、商业银行是储户的结算行；在火热的电商领域，买卖双方通过第三方平台的保管背书下完成钱货交收。平台负责身份验证、资金核实、交易登记等环节。

采用中心化的内因是若非第三方背书，在信息不对称和存有道德风险的环境下无法建立对交易对手的信任，进而无法完成交易。附加的好处是在降低信用风险和操作风险的同时，便于"中心点"对整个体系的集中化管理和对资源的有效控制。但中心化的这些优势也意味着风险集中、权力集中。中心点一旦被攻陷破坏，其他节点之间瞬间孤立、网络无法运行，潜在损失及负面影响极为严重。在节点数量相对较小的情况下，选择中心化模式利大于弊，但在亿量级以上节点同时运行的互联网时代，中心化存在负载过重、平台运营压力巨大等问题。

去中心化机制使得区块链整体非常稳固安全。不存在单点故障问题，因为网络节点都存有整个账本的副本，任何节点被破坏都无法影响整个体系的运行，而且对于账本信息每个节点也无法修改，因为无法取得全网共识和记账权。而区块链下的交互都是P2P的，便无须一个强有力的第三方来保障整个系统的运行。比特币区块链运行至今已有 9 年，除了出现少数私钥丢失的情况外，没有出现资金或用户信息被盗取的情况，安全性和稳定性得到实践检验。

去中心化不代表真的就没有中心。每个节点都是中心，但它是相对的中心，是分权、分工、分散。核心价值就是不存在强制的中心控制，不存在单一节点占据整体资源。任意两个节点都互相连接、互相通信、互相影响。所有节点虽然具有自治性、自身的想法和行动规则，却是通过协调共识来影响整体。

2. 非对称加密技术确保区块链具备安全性和不可篡改性

区块链技术中数字①加密技术非常关键。加密方法一旦破解，区块链上的数据安全性、所有权验证、不可篡改性都将遭到挑战。比特币区块链主要涉及哈希函数②（Hash）和非对称椭圆曲线加密算法（ECDSA）。比特币的整个加密和解密过程是由底层系统生成 256 位二进制随机数开始，通过 SHA256 函数③产生私钥，然后由私钥经过非对称椭圆曲线算法产生公钥，将该公钥再进行双哈希运算和 SHA256 算法得到比特币地址。理论上有了私钥和公钥，采用任何一个密钥加密信息后，只有另一个密钥才能解密。持有比特币钱包的用户将由系统生成一个私钥（类似邮箱密码）和一个公钥（类似邮箱地址），私钥由用户严格保密和保存，公钥可以分发给其他人。区块链体系中每一条交易数据都需要签名，故比特币的接收方就可以通过公钥来验证相关交易的合法性，由此完成链上的比特币支付结算。

3. 共识机制确保了区块链具有稳定性和可信度

共识机制④曾是互联网技术发展过程中的一大难题。缘于"拜占庭将

---

① 所谓加密就是将希望保密的明文通过某个加密函数映射为密文的过程，但密文却很难反推出明文。

② 哈希函数的特点是输入参数可以是任何长度字符串，但输出却是固定长度，且计算效率很高。单射，输入不同，输出不同。

③ SHA256 是某一种 Hash 函数。

④ 区块链技术的最核心技术就是共识机制。共识机制与货币、市场价值等概念直接相关，建议读者通过更多材料深刻理解共识机制的原理。因为本文非技术文本，不做赘述。

军问题"①：如何让分布式网络上完全平等的节点群体，在没有任何权威节点和互相不信任的基础上，对某个事情或状态达成一致意见。该问题1982年被首次提出，但直到比特币白皮书发布才给出完美答案——即工作量证明（Prove of Work，PoW）机制。因为在比特币区块链中，须通过消耗大量的算力才能获得比特币，而算力的获得须消耗电力能源和计算设备。高成本依赖的方式降低了挖矿信息传递的速率，而密码学原理保证了其他节点在短时间内即可验证其真伪。这种共识机制排除了区块链上的垃圾信息和假消息，维持区块链的运行秩序。PoW具有明显缺陷，即计算资源过度浪费等，为此发展出了其他算法如权益证明法（Prove of Stake）、工作量及权益证明混合PoW + PoS、瑞波共识协议等加以改良。比特币在区块链的共识机制下有效地解决了货币"双花"②问题，防止了欺诈交易。若需要对区块链进行攻击，则需要获得全网51%的算力来获得篡改链上信息的权力从而实现双重支付等破坏原有秩序。随网络节点的逐渐增加，分散化、算力快速增加，攻击区块链的成本是极高的，而且不如挖矿更有利。如此确保了区块链的稳定性和可信度。归根结底，区块链技术实际是将对交易对手的信用转化为对系统整体的信任，用户唯一需要信任的是机器、是技术、是计算机代码。

二、区块链的价值

（一）区块链的经济学与社会学意义

1. 货币及支付领域的创新

比特币作为区块链在货币及支付领域的最佳实践成果，其价值流动跨

---

① 关于拜占庭将军的故事实际为虚构，主要为方便人们对具体问题的理解。
② 双重支付问题。若无法解决双重支付问题，货币的支付功能无法实现。

越国界、安全可靠、便捷有效、公开透明、可分割性强、便于储存、去中心化交易（无须第三方背书）等。比特币模拟了金本位下黄金作为货币的各种天然属性，包括总量有限的稀缺性以及成本依赖的发行特性，理论上可颠覆现有的全球货币中央结算体系，重新回到类金本位体系。虽然很难要求全球主流央行立刻承认①比特币的"法定地位"，但比特币已构成对法币的一种威胁，至少在信用度较差的国家可作为货币替代物。比特币牵扯复杂的货币经济学原理和政治经济学问题，此处不赘述。但比特币对美元的暴涨暴跌显然也不是货币的应有特征。

2. 经济与金融生态的改造

区块链技术应用具有较强的拓展性，若能利用区块链技术作为全球金融的基础架构，构建全世界低成本的信用环境，将彻底改变金融市场的生态。利用数字货币技术将实现反洗钱、货币追踪、监控资金流向等金融监管功能。若能利用该技术缓解更大范围内的信息不对称和道德风险问题，金融区块链将是革命性的。例如特定资产的注册登记、确认和转移；金融交易（如股票、私募股权、众筹、债券、信托、衍生品等）均可移植到区块链上完成，那么传统金融交易所、登记托管中心等中介都将受到冲击。

3. 生产力与生产关系的巨变

区块链技术开启人类大规模的去中心化的协同共享生产－消费模式，并逐渐取代低效率、高负荷、脆弱的中心化生产－消费模式。正如马克思主义政治经济学认定生产力决定生产关系，区块链技术作为一种先进生产力，可能带来社会生产关系的巨变，类似于蒸汽机和发电机先后引发人类两次工业革命、通信技术和计算机科技带来的信息革命和互联网革命、基于大数据云计算的机器学习带来的人工智能革命。区块链技术的内在激励机制，鼓励单体节点为网络整体做出个体贡献而获得相应的回报。整个网

---

① 对于比特币目前无法成为法定货币的原因，欧央行尝试给出了官方解释，概为为①无任何实权组织的背书；②未得到广泛的支付认可；③比特币用户缺少必要保护；④比特币币值波动过大。

络交易中，人们不用关心另一端是谁而自发地贡献自己的智力和能力，这种匿名的利他主义机制，可以将人性中创新、博爱和善良的一面充分激发出来。

在区块链技术的作用下，现代经济组织形式包括私人企业、政府组织等都可能发生变化。由于信息不对称、交易成本的存在使得社会资源、劳动力、监管资源等无法有效、公平地分配。区块链通过良好的网络组织形式、共识机制使分配更加平等、自由、公允。在平台经济的作用下已出现淘宝店、微商、公众号等独立经济单元，企业的边界和产权在平台经济的作用下，已逐渐被打破。区块链技术将推动这一进程。未来人人都可能成为一个经济单元。

4. 互联网生态革命

互联网世界"二八效应"明显。以 BATJ 为代表的互联网巨头占据庞大的技术资源、网络流量和入口，已形成坚固的行业壁垒。即使是巨头之间也难以实现常规化地逾越，仅在各自的优势领域通过竞争、并购不断渗透壮大。在网络化的共享经济时代，平台价值已被抽象成为互联网企业的价值根源。但区块链技术在本质上却具有颠覆中心化平台的可能性。设想若商服贸易、通信社交、价值交换无须第三方平台支持，那么平台壁垒将不复存在。恐怕区块链技术会引领一场互联网生态革命，并催生出大量的区块链资本和创业者。这与互联网经济革命传统经济何其相似！

5. 第五次计算范式革命

中本聪将比特币区块链上时间戳的起始时间设定为 1970 年 1 月 1 日，这意味着 1970 年是比特币的计时元年。回望 20 世纪 70 年代，恰是编程语言的鼻祖——UNIX 系统诞生并伴随着大型机的问世；80 年代个人电脑在 IBM 等巨头的带领下逐渐兴起；1990～2000 年间互联网技术得到迅猛的发展；2000～2010 年移动互联网在手机应用场景的发展下最终爆发；2010 年前后至今，区块链技术下的价值互联网也许将正式宣告下一轮计算范式的到来。

6. 人类对自由、民主和文明的追求

比特币或者区块链并非由政府或商业组织发起，而是诞生于天然开放、自由、民主的互联网社区。区块链项目的开发者们也多是秉承自由主义的极客。比特币背后的经济学逻辑是自由竞争的货币发行机制，与奥地利学派的经济学核心人物、诺贝尔经济学奖得主哈耶克①所著《货币的非国家化》中提倡的货币发行去国家化（由私人机构参与货币发行、法币进行市场化竞争）的理念不谋而合。正如哈耶克所预见的那样，比特币也不会形成垄断，自其诞生以来就不断涌现出其他的数字货币与其竞争（如以太币）。充分自由的竞争将倒逼数字货币更加完善并最终留下最优秀和最稳定的币。实际上，比特币区块链的社区用户也不断提出各种 BIP② 来升级比特币的区块链版本（分叉）。

区块链技术本身是中性的、开放的，不带任何政治偏见和立场，为全世界的自由经济体提供了一整套可行的解决思路。由政府主导的区块链技术平台将为民众低成本地提供公证（如产权、专利、婚姻等）、投票、统计、争端解决等公共品。而大量基于区块链的社会组织也将支撑社会运转并与原有社会组织有机地并存。在充分自治的社会环境下，政府干预的作用和必要性将减弱，市场主体将获得最大的尊重。

区块链技术所代表的社会理念是几千年来人类不断追求的一种人人平等、人人自由的社会生态。不同于电力、计算机的发明，区块链更类似于印刷术。几千年的人类历史、文化和思想无非是通过语言、文字、视听等方式进行传承，但难免因政权更迭、战争、疾病和自然灾害等原因出现遗失、篡改、遗忘等断代情形。区块链技术将永恒地帮助人类文明得到永恒的传递，而优秀的文化也将真正地流芳百世、造福后人。

---

① 哈耶克是极端自由主义者，反对政府干预经济和限制个人的自由，提倡市场机制和社会多样化。

② BIP：Bitcoin Improvement Proposal，基于社区的比特币改良建议。

（二）区块链与智能合约

1. 智能合约的背景

区块链被认为具有颠覆性的另一个重要原因是：基于区块链可以建立一种可编程的数字货币及智能合约。早在 1993 年，计算机科学家和密码学大师 Nick Szabo 就提出了所谓"智能合约"（Smart Contract）概念，并于1994 年完成巅峰之作《智能合约》。智能合约是个人、机构或组织与特定财产之间形成关系的一种公认工具，即一系列形成关系和达成共识的协议或承诺。在智能合约框架下，相关权利及义务条款将以数字形式存在，并由计算机运行相应代码自动执行合约，以类似于 If – Then 语句那样通过数字化的方式与真实世界进行交互。

智能合约不仅仅是冷冰冰的代码，更类似合约见证方或者是可信任的第三方，对合约参与方的权利义务及重要的交互过程进行记录、反馈和传输。传统计算机技术虽可勉强做到自动化执行，但无法完全杜绝某些"恶人"出于种种目的对智能合约条款进行破坏（如删除、篡改等），这使得实现智能合约的可行性不足。然而区块链技术天然具有防篡改、可追溯、去信任等良好的性能，恰好消除了将智能合约推广的技术障碍。

2. 智能合约在区块链上的运作原理

（1）第一步，合约制定。合约参与方共同制定智能合约，明确权利义务并编译成机器语言，并运用各自私钥进行数字签字确保智能合约的有效性和相对性。

（2）第二步，合约上链。智能合约通过 P2P 网络进行传播并扩散到各个节点，网络上的验证节点在收集到一系列的合约后打包计算 Hash 值，形成区块扩散到全网，其他验证节点进行比较，再将认可的合约集发送给其他验证节点，经多轮发送及比对后，所有验证节点最终达成共识，随即将合约集存入区块链。

（3）第三步，合约执行。智能合约定期检查其自带的状态机状态，检查事务触发条件是否满足，将满足的事务推送至待验证队列，等待区块链上的共识，未满足触发条件的继续存在区块链上。对于待验证的事务，验证节点检查签名和验证事务有效性并等待其他节点的共识，达成共识后事务会被执行并反馈信息给参与方。智能合约的状态机会自动检查判断合约的事务是否完全执行完毕。若执行完毕，则将合约状态标注为完成并从新的区块中移除该合约，否则标注为进行中，留在新的区块中。

3. 智能合约的应用

智能合约应用极其广泛。最有名的当属以太坊①——一个在区块链上实现智能合约的开源系统。智能合约搭建在区块链技术之上将极大地发挥出它的应用价值。实体经济中最制约交易达成的就是信任问题，一旦将智能合约嵌入日常生活，通过技术信任或许真正可以实现天下没有难做的生意。例如利用智能租赁合约实现租赁期内租金的自动支付及利用数字钥匙控制房屋门锁；利用智能保险合约实现被保险人根据客观情况自动理赔受偿；利用智能遗嘱或智能信托②，通过对当事人生命存续性的判断自动执行遗嘱中财产分配。

智能合约与传统合约各有利弊，在执行效率和操作成本上，智能合约远胜于传统合约，但智能合约更多适用于有客观描述或标准的场景，对于主观性判断依赖较强的场景，传统合约依然占有优势。智能合约具有无条件性和严肃性，传统合约常带有弹性和可变通性。智能合约一般会通过对数字资产的抵押物的事前控制来体现违约成本，而传统合约往往依赖于信用和法律法规的事后保障和救济。

---

① 以太坊是一个开源的区块链底层系统，类似于安卓系统那样提供了丰富的 API 接口，让许多人基于以太坊可以迅速开发出各种区块链应用。以太坊使用 Solidity 编辑智能合约，并在微软云服务上提供智能合约工具箱。诸多金融机构都纷纷利用以太坊的智能合约系统进行区块链应用开发，包括纳斯达克、摩根大通、高盛、VISA 等。

② 下文将重点阐述智能合约将对信托行业的发展产生怎样的影响。

4. 智能合约的前景

智能合约尚处于初级阶段，合约的私密性和可撤销性等问题亟待解决。但是未来前景无限，因为智能合约将大大加速资产数字化、智能资产、物联网等数字化应用的实现。若再与人工智能等生产型技术进行深入结合，我们生存的星球将变得更加智慧。

（1）何为物联网？物联网是一种基于互联网、通信网络等的信息载体或传递管道，让所有能够被独立寻址而特定化的物理对象实现互联互通的网络。互联网把原始离散的人无限度地联结起来，拉近社交距离、改变生活与工作方式，而物联网则是将人与物、物与物也有机联系起来。形象地说，物与物之间亦可直接通信，无须再经过人的确认。凡是进入物联网的设备都可以在一定的规则下自主决定其状态，自主地购买服务或配件，自主地完成运行及自我维护，例如打印机自主采购墨盒、洗衣机智能购买洗衣粉。

（2）智能合约将推动物联网的发展。纳入物联网体系的物理设备都连接到云端网络进行互联，这本质上还是一种中心化技术，其管理成本和云端运营维护负担极大，而且物与物之间的交易也存在"信任"的问题，所以这种中心化物联网的可行性其实并不高。区块链技术可以改变这种局面，让每个设备实现自我管理，以去中心化的方式构建起一个可持续的分布式云网络，不仅可以分散云网络的运营压力，也利用共识机制来解决物与物之间的"信任"问题。未来物联网的突破性发展可能无法离开区块链技术。

（3）借助于智能合约，区块链与人工智能结合将驱动智能社会的发展。区块链与人工智能并无直接联系，人工智能是运用大数据创造性地模拟并超越人的思维局限，是另一种生产力的释放。而区块链是商业模式与生产关系的变化。看似互为独立，但如果将两者结合起来，在智能合约上运行人工智能算法来解决具体的商业问题，可能会出现现象级的应用。正如万向信托董事长肖风所言："人工智能和区块链，两者最后会归到一起，通过算法来驱动这个世界"。

三、信托的金融科技革命——基于区块链技术的应用

金融科技革命的初级阶段——互联网金融主要是将传统金融业务移植到互联网平台，运用创新工具（移动支付、大数据等）和互联网思维，做客户营销、渠道铺建、业务承揽，创新风险识别及控制技术等。初级阶段聚焦金融场景革命，从支付到营销、从融资到投资，优化供需匹配、推动普惠金融。但基本未触及金融的业务逻辑、风险实质和金融监管模式。

信托行业过去 10 年间主要围绕房地产和政府基建两大类资产为信托财富客户进行资产管理。在银行等传统金融机构迫于进行互联网改造之时，大部分信托公司更关心如何实现业务转型，金融科技革命与传统信托业务关系不大，无迫切的改革必要。信托产品的准入门槛较高、业务对象相对集中和特定化、业务频率较低，信托客户则关注收益率高低、期限长短和刚性兑付。受制于监管限制和展业门槛，金融科技给客户带来的金融消费体验提升不大。

如今，金融科技革命已进入深化阶段，而区块链技术对金融生态具有颠覆性的变革潜力，信托行业该如何借助区块链更好地服务实体经济、改善生产关系、提高生产力。

（一）区块链改造信托业务流程

由于区块链对安全性和一致性的要求较高，故在效率上做出了巨大牺牲，例如比特币交易每秒最快不超过 10 次，这样的交易频率只适合低流量、低频率的业务。信托业务流程通常包括前期尽调、立项、二次尽调、审批、发行、运营管理、清算分配等多个耗时较长、低频率的业务环节。这与区块链技术匹配性较高。

1. 信托财产的确权和尽调基础材料的存证管理

"资管新规"明确要求破除刚性兑付，信托机构在受托管理责任方面的要求更高，包括放款前交易对手及项目的尽职调查和工作底稿、存续期间的项目进度跟踪资料等均须确保材料真实可靠、不得丢失、不得篡改。将相关材料和存证上传区块链系统并用于后期审计或风险事件爆发后的追责、举证，从而以低成本、高效率的方式避免了信托经理的道德风险和操作风险。

2. 信托份额登记、发行、结算、交易

类似于股份登记、银行托管等可利用区块链去中心化的特性一样，中信登公司牵头借助区块链技术实现全行业信托份额在区块链上进行登记、资料存放、清算结算。所采用的区块链类型可以是公有链也可以是信托联盟链。如果其他金融合作方也参与到统一的区块链网络中来，那么金融监管机构对同业合作的监管也将变得有迹可循，并对被监管的机构形成震慑。

3. 信托支付流程及相关指令执行

信托公司在运用、处置信托财产时须与托管行之间进行资金划付、清算分配等工作。日常涉及较多的手工操作流程和沟通过程。不仅成本费用高，而且不利于开展小额高频的信托业务。投资类信托或单一信托还会涉及委托人对受托人的指令下达问题，对时效性要求较高的指令往往对信托公司的内设流程提出挑战。信托公司可以在金融基础架构方面与外部金融机构利用区块链技术和智能合约进行有机衔接，智能合约的自动化操作可大幅降低中后台人员的操作压力并提高指令执行效率。

4. 对风险控制措施的改造及优化

区块链技术将提升信托公司风险控制能力。法定的数字货币一旦成为现实，那么信托资金流向就可以在相应的区块链上清晰地展示出来。信托公司不仅可对借款人的资金运用施加有效监控，而且出现异常情况和项目风险时可在第一时间就做出反应并及时化解风险。区块链技术还可以用于对增信措施的监控，包括对动产抵押物或担保物的资产状况、位置和产权变化进行有效监控，借助智能合约还可以对抵押物进行第一时间处置。有了对动产抵押物的有效风控，信托可向其他一般工商类企业乃至风险更高的中小微企业提供金融服务支持，促进普惠金融的发展。

（二）区块链推动数字信托业务

人类正在向数字化社会迁徙。随着互联网经济的扩张、以人工智能、区块链、物联网等为代表的革命性技术将逐渐成熟，人与人、人与物、物与物之间将主要基于数据实现交互和价值交换。除了传统的实物资产（如机器设备）、金融资产（如法币、股票等）外，数字资产无论价值量还是数量都将被提至更高的地位。

1. 数字资产

广义上的数字资产包括数据资产（如消费者行为数据、厂商生产性数据、企业的用户数据、流量和活跃度等）、网络虚拟资产（如账号、密码、游戏币等）、数字货币资产（去中心化的比特币、以太币等和法定数字货币）、资产通证等。从来源看，一方面是资产的数字化，另一方面是数字的资产化。尤其是在后者，区块链技术可打通原子世界（实物资产）和比特世界（数字资产）的界限。

2. 数字资产的确权

数字资产持有人首先要解决的是资产边界和确权问题。在数字经济不发达的时期，人们不会将各类账户、消费记录、通信记录视为一种资产，因为它们相对个人而言不直接产生经济利益，自然无法赋权到资产价值。这些"资产"的实际归属权会存在灰色地带。尤其是在数字经济时代，平台投入重金和补贴吸引流量并利用大数据技术来分析消费者的行为、信用水平，从而进行精准营销和定制产品，本质上是有偿占用了本属于消费者用户的数据资产。这就证明个人的数字资产作为大数据的一部分具有经济价值，故对于市场资源优化配置而言，数字资产的确权极为重要，因为会涉及非法侵占数字资产、信息安全和隐私等法律问题。实际上并无权威的第三方为数字资产进行登记确权，然而区块链上的数据可以定义归属权，并且可追踪、不可篡改。理论上，区块链可以实现对数字资产的确权。

3. 数字信托

正如习总书记指出的"要构建以数据为关键要素的数字经济，推动实体经济与数字经济融合发展"。马云、孙正义等大佬们也预言数字资产会成为人类最大的资产。相信以数字资产设立的信托在未来可能会呈现爆发性扩张，其中蕴含着难以估量的业务机会。行业先驱已先试先行，中航信托2016年末发行行业内首单数字信托产品，将数据作为信托财产进行受托管理；2017年与百度金融等机构联合成立数据资产战略联盟，这也是国内首个以数据管理、应用、经营和服务为核心理念的合作组织，成为信托行业探索数字资产管理业务的"急先锋"。万向信托在万向集团的区块链战略布局下也积极探索区块链在供应链金融和信托存证管理领域的应用。

4. 数字信托管理

信托公司作为数字信托受托人，区块链技术在其中应会发挥重要作用。经区块链系统确权的数字化财产大量集中于信托公司，信托公司将数据的使用权以一定对价授权给大数据开放商，最大化信托利益。实操中，信托公司应建立基于区块链的数字资产管理平台，将信托法理和管理流程进行无缝融合，在区块链上实现对数字资产的处置。

（三）打造智能信托业务平台

委托人将特定化的数字资产委托信托公司设立数字信托，并在区块链上制作智能合约替代传统的纸质信托合同（含其他附属协议），将核心权利义务条款通过程序代码写入区块链，由系统自动执行。存续期间信托公司可选择将数字资产委托给专业的数据服务商进行专业化管理，所得信托收益借助智能合约平台进行清算分配，信托公司负责监控智能合约的运行过程。

智能信托业务可能会重新定义各中介机构的职责及其在信托关系中的地位，甚至会完全替代信托保管行的主要职责。数字信托循序渐进的发展期间，必然涉及相关法律法规的调整以适应市场变化和数字资产管理需求的爆发。

1. 智能信托在家族信托业务中的应用

随着中国超高净值人群的增加，富人的财产传承、家族财富管理的需求巨大，但却无法被境内的信托公司充分满足，不得不转而寻求境外机构，这导致境内的家族信托发展比较缓慢。归根结底是由于对信托公司和境内法制环境的"信任度"不够。由于区块链具有较高的安全性和去信任化特征，将家族财富管理纳入区块链系统进行管理可满足高净值客户的需求。具体运营上，利用智能合约技术将特定的事件和时间点写入区块链，实现中长期内的信托财产定向定期自动分配。区块链上有时间戳和数字签名，在风险事件和法律纠纷出现后可以提供可信的举证依据。智能信托在遗产分割、子女未来教育、养老规划等方面都会有广阔的市场空间。

2. 智能信托在公益信托/慈善信托业务中的应用

信托公司在公益信托或慈善信托领域具有天然优势，虽然其资产管理能力明显高于慈善基金会等非营利组织，但具体慈善项目的运营仍须与专营的公益组织合作。以"郭美美事件"为代表的慈善丑闻对大众参与公益慈善的积极性打击较大，社会信任危机制约着慈善事业的发展。智能信托运用区块链技术可以帮助捐款者跟踪每一笔善款的最终使用情况和受益人，并将这些都存证于区块链上，这对慈善信托和基金会都能起到社会监督和控制作用，也有助于挽回大众信任。

3. 智能信托在无形资产财产权信托业务中的应用

互联网使得知识变现更简单也更便捷。诸如网络小说、网络剧本、公众号、创意摄影、音频录音、微电影、直播视频等形式的网络文学吸引线上流量，再通过广告收入、打赏进行变现。其中催生出不少高价值的IP、知识产权等。传统向版权管理机构注册登记的做法无法适应网络时代高频量产的特征。版权确权成本高，不仅抑制文化创新与创造，最终也会导致产生网络无形资产所有权混乱的局面，引发版权纠纷。智能信托可以帮助文学创造者建立良好的个人知识产权管理模式。例如借助区块链技术让每个创造者在完成知识创造后上传区块链进行存证并盖上时间戳，如果是高频量产的，就可持续地委托给信托公司设立数字化的财产权信托。由智能信托对产权的完整性、变现过程、交易过程、增值、审计、举证提供有序而规范的管理，有效地保护并运用个人知识产权，降低维权成本。

四、总结

除个别公司，信托行业整体上错过了金融科技革命的初级阶段。短期影响不大，但长期影响不容忽视。信托公司唯有加快步伐探索运用包括移动支付、大数据、云计算、人工智能、区块链等新兴科技，才能赶上金融科技的革命浪潮。

技术革新之快足以令人生畏。当回忆 2000 年互联网泡沫经济之时，移动互联网技术已通过智能手机的种种应用进入寻常百姓家；当还在广泛讨论云计算和大数据分析时，互联网金融时代已开启；当还在纠结于到底是互联网＋金融还是金融＋互联网时，基于第三方支付技术的余额宝产品已开始叫板传统银行大佬的地位；当还在对 P2P 网贷津津乐道的时候，共享经济已来临；当还在回味 Alpha Go 碾压人类围棋第一人的时候，AI 已席卷全球。不得不承认：当新技术来到你眼前时，它已离你远去。如今的比特币和区块链技术，正在向人类引以为傲的中心化式生存方式发起挑战，未来的世界将向何处发展？

一切正在改变，向左还是向右，已不完全取决于自己。

信托公司产业投资基金
业务发展路径分析

李合怡

一、问题的提出

十九大报告在金融工作方面明确提出"深化金融体制改革，增强金融服务实体经济能力"，突出了金融服务实体经济的终极使命与根本价值。作为金融领域的重要分支之一，2013年以来，信托资产的规模增速与GDP季度增速保持了0.85的高相关性；截至2017年9月末，68家信托公司管理信托资产规模已超过24万亿元，其中，直接投入实体经济领域的信托资产超过60%，覆盖了实体经济的绝大多数行业。

在信托公司探索自身定位、推动业务转型的过程中，《中国银监会办公厅关于信托公司风险监管的指导意见》等多项文件明确提出要大力发展股权投资，通过制度保障，支持符合条件的信托公司设立直接投资专业子公司；另外，随着我国经济增速放缓，信托的传统业务空间被逐渐压缩，信托公司亟待寻求新的利润增长点。因此，近年来多家信托公司将产业基金视为自身重要的转型方向，通过设立产业基金，参与到股权投资业务之中，其中不乏一系列值得业界学习的案例。但就目前的市场环境和行业发展阶段来说，信托公司大多还是通过资金的纽带来连接投资机构和企业，而在产业项目的获取、企业经营能力和产业整合方面，仍需要较长时间的积累和探索。

如果的确认可信托和产业投资之间有一定的契合点和相融性，那么在产业投资领域如何创新信托公司业务模式，使信托资金参与到大健康、新能源、大消费等新兴产业，并由财务投资人的角色逐步介入资产形成和整合领域，拓展产业投资"微笑曲线"的两端，为产业转型升级提供深度的增值服务，则是市场参与者共同面对的课题。

二、2015~2017年我国产业投资基金发展概况

作为直接融资的重要组成部分，产业投资基金在过去的三年取得了长足发展。根据清科研究院的数据统计，在募集方面，2017年中国股权投资市场共新募集基金3574支，已募集完成基金规模1.8万亿元，同比增长分别达到30.5%、46.6%。在投资方面，2017年中国股权投资市场共发生投资案例10144起，投资金额合计1.2万亿元，同比分别增长11.2%、62.6%。随着近年来中国私募股权投资市场规模的扩大，其投资总量占我国GDP的比重不断增长，对实体经济的支持作用正在逐渐显现。2017年中国股权投资市场投资总量占我国GDP的比重达到1.5%，较2016年提升0.5%，创历史新高。在退出方面，2017年中国股权投资基金退出案例3409起，其中IPO退出案例1069起，占比31.4%，在2018年IPO审核加速的利好影响下，私募股权投资市场IPO退出总量同比提升94.0%。

（一）产业投资基金设立状况

2017年，我国私募股权投资基金新募集基金2533支，同比增长51.2%。从规模上看，2017年共募集完成14212.67亿元，是2016年的1.4倍，募集增长率达42.7%；从平均募集规模来看，披露金额的1957支基金平均规模为7.26亿元，与2016年7.33亿元的平均募资额基本持平。2017年国内的私募股权市场有9支超过200亿元的新募集基金，总募集规模合计超过2500亿元（见图1）。

（二）产业投资基金特征分析

2017年12月，中国股权投资市场资本管理量接近8.7万亿元，人民币

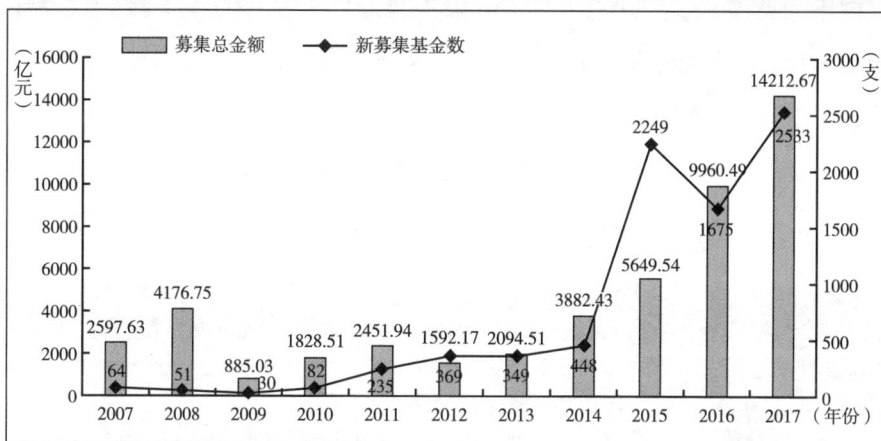

图1 近年来私募股权投资基金募集情况统计

数据来源：清科研究中心，中建投信托博士后工作站。

基金在中国股权投资市场的主导地位愈加明显，主要呈现如下特点。

第一，股权投资市场的容量和规模迅速提升。2017年中国股权投资市场共新募集基金3574支，已募集完成基金规模1.8万亿元，同比增长分别达到30.5%、46.6%。

第二，成长性投资的机会增加。从基金类型来看，成长型基金作为私募股权市场最重要的基金类型，在2017年继续保持优势，募集数量为1755支，总募集规模9335亿元，占市场比重的65.7%。

第三，并购将成为推动整个中国产业升级和转型的手段。成长、升级和转型是未来中国经济和资本市场发展的主要动力。2017年基金类型较往年更为丰富，共募集并购基金175支，基础设施基金87支，房地产基金21支，夹层基金11支，不良债权基金2支和1支天使投资基金。并购基金已成为除成长型基金和创业投资基金之外募集规模最大的基金类型。

（三）重点投资行业和区域分布

在投资行业分布方面，重点关注基金重点布局的行业和退出渠道通畅的行业。按案例数统计，排名前三的行业分别是互联网、IT 和生物技术/大健康（见表1），三个行业的股权投资数量均超过 1000 笔。按股权投资金额统计，排名前三的行业分别是电子及光电设备、电信及增值业务和互联网，投资规模均超过 1400 亿元。

在退出行业分布方面，生物技术/大健康、IT 和互联网的收并购交易频繁，市场交易活跃，以案例数统计，在退出渠道方面较其他领域更为通畅。

表1　2017 年我国股权投资基金投资和退出重点行业分布

序号	投资行业分布		退出行业分布	
	按案例数统计	按投资金额统计	按案例数统计	按投资金额统计
1	互联网	电子及光电设备	生物技术/大健康	电子及光电设备
2	IT	电信及增值业务	IT	生物技术/大健康
3	生物技术/大健康	互联网	互联网	互联网
4	娱乐传媒	金融	机械制造	IT
5	金融	生物技术/大健康	电子及光电设备	金融

数据来源：中建投信托博士后工作站。

（四）投资基金有限合伙人的特点

作为一种私募基金，国内产业基金的组织形式主要有三种：公司型、契约型和有限合伙型。目前国内产业基金在实践中以有限合伙型为主。原因一是可以规避公司型产业基金的双重征税问题；二是投资人有一定的参与权，可以缓解契约型产业基金的代理人问题；三是有限合伙型产业基金对于普通合伙人来说，存在杠杆效应，这在政府出资的产业基金中尤为常见。

有限合伙型产业基金中，有限合伙人多为财务投资人，以金融机构较为常见。通常还会根据需要增加夹层，即可以分为优先层、夹层和劣后层，三种类型的合伙人收益和所承担的风险水平依次上升。

从有限合伙人的类型来看，根据清科研究中心的统计，截至 2017 年 12 月，我国股权投资市场的有限合伙人数量增至 21968 家，可投资本量增至 97562 亿元。在可观测的 20 类有限合伙人中，高净值家族及个人、企业和投资、资管公司数量位列前三，依次占比 40.72%、15.31% 和 13.41%（见图 2），这三类有限合伙人（以下简称 LP）的总和占国内股权投资市场 LP 总量的 70%。

从有限合伙人的来源方面看，自主募集和过往合作的 LP 仍为两类重点募集渠道。从机构的 LP 筛选策略来看，相对于高净值家族及个人，上市公司、政府机构（政府引导基金）、市场化 FOFs 更倾向于机构类的有限合伙人，机构 LP 包括保险机构、社保基金、养老金、大学基金、银行资金等。

在募集难度方面，2017 年由于金融监管政策的收紧，基金产品在注册和备案过程中普遍存在进程放缓、注册困难的问题。除政策因素外，股权投资基金在募集过程中的募资渠道狭窄、LP 水平参差不齐仍然是制约募集成立的最大因素。

图 2　我国股权投资市场有限合伙人的类型统计

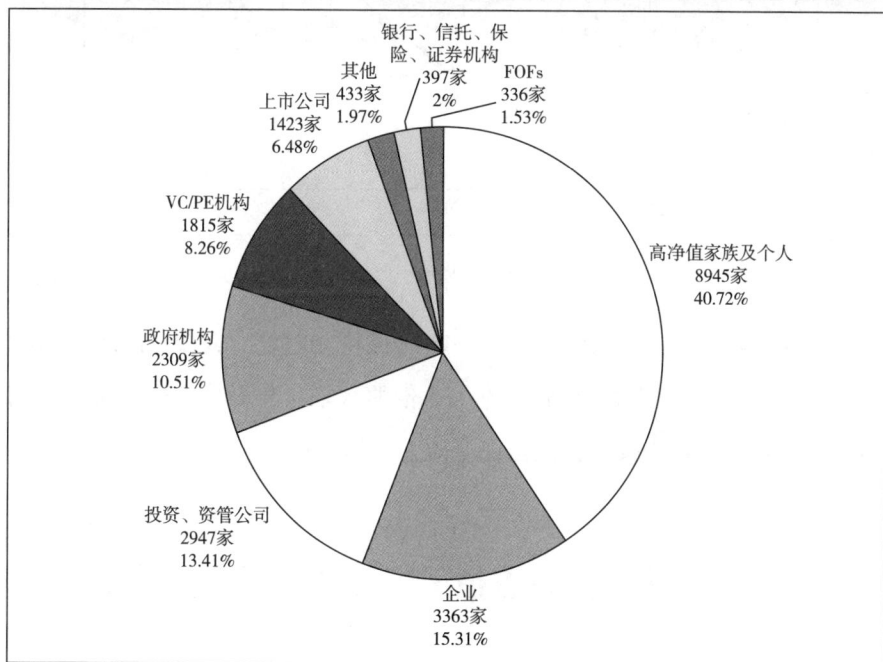

数据来源：清科研究中心，中建投信托博士后工作站。

（五）投资市场退出及收益状况

产业投资基金通常设有存续期限，在存续期结束后，可以根据条款决定是否展期。投资人的退出方式一般包括上市、股权转让和回购、到期清算等。随着中国股权投资市场参与者的增多，IPO 与并购成为最主要的退出方式。截至 2017 年 12 月，并购退出的账面回报倍数约为 1.46 倍，内含报酬率（IRR）与 2016 年相比有所回落，降至 17.8%，与 2015 年持平（见图 3）。

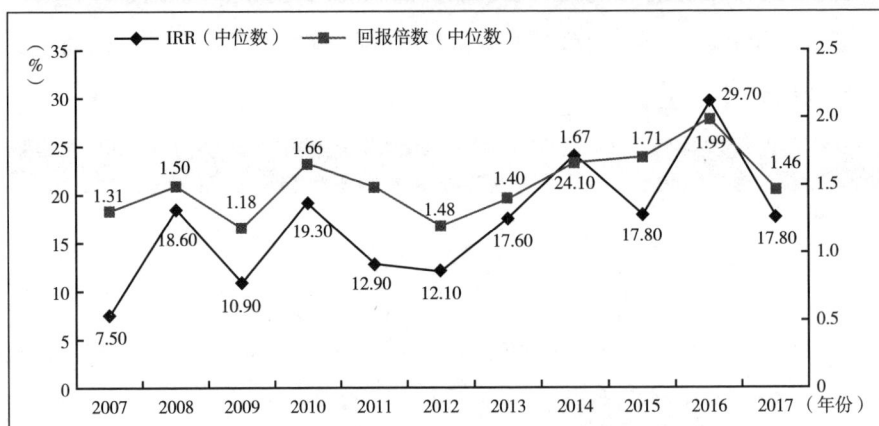

图 3 股权投资项目并购退出的收益率统计

数据来源：清科研究中心，中建投信托博士后工作站。

长期来看，并购退出的投资收益率将保持相对稳定，IRR 的中位数约在 15% 左右，投资回报倍数稳定在 1.5 倍的水平。与 IPO 退出回报逐年回落的趋势相比，并购投资收益呈现浮动上升的态势。

三、与信托公司业务特点相适应的产业基金模式

2017 年全国金融工作会议提出"改善以银行信贷为主的间接融资结

构"，十九大报告再次重申提高直接融资比重，旨在强调金融服务实体经济的效率。信托业一直处于金融创新的前沿，具备横跨货币市场、资本市场和实业市场的天然属性，已成为一种有效的直接融资工具。

信托公司参与或成立产业投资基金、服务实体经济具备两大优势：一是拥有产品创新与灵活适应市场变化的基因；二是行业快速成长积累了较强的资本实力和优质人才。产业投资基金是一个大类概念，属于股权投资基金的一种组织结构和具体类型。产业投资基金具有股权投资基金的一般特征，但也具备自身的特性。概括来说，产业投资基金和其他股权投资基金最显著的差异在于积极参与被投资企业的经营管理。因此，产业基金的投资运作，不仅要求投资机构具有较强的投资能力，更需要其具备较强的企业经营能力。

（一）投资参与情况

2014 年《中国银监会办公厅关于信托公司风险监管的指导意见》提到要探索转型发展，推动业务转型，其中提到要大力发展股权投资，支持符合条件的信托公司设立直接投资专业子公司。在具体业务模式方面，信托公司多采用产业基金、并购基金等形式和新兴产业实现有效对接。在团队组建方面，信托公司通过设立投资监管部或成立 PE 投资子公司，招募产业团队；并且建立行业专家库，借助外部咨询力量共同参与项目尽调；同时成立投资类项目风控与合规评审小组等方式控制项目风险。

产业基金的投资运作，不仅要求投资机构具有较强的投资能力，更需要其具备较强的企业经营能力。结合信托公司对受托资金安全性和盈利性的要求，各信托公司往往选择在自身深耕的领域尝试产业基金的运作，一方面团队在风险把控、合规评审方面更游刃有余；另一方面可以通过股权投资进一步整合行业资源。

表 2 统计了截至 2017 年三季度末，信托行业整体资金的行业投向。剔

除金融同业的合作，信托资金投向前五的行业分别是租赁和商务服务业，房地产业，水利、环境和公共设施管理业，建筑业，批发和零售业。在房地产、基础设施等实体行业的具体细分领域中，信托公司作为专业的资产管理机构，发起设立产业基金，综合利用标准化金融工具和另类投资工具，对标的资产进行投资，通过专业的管理，实现资产升值，获取资产管理业务收入，从而不仅作为财务投资人的角色参与产业投资基金。

表2　2017年三季度末信托资金行业投向统计

序号	信托资金行业投向	信托资金余额（万元）	余额占比(%)
1	金融业	90274.46	42.58
2	租赁和商务服务业	23906.13	11.28
3	房地产业	21236.07	10.02
4	水利、环境和公共设施管理业	20494.30	9.67
5	建筑业	12589.87	5.94
6	批发和零售业	9334.36	4.40
7	制造业	5557.67	2.62
8	交通运输、仓储和邮政业	5006.37	2.36
9	信息传输、计算机服务和软件业	2615.78	1.23
10	电力、燃气及水的生产和供应业	2596.61	1.22
11	采矿业	2316.75	1.09
12	居民服务和其他服务业	1924.86	0.91
13	农、林、牧、渔业	1073.74	0.51
14	住宿和餐饮业	725.79	0.34
15	研究、技术服务和地质勘查业	707.73	0.33
16	卫生、社会保障和社会福利业	395.95	0.19
17	公共管理和社会组织	314.48	0.15
18	教育	260.03	0.12
19	其他	10664.66	5.03
	合计	211995.59	100.00

数据来源：中国信托业协会，中建投信托博士后工作站。

表3列举了近年来十余家信托公司在产业基金领域的尝试，其中不乏一系列值得业界学习的项目。信托公司参与产业投资基金的模式主要是信托公司与其他机构合作的模式，包括信托公司参股股权投资子公司模式以及信托公司与外部投资机构合作模式。以中粮信托为例，中粮信托融合了

以上两类业务模式的特点，中粮信托与法国粮食贸易商路易达孚以及蚂蚁资本、建银投资两家私募投资基金共同设立了中粮农业产业基金管理公司，该子公司主要依托中粮信托的控股股东中粮集团有限公司在农业食品投资、生产、运营、销售等领域的领先优势，以及两家私募投资基金在私募股权投资领域的业务经验，以农业食品领域为核心、筛选有可持续发展潜力的企业进行股权投资。由此可以看出，不论是基础设施建设，还是能源、科技、农业等领域，信托公司往往利用其自身的区域优势，或者利用股东、行业背景的资源禀赋，选择行业尝试产业基金运作。

表3 信托公司布局产业投资基金案例		
序号	信托公司	基金名称
1	中信信托	计算视觉产业投资基金
		天津海河产业基金
		电子商务产业基金
2	交银国际信托	中国铝业产业投资基金
		湖北省长江经济带产业基金等项目
		福建省兴闽产业基金
		鲁信资本投资基金
		广投发展股权投资基金
3	中诚信托	迪安诊断产业投资基金
4	华润深国投	绵阳科技城产业发展基金
5	中航信托	红星美凯龙家居产业投资基金
		即墨工业互联网产业引导基金
		东久中国产业园区股权投资基金
6	建信信托	建信交通产业投资基金
7	百瑞信托	中电投融和清洁能源基金
		中原航空港基金
		河南中以科技产业基金
		兰州新区锦绣丝路产业基金
		赣南苏区振兴发展产业基金
		百瑞缪斯文化产业基金
8	中粮信托	中粮农业产业基金
9	万向信托	特色农业产业基金
10	英大信托	清洁能源产业基金

数据来源：中建投信托博士后工作站。

（二）参与模式分析

按投资领域的不同，产业投资基金可以分为创业投资基金、企业重组投资基金、基础设施投资基金等。目前信托公司在股权投资市场上参与最多的是政府主导或引导的产业投资基金和以上市公司作为牵头方发起的产业基金。

1. 政府背景型产业基金

政府类产业基金多以政府引导基金的形式出现，根据清科研究中心旗下私募通统计数据，截至 2017 年 7 月底，国内共成立 1660 支政府引导基金，目标规模超过 8 万亿元。其中，2016 年和 2015 年新设立的政府引导基金分别为 547 支、431 支，而 2017 年新增数量不超过 102 支。这一数字说明，接近 60% 的政府引导基金都集中在 2015 ~ 2016 年设立和募集。

引导基金的推出是为了探索政府资金投入方式改革、引导社会资金的投向，促进创新资源高效集聚、加快培育发展新兴产业。2009 年 10 月，国家发改委、财政部联合启动实施了"新兴产业创投计划"，重点投向新一代信息技术、生物、节能环保、新材料等领域初期或早中期的创业企业（见图 4）。这一计划带有典型的产业基金特点，重点关注战略新兴产业，整合政府资金，带动银行和社会资本。2015 年 1 月，作为"新兴产业创投计划"的升级版，国务院决定设立总规模 400 亿元的国家新兴产业创业投资引导基金，重点支持处于蹒跚起步的创新型企业。但政府引导产业基金长期来看面临着政策性与商业性平衡的问题，以及投资策略的限制问题，主要包括投资区域、投资方向和投资阶段。

2. 上市公司产业基金

近两年来，信托公司积极响应供给侧结构性改革政策，关注传统产业转型需求，积极参与上市公司收并购业务，支持优质企业通过兼并重组去产能，推动企业加快技术改造与创新。

图4　政府引导基金交易架构

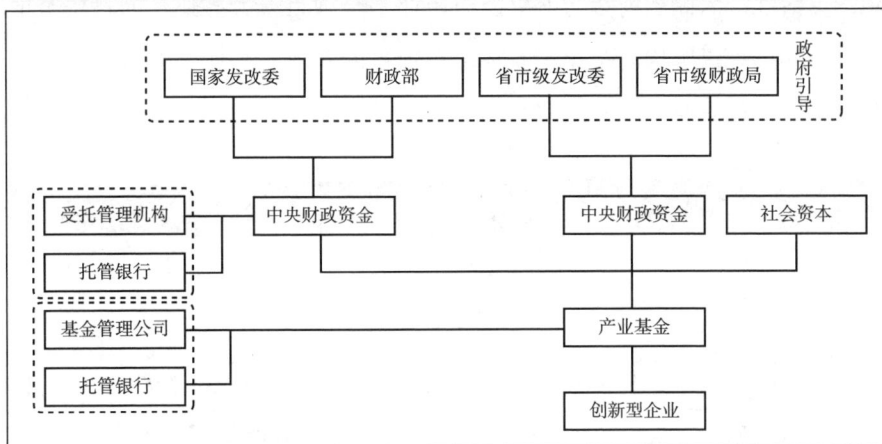

从政策环境和市场环境来看，以上市公司作为牵头方发起的产业基金迎来了一个快速增长的阶段。从政策环境来看，2014年10月修订的《上市公司重大资产重组管理办法》及《上市公司收购管理办法》中规定，将取消对不涉及借壳上市、发行股份购买资产的并购重组项目的审批。此外，证监会首次明确鼓励依法设立的并购基金、产业基金等投资机构参与上市公司并购重组。从市场环境来看，我国经济步入新常态，上市公司在产业转型、存量结构调整方面蕴含大量并购业务机会；各类金融机构也明确了回归本源，服务实体经济的基本原则，在供求两方面实现了对接。从实践层面来看，据不完全统计，截至2017年9月，共有200余家上市公司公布方案或已成立产业并购基金。

上市公司产业基金根据合作方的不同，可以分为与VC/PE机构联合发起的产业基金、与券商直投部门联合发起的产业基金和与银行合作发起的产业基金。一般上市公司在其中作为GP的角色，参与投资决策和财务监管，特别在基金拟投项目的退出方面发表专业意见，对于优质项目可以提前锁定退出渠道（见图5）。

信托公司参与上市公司产业基金的角色主要分为两类：与上市公司共同设立产业基金和作为财务投资人参与基金的优先级份额。就目前的市场环境和行业发展阶段来说，信托公司的相对优势在于资金的募集速度和使用的灵活性，因此当前参与上市公司产业基金项目，大多还是通过资金的纽带来连接投资机构和企业；而在产业项目的获取、企业经营能力和产业整合方面，仍需要较长时间的积累和探索。

图5 上市公司产业投资基金交易结构

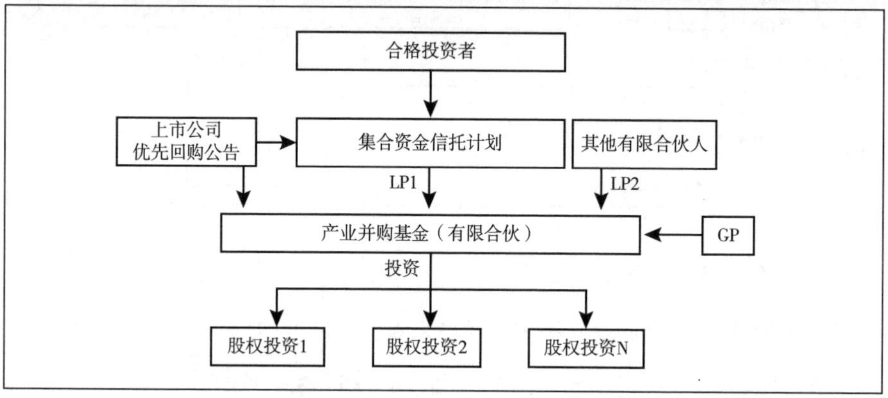

上市公司通过设立产业基金进行协同并购的模式仍是未来相当长一段时间内的发展趋势，产业并购的领域会进一步拓宽和加深；在投资偏好方面，产业投资基金在运作一期之后对自身的定位会更加清晰，从而吸引更多的资金、项目和产业资源；在专业化方面，无论信托公司是作为 LP 还是双 GP，都应该向着产业基金的核心价值去锻造自身的专业化能力，通过参与被投资企业的经营管理，提供深层次的增值服务。

四、信托公司产业投资基金业务发展路径探讨

（一）业务类型方面

目前信托业务主要集中在房地产、基建类等传统领域，对新兴产业投

资较少。相比而言，新兴产业的企业大多处于成长期，现金流较少且不稳定，适合抵押的资产不足，因此传统以融资为主的商业模式很难再适用。

信托公司在参与产业基金方面，首先要摆脱传统融资业务的思维模式，不能过于依赖企业过往的财务数据、抵押物估值及处置可行性，在面对资本市场业务的时候，必须对企业未来发展价值核心要素、未来市场可以给予的估值、现金流等参数进行符合自身经营理念的价值和风险评估。这是信托进军资本市场的大前提。在这个逻辑下，结合自身的能力，信托公司可以通过行业聚焦和以有过合作的上市公司为基础，对其上下游以及核心价值进行细致的摸索，探索适配其需求的业务类型和模式。

第一，参与上市公司的并购重组

随着我国资本市场的发展和产业的整合，并购基金已逐步成为股权投资基金的主流类别，其核心的意义在于解决上市公司阶段性的资金压力和拟并购标的的体外孵化，而一般不介入标的企业的经营管理。

由于这类业务的出发点在于满足上市公司的功能性需求和阶段性资金压力，因此，需要业务团队长期与上市公司保持业务黏性，挖掘客户的需求痛点，同时要能利用信托制度跨市场的灵活性，在结构合规的前提下为客户提供增值服务。

目前，此类业务的另一重点是要找到与项目期限和收益适配的资金，核心是在契合机构、财富客户和融资人需求的情况下，完成交易结构的设计和募集。

第二，PE + 上市公司模式

这种模式也是信托发展上市公司业务的第三个发展阶段，真正开始由"交易型"并购基金向"产业整合型"并购基金转型。信托在交易结构中不再单纯充当"过桥收购"的角色，而是开始深度介入交易。这一发展阶段对信托在行业研究和积累、项目获取和整合方面提出了更高的要求，其核心意义在于通过业务团队的行业积累和信托机制的灵活性为信托长期跟踪和服务的上市公司赋能。

（二）资金募集方面

信托融资、债权融资及权益融资三种融资方式由于各自的运行机制、产品设置及交易结构等存在明显的差异，导致其资金的流动性也不同，资产能否顺利按照其现值变现将直接影响投融资关系人之间的流动性问题。如果流动性缺乏，那么在流动性需求的约束下，经济关系人之间可能偏好收益高、周期短的项目，而这一偏好一方面会直接影响投融资项目的均衡发展，另外一方面也影响金融资源的有效配置，不利于经济的健康发展。

（三）投后管理方面

信托参与产业投资基金与早期的信托契约型产业基金类似，信托公司作为受托人，借助信托计划发行，将特定委托人的资金集合形成一定规模的信托资产，由专业投资管理人进行未上市公司股权投资和提供经营管理服务，获取收益后由受益人按照信托合同的约定分享投资收益。从定义来看，其资金用途明确，还款来源清晰，但在实际操作过程中，信托参与产业投资基金存在着资产管理和投后运营的制约因素。

1. 建立与产业投资基金相匹配的运营管理机制

科学的运作程序是产业投资信托良好运作的保证。产业投资信托应该严格按照一般产业投资基金的运作程序，其运作过程可分为筹资过程、投资过程和退出过程，而投资过程又有交易发起和筛选、评估、交易设计、投资后管理四个阶段。信托公司应该按照国家有关法律、法规和国际通行的经营管理惯例，结合中国现行的投融资体制，通过制订管理制度，以及一系列协议、合同、章程等法律文件的形式，建立一个职责分明、相互监督、安全有效的产业投资信托运作机制，实现受托人、投资管理人与托管人的相互制衡，以保证投资者的投资安全与投资回报。

2. 积极培养基金管理人才

产业投资基金的发展，不仅是资金投入产业，还是经营理念的投入，需要一大批专业的经营管理人才，代表基金参与投资领域的经营管理。信托投资公司设立和运作产业投资基金，既需要专业技术人才和产业管理人才，又需要精通金融业务的管理人才，更需要两者兼而有之的复合型人才。信托投资公司可以和高等院校合作，培养所需的相应人才；也可以和外资基金合作，培训具有产业＋投资等专业知识的信托经理，充实自己的基金管理人员，为今后推出产业投资基金储备人才。

（四）拓展产业基金"微笑曲线"的两端

施正荣先生提出的"微笑曲线"理论虽然简洁却很务实地指出了20世纪90年代后期台湾地区产业未来努力的策略方向，在附加价值的观念指导下，企业只有不断往附加价值高的区块移动与定位才能实现持续发展与永续经营（见图6）。

反观信托参与产业投资类业务，信托公司如果提高受托管理能力，实现可持续发展，必然需要通过财务投资逐步介入资产形成和产业整合的领域，不断向产业投资基金"微笑曲线"高附加值的两端拓展，向着产业基金

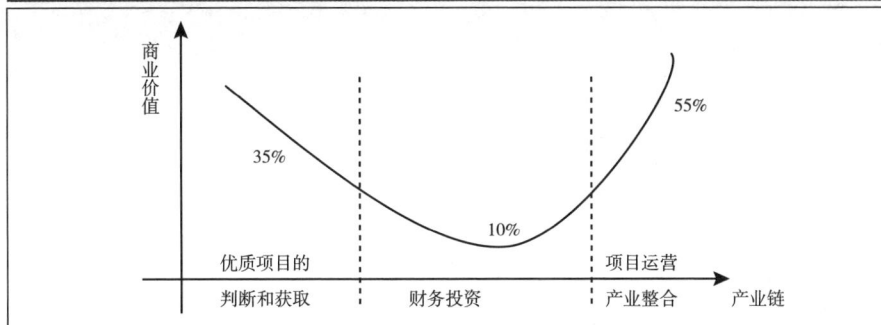

图6　产业投资的微笑曲线

的核心价值去锻造自身的专业化能力，通过参与被投资企业的经营管理，提供深层次的增值服务。

五、未来展望：创新信托业务模式，服务实体经济

十九大报告指出"建立现代化经济体系，必须把发展经济的着力点放在实体经济上"，建立服务实体经济的现代化金融体系是关键。信托业应充分发挥制度灵活与资本实力提升的优势，积极开展产融结合业务，将过去在房地产、基础设施建设、工商企业等领域积累的实业投资经验，广泛运用到国家重大战略、战略新兴产业、供给侧结构性改革、消费结构升级等实体经济关键领域，以支持实体经济发展的思维寻求信托业的发展壮大。供给侧结构性改革是一项持续的系统性工程，传统企业产能优化、结构升级的资金需求巨大，信托公司可积极关注其涉及的定增、并购重组等业务机会，创新业务模式，为实体经济提供深层次的增值服务。

就目前的市场环境和行业发展阶段来说，我国的产业投资基金目前还停留在初级阶段，多数仍通过资金纽带连接投资机构和企业。从股权投资基金行业的发展态势看，产业投资基金作为股权投资基金的一种形态，在未来更加成熟的市场环境下，将呈现从机构数量、管理资金规模、投资行业分布、被投企业的数量等方面的全面长足发展。

信托参与长租公寓的
模式与路径研究

应汇康

2017 年可谓中国长租公寓的元年。为完善房地产市场调控的长效机制，中央出台了多项鼓励政策，从租赁房运营商的土地和融资优惠到租房人的权利保障，全方位完善租赁市场配套制度，促进租赁市场的发展。在政策利好密集发布、企业纷纷加码布局的形势下，长租公寓已然成为地产市场的重要风口。

一、长租公寓发展背景

（一）后城市化时代的内在需求

长租公寓快速发展的内在需求源于中国城市化进程的新阶段。据统计，2016 年我国流动人口规模为 2.45 亿人，预计 2020 年和 2030 年的流动人口将分别达到 2.82 亿人、3.27 亿人；流动人口年龄呈现年轻化趋势，80 后流动人口比重由 2011 年的不足 50% 升至 2016 年的 56.3%，90 后流动人口比重由 2013 年的 14.5% 上升至 2016 年的 18.7%[①]。一二线城市更广阔的发展平台、更完善的基础设施、更优质的教育医疗条件，持续吸引年轻流动人口汇集，以一线城市为中心的大都市圈格局将成为中国未来城市布局的新常态，也是我国进入后城市化阶段的重要标志。

在核心城市房价高企和行政限购的背景下，租房居住成为解决年轻流动人口居住需求的首选。根据链家研究院数据，2016 年我国采用租房解决居住问题的人口约为 1.6 亿，是通过购买房屋解决居住问题人数的 4 倍，但相对总人口而言，我国租房人口比例仅为 11.70%，与日本（33.30%）、美国（31.25%）相比仍显著偏低。因此，无论从流动人口的增速及结构，还是从租赁人口的比重来看，未来的房屋租赁市场仍然具备较大的提升空

---

① 相关数据引自国家卫计委发布的《中国流动人口发展报告（2017）》。

间。目前，中国的房屋租赁市场规模为1.1万亿元，预计到2025年，市场规模将增长到2.9万亿元，到2030年将会超过4.6万亿元，房屋租赁市场在未来几年大有可为。[①]

（二）政策利好叠加助推发展

政策利好是租赁住房市场快速发展的重要推手。自2015年1月6日住房城乡建设部发布《加快培育和发展租赁市场的指导意见》以来，财政部、中国人民银行、国土资源部等部门多次发文要求完善住房租赁市场的政策支持体系，鼓励租赁住房市场规范快速地发展。在中央层面的各项指导意见出台以后，北京、上海、成都、深圳等地积极落实和响应中央政策，发布了与本地现状相符的房屋租赁新政。对于住房租赁市场的相关政策可分为三类：第一类是要求规范租赁市场的发展，加强对住房租赁市场的法制化、规范性建设；第二类是加大对住房租赁市场参与者的支持，提供相关金融、税收、土地等优惠政策；第三类是鼓励租赁需求端，保护承租人权益，落实公积金支付房租、租购同权等相关政策（详见附表）。十九大报告再次强调"房住不炒"的定位，要求加快建立多主体供给、多渠道保障、租购并举的住房制度，表明了中央对于加强楼市调控和发展租赁市场的决心。

（三）地产企业的转型方向

在市场和政策的双重压力下，地产开发商传统的"拿地—建房—卖房"模式已进入瓶颈期，房企亟待实现经营模式的多元化转型。发展长租公寓业务不仅有利于房地产企业盘活存量资产，也是在当前房地产市场结

---

① 本段数据均来自链家研究院报告《租赁崛起》。

构发生剧烈变化的背景下，地产企业在新市场进行战略性布局的重要机遇。

数据显示，2015 年中国租赁市场成交总额已超过 1 万亿元，预计 2025 年及 2030 年的租金成交金额将分别达到 3 万亿元及 4.6 万亿元。① 面对长租公寓市场的"巨大蓝海"，拥有较强资本实力、营销能力和产品开发能力的房地产企业势必将成为行业重要的参与者。

二、长租公寓市场概况

（一）经营模式

1. 按照房源性质分类

按房源性质分，长租公寓的经营模式可分为集中式出租与分散式出租。集中式出租是指企业通过包租、独立开发、收购或与物业持有方合作的方式获取整栋物业的使用权，通过精细化的设计、改造与装修，并采用标准化的品牌与服务，对外出租公寓的模式。分散式出租则是企业从分散的房东处获取物业，再通过精细化和标准化装修后出租。集中式经营模式与分散式经营模式的主要差异如表1所示。

表1　集中式和分散式长租公寓要素异同		
	集中式	**分散式**
物业获取	获取整栋物业，可以独立开发，也可以采取收购、包租或与开发商合作	从分散的个人业主处获得物业，获取方式一般是签订长期包租合同（3~5年）
现金流	前期的资金投入较大	前期资金投入较小，且可通过控制租金支付频率来实现"滚雪球"式包租

---

① 相关数据引自链家研究院报告《租赁崛起》。

续表

	集中式	分散式
收益来源	租金、衍生服务费收入	租金差
管理成本	容易产生规模效应，后期的管理成本、特别是人力成本较低	在房源量较大的时候，需要有强大的管理系统以控制成本
业态特点	标准化程度相对更高，租客的集聚和公共空间的安排使得集中式公寓具备较强的社交属性	由于房源区位和形态差别较大，公寓标准化程度较低，社交属性较弱
典型企业	YOU＋青年公寓、模仿、自如寓、万科驿等	蘑菇公寓、自如友家、优客逸家、寓见等

2. 按资本运作方式划分

长租公寓按资本运作方式可分为重资产和轻资产运营两大类。重资产运营模式是指运营商通过收购、自建获取租赁资产所有权的经营模式。轻资产模式是运营商通过长期租赁或受托管理等方式获取房源，通过转租获取管理报酬的模式，企业拥有租赁资产的使用权但无所有权。重资产经营模式与轻资产经营模式的主要差异如表2所示。

表2　重资产和轻资产长租公寓的要素异同		
	重资产	**轻资产**
物业获取方式	收购或自建	长期租赁、受托管理
收益来源	租金、服务费、资产增值收益	租金和服务费
参与主体类型	以房地产开发商为主	以中介机构、酒店管理企业及互联网企业为主

（二）经营机构

在政策利好和市场前景的驱动下，长租公寓行业吸引了各类市场参与者，具体包括房地产开发商、地产中介等服务商、互联网创业类公司、经

济连锁酒店等（见表3）。长租公寓领域的众多参与者也预示着未来行业的
竞争会愈发激烈。

表3　长租公寓的企业类型及优劣势			
参与企业类型	优势	劣势	参与者
创业公司	通常为互联网企业，掌握线上技术优势和资源，经营方式较为灵活多变	资金劣势，多为分散式公寓	市场上大多数长租公寓企业，YOU＋、魔方公寓、新派公寓、优客逸家、寓见、蘑菇公寓
房地产服务商	与上游房地产开发商合作的经验，以及下游营销团队对租客的需求更为了解	自身资金优势劣于房地产开发商，强于初创企业	世联行（红璞、晟曜行）、链家（自如寓、自如）、我爱我家（相寓）
经济连锁酒店	住客管理经验、存量物业运营经验，运营不善的酒店也可以改装成长租公寓	在集中式物业的获取上，连锁酒店同样面临难题，运营不善的酒店通常地段不好，改为长租公寓经营状况也很难改善；资金上不占优势	铂涛（窝趣轻社区）、住友（漫果公寓）、如佳（都好公寓）
房地产开发商	分散式：除资金优势外，并无太大优势	存量房经营会拖累公司的资金周转，拖累销售业绩；房地产企业对于线下销售以及租客需求掌握不及房地产服务商	万科（泊寓）、旭辉（凌寓国际）、龙湖（冠寓）、金地（草莓社区）、保利（N＋公寓）、朗诗（朗诗寓）
	集中式：改造自身存量房产，或者城市内闲置物业；改造成本较低；拥有物业所有权，享有资产增值收益		

1. 互联网创业公司

长租公寓领域拥有较多的互联网公司，这类公司凭借管理方式的科技
化、营销服务的网络化和租客的社群化，快速建立品牌优势，获取潜在用
户。创业类公司多以轻资产模式经营长租公寓，企业主要进行品牌管理输
出，盈利模式以赚取租金差与衍生服务费为主。

2. 房地产服务商

房地产服务商主要包括以链家、我爱我家等为代表的房屋中介机构，和以世联行为代表的房地产咨询机构。与创业类公司相比，房地产服务商的优势主要体现在房源获取与经营成本上。一方面房地产中介机构能够集中获取房源，迅速规模化；另一方面，房地产服务商凭借房源及客源的优势，能够低成本、高效率地出租房源。从经营模式上看，房地产服务商多以轻资产模式经营分散式长租公寓，盈利模式以租金差和服务费为主。

3. 经济连锁酒店

目前经济连锁酒店普遍面临入住率低的现状，越来越多的连锁酒店尝试向长租公寓转型。经营连锁酒店的主要优势在于对住宿服务的管理经验丰富，且拥有较多存量可改造物业。经济连锁酒店的经营模式以集中式为主，收益来源为租金与服务费。

4. 房地产开发企业

房地产企业拥有较为完善的产业链条，无论在项目运营管理还是资金实力上都拥有较大的优势。在经营模式上，房地产企业多采用重资产的模式，其收益来源除租金收入及衍生服务费外，也可获取资产增值的收益。

（三）现状和问题

1. 市场参与者众多，行业集中度低

长租公寓的市场参与者众多，根据企业工商注册信息统计，2015年底国内运营各类长租公寓企业超过500家，公寓数超过100万间，但行业排名前十的公寓企业市场占有率仅为0.7%，远低于日本的31%和美国的7%[①]。

目前，行业发展处于初级阶段，仍有新的参与者不断进入市场，行业

---

① 相关数据引自中国饭店业协会公寓委员会发布的《2015年度中国长租公寓发展报告》。

尚未形成良好的规模效应和品牌效应。随着运营模式逐步成熟、盈利模式日渐清晰，长租公寓经营者之间的竞争也将更趋激烈，伴随着优势企业的做强做大和落后企业的淘汰出局，未来长租公寓市场的集中度将有显著提升的空间。

2. 盈利模式单一

目前长租公寓市场上，"二房东"模式是市场参与者主要的经营方式，该模式处于长租公寓市场的初级阶段，主要盈利渠道为租金差，盈利模式单一、可持续性较差。首先，"二房东"模式的物业资源分散，无法形成规模效应，装修和管理成本呈刚性特征；其次，"二房东"模式通常物业较为分散，难以为住客提供增值服务，无法充分建立品牌优势，开拓更多盈利渠道。因此，分散式长租公寓运营商有转向重资产的内在动因，以持有集中资产提高规模效应，降低平均装修费用和管理成本，拓宽盈利渠道。

3. 利润率低，回报周期长

与房地产开发类似，长租公寓属于资本密集型行业，但与房地产开发不同的是，长租公寓的投资回报周期更长。在分散式、轻资产的长租公寓的成本构成中，拿房成本加上装修成本占到了总成本的约80%，而租金收益率普遍低于2%。对于集中式、重资产模式的开发商，土地成本往往成为限制其规模扩大的主要瓶颈，若开发商使用存量住宅用地开发长租公寓，将面临收益难以覆盖土地成本的困境。如何提升租金收益，发掘新的盈利渠道是长租公寓回收前期投入的关键，也是目前亟待解决的难题。

4. 物业选址要求较高

长租公寓主要用于满足城市外来白领人群的居住需求，其选址有明显的地域性。首先，长租公寓的市场需求基本集中在人口净流入庞大、人口结构年轻、收入水平较高的城市。目前看来，仅有一线城市及个别重点二线城市存在较大的租房需求，在购房压力相对较小的城市，长租公寓无发展前景。其次，长租公寓对在各城市中的区域选址要求较高，往往需处主城区或 CBD 地段，有便捷的交通（如地铁沿线），周边配套服务较好。

因此，项目选址常常成为长租公寓运营商的两难问题：重点城市核心地段的物业成本过高，而其他区域需求不足导致出租率低。持有重资产的开发商存在存量物业与长租公寓选址不匹配的矛盾，存量的核心地段物业拿地成本高、销售前景好，开发商倾向于快速销售回款，而非一二线城市或远离市中心的物业则无法用于长租公寓开发。

5. 金融创新趋势明显

目前，围绕长租公寓的金融创新层出不穷。从优客逸家和华瑞银行的创投贷款模式，到高合资本发行的类 REITs 产品收购公寓，再到魔方公寓、寓见、未来域推出的 ABS 产品，金融创新的出现都意在匹配资金与资产的期限，帮助长租公寓企业提前收回成本，增加流动性和内部收益率。因此，随着行业与围绕长租公寓的金融创新逐步成熟，未来长租公寓的盈利点将围绕在：租金差 + 金融杠杆 + 资产增值收益 + 衍生服务费。

三、信托公司参与长租公寓的现状与问题

随着长租公寓市场的快速发展，市场参与者的融资需求也愈发强烈，无论是采用拿整栋楼或整块地的集中式经营还是分散拿房的分散式经营，都面临着前期资金沉淀巨大、现金流承压和回报周期长等问题，需要金融机构介入提供资金解决方案。房地产市场是信托公司的业务主战场，在传统的"增量 + 债权"业务模式之外，信托公司可发挥灵活的投资方式和较高的客户黏性等优势，在长租公寓领域有所作为。

公开资料显示，目前信托公司深入参与长租公寓领域并且有较为全面战略布局的主要有中航信托与魔方公寓的合作模式（见表4）。其他信托公司则主要以资产证券化形式参与，如外贸信托与自如合作的消费分期ABS、建信信托与蛇口招商合作的 CMBS 等，合作模式以提供 SPV 通道为主，暂未形成较为完整的合作框架。

表 4 中航信托与魔方公寓的合作模式	
时间	内　容
2016 年 4 月	【股权投资】中航信托领投魔方（中国）投资有限公司 C 轮 3 亿美元融资
2016 年 11 月	【信托贷款】中航信托向魔方公寓发放信托贷款，魔方以旗下 7 家子公司股权提供质押
2017 年 1 月	【ABS】中航信托魔方公寓信托受益权资产支持专项计划设立，并在上海证券交易所挂牌
2017 年 1 月	【基金】中航信托与魔方公寓成立上海蓝山资产管理有限公司

数据来源：公开资料，中建投信托博士后工作站。

目前来看，信托公司对长租公寓市场的参与度仍较低、业务模式较为单一，主要有以下几方面的原因。

首先，我国长租公寓市场发展处于早期阶段，行业供应商众多且分散，行业龙头市场占有率低，行业普遍盈利点不突出。缺少真正的龙头企业，给信托公司筛选交易对手造成一定难度：互联网创业企业往往因其成立时间过短，资产规模较小，主体信用不佳且租金收入未形成稳定的现金流，难以成为信托的潜在合作对象；而对房地产企业的筛选，则通常不以长租公寓的经营状况为参考标准。长租公寓的盈利点不突出和对持续盈利的疑虑也成为信托公司风险把控关注的要点。

其次，长租公寓经营模式与传统地产信托贷款模式不匹配。与房地产开发类似，长租公寓的前期资金需求量较大，但不同的是长租公寓的投资回报周期更长、资金流入时间更分散。传统的房地产信托贷款期限较短，长租公寓项目本身的盈利通常无法成为信托贷款的还款来源。

最后，长租公寓所匹配的资产证券化业务中，信托通常作为"通道"被边缘化。参与资产证券化业务是目前信托公司与长租公寓合作较为成熟的方式，但是信托公司在业务链条中的角色通常作为 SPV 通道，较少参与主动管理，对底层资产的把控能力较差。

四、信托公司参与长租公寓的业务模式

（一）ABS

目前的长租公寓品牌，无论是集中式还是分散式的经营模式，都面临着前期资金沉淀、现金流承压的问题。同时，这些公司又持有大量现金流稳定的租约。这就使得长租公寓公司有将租约证券化的基础和动力。

目前市场上已有多单信托公司参与的长租公寓 ABS 成功发行，典型案例是魔方和自如公寓的租金收益权 ABS 业务。

2017 年 1 月 4 日，魔方公寓发行国内首期长租公寓资产证券化产品，并且在上交所交易。该产品以 4014 间房间的租金收入为底层资产，形成单一资金信托计划，再以信托计划作为基础资产发行资管计划，并且在上交所交易。2017 年 8 月 10 日，链家旗下长租公寓品牌自如在上交所发行了长租公寓第二单 ABS 产品。该产品的底层资产除了租金收入外，还包括自如在出租时的服务费（类似于通过中介租房时付的中介费）以及保洁、维修、搬家等衍生收入。

这两个产品都采用了"信托计划 + 专项计划"双 SPV 的交易结构。以魔方公寓产品为例，在该交易的第一层结构中，银行将 3.5 亿元资金委托给信托公司，设立魔方公寓信托贷款单一资金信托计划。信托公司向魔方公寓发放 3.5 亿元的信托贷款，魔方公寓以自身运营管理的北京、上海、广州等地的 30 处物业的 4014 间公寓未来三年的租金应收账款质押给魔方公寓信托，并以上述公寓的租金及其他收入作为信托贷款的还款来源。在第二层结构中，专项计划管理人设立魔方公寓信托受益权资产支持专项计划，募集资金用于购买银行持有的信托受益权。

（二）Pre-ABS

在上述两单 ABS 产品的实际操作中，券商主导产品的开发设计和上市承销，信托公司仅仅起着通道的作用，其主要原因是信托公司对长租公寓底层资产的把握能力欠缺。信托公司可以在项目前期凭借发放信托贷款的制度优势，参与物业资产的培育，以 Pre-ABS 模式更深程度地参与运营管理，提高信托公司的主动管理能力，获取更高的信托报酬。例如，信托公司可发放信托贷款给公寓公司以收购更多房源，再将房源进行装修、改造、升级和出租，以租约为底层资产发行 ABS。在 Pre-ABS 贷款业务中，信托公司往往可用股权和收益权质押等形式把控风险。

（三）股权投资

信托公司可选择有市场前景的长租公寓运营商进行股权投资。目前来看，股权投资最重要的收益不在于长租公寓的租金和管理费，更重要的是物业增值所带来的收益。因此，在挑选交易对手时，信托公司应当侧重于重资产运营的、物业标的良好的长租公寓品牌，与其共享物业资产升值所带来的收益。除了收益之外，股权投资还能让信托公司更好地拥有物业资产的掌控权，以便在将来的资产证券化业务中占据主导地位。

例如，2016 年 4 月，中航信托领投魔方（中国）投资有限公司的 C 轮 3 亿美元融资，由此迈出了中航信托在长租公寓战略布局的重要一步，为后续的 ABS 和产业基金业务奠定基础。

（四）REITs/类 REITs 模式

长租公寓长期稳定的租约和现金流，与资产证券化模式有很好的契合点，为 REITs 业务的规模化发展带来良好机遇。如果说 ABS 模式更适用于轻资产运作，那目前国内通行的类 REITs 模式则是重资产模式下资产证券化的方式。

新派公寓权益型房托资产支持专项计划是国内首单权益型公寓类 REITs，于 2017 年 11 月在深交所正式发行，资产支持证券发行目标规模为 2.7 亿元。该项目从立项上报到获批仅用了不到 20 天，也体现了长租公寓型类 REITs 的推进效率和监管层对长租公寓 REITs 的支持。项目仍采用目前权益型类 REITs 产品的典型结构，无信托公司参与其中。原始权益人先设立私募基金，由私募基金直接或间接持有项目公司的股权，同时由私募基金向项目公司或项目公司股东发放委托贷款，项目公司持有标的物业。专项计划发行资产支持证券募集合格投资者的资金，用以收购和持有私募基金份额，进而持有项目公司股权及债权，间接享有标的物业产权。随后，保利地产、碧桂园、阳光城等企业也参与到类 REITs 的融资大潮中。

在类 REITs 模式中，长租公寓的物业所有方通过让渡持有标的物业的项目公司的股权开展权益型类 REITs 业务。信托不仅是国内开展 REITs 业务最合适的 SPV 载体，更可凭借前期的投贷联动培育优质的长租公寓物业资产，这些优势都将帮助信托公司成为合格的 REITs 发起者。目前，国内 REITs 的制度改革进展顺利，相关发行规则有望在 2018 年出台，而长租公寓则有望在 REITs 出台后首先获益。

（五）基金 + 运营

信托与长租公寓合作设立基金是信托参与长租公寓业务的终极模式。信托参与基金的搭建和管理，可充分发挥其对接资金端和资产端的优势，不但可以通过对存量地产的并购、新项目开发等多种方式取得物业实现扩张，还可以通过资产证券化、REITs 等方式获得较低成本的融资。

2017 年，中航信托联合魔方公寓共同成立上海蓝山资产管理有限公司，以基金化模式运营长租公寓，基金计划在北上广深等一线城市收购存量地产，开发管理新项目。工商登记资料显示，蓝山资产的股权结构为，中航信托以全资子公司深圳市普泰投资发展有限公司认缴出资 300 万元，持股比例 30%，大股东为魔方集团，持股 51%。

五、信托公司参与长租公寓业务的路径

（一）以集中式、重资产项目为起步

分散式长租公寓的盈利渠道单一，面临着较高的翻修运营等刚性成本，持续盈利能力较差，经营风险较大，而持有集中的重资产企业则可以有效发挥规模效应，减少平均装修成本和管理成本，提高利润率，更重要的是可以享受资产增值带来的收益。目前，市场上多数长租公寓都仅能依靠租金和服务收入维持收支平衡，更大的盈利点还在于资产的增值，因此市场上一些分散式长租公寓运营商也有转向重资产的内在动因。

信托公司参与长租公寓业务，可先从持有重资产的运营商起步，主要原因有三：首先，重资产长租公寓的盈利模式更加明确，其租金和管理费收益更稳定，资产增值是盈利的双重保障，还款来源更加可靠；其次，与重资产长租公寓合作能获取资产抵押作为风控手段，增加业务安全性；最后，重资产运营商多为地产企业，其整体经营模式和经营水平较容易把握，展业过程中也存在探索其他地产业务的可能性。在熟悉长租公寓的业务模式后，可选择部分主体信用较好的轻资产运营商，尝试轻、重资产并举的业务模式。

（二）以 Pre-ABS 和 ABS 业务为抓手

资产证券化业务是目前信托公司参与长租公寓最成熟的模式，同时也是公司目前具有较大优势的创新业务模式。ABS 业务与长租公寓的经营有着较高的契合度，持有稳定现金流租约的长租公寓运营商有较强的盘活存量资产的动因。而对于信托公司而言，稳定现金流的债权则是 ABS 业务的优质底层资产。

信托公司参与长租公寓 ABS 业务，可以从通道业务出发，在简单的合作中熟悉长租公寓的运营模式，并尝试主动寻找拥有优质基础资产的运营商，撮合 ABS 全流程。此外，公司还可以通过 Pre-ABS 主动培育底层资产，以便更好地掌握基础资产，增加客户黏性。

在展业初期，ABS 项目的筛选过程尤其需着重考虑两个核心要素：其一是长租公寓项目的区域选址，长租公寓项目应该位于一线城市核心区域，周边配套齐全，各项服务符合公寓受众的需求；其二是项目是否已产生成熟稳定的现金流，长租公寓项目应满足一定的出租率标准，并已有稳定的资金流历史。展业初期应将初设的、未有稳定现金流的互联网企业排除在外。

（三）以全链条、全方位参与为目标

信托公司的优势在于资金端和资产端的整合能力，信托与长租公寓企业的合作，可以贯穿长租公寓开发、运营、退出的全链条金融服务。在熟悉长租公寓的运营模式并有一定程度的业务积累后，公司可以考虑股权 + ABS/REITs 的模式全链条、全方位地参与长租公寓业务，通过股权投资或成立基金等方式参与长租公寓市场的扩张，随后对其展开 Pre-ABS 业务实现投贷联动，最终通过 ABS/REITs 业务实现退出。

附表 长租公寓相关政策整理

发布项目	发布时间	发布部门	主要内容
《加快培育和发展住房租赁市场的指导意见》	2015 年 1 月 6 日	住房城乡建设部	发挥市场在资源配置中的决定性作用和更好发挥政府作用，积极推进租赁服务平台建设，大力发展住房租赁经营机构，完善公共租赁住房制度，拓展融资渠道，推动房地产开发企业转型升级
《关于放宽提取住房公积金支付房租条件的通知》	2015 年 1 月 20 日	住房城乡建设部、财政部、央行	明确提取公积金租房的条件、范围、额度
《2015 年中央经济工作会议公报》	2015 年 12 月 21 日	中央经济工作会议	要求开展住房租赁市场，鼓励自然人和各类机构投资者购买库存商品房，成为租赁市场的房源提供者，鼓励发展以住房租赁为主营业务的专业化企业
《深入推进新型城镇化建设意见》	2016 年 2 月 2 日	国务院	住房保障采取实物与租赁补贴相结合的方式，并逐步转向租赁补贴为主
《2016 政府工作报告》	2016 年 3 月 5 日	国务院	建立租购并举的住房制度，把符合条件的外来人口逐步纳入公租房供应范围
《关于加快培育和发展住房租赁市场的若干意见》	2016 年 6 月 3 日	国务院办公厅	国务院顶层设计，举措实质、优惠力度大、覆盖产业链、广泛扩大供应段；允许改建商业用房为租赁住房，鼓励新建租赁住房，出租房屋的企业享有政策支持，个人税收优惠；鼓励需求端：落实公积金支付房租政策，扩大公租房保障范围
中央经济工作会议	2016 年 12 月 18 日～12 月 21 日		再次就发展住房租赁市场提出要求：加快住房租赁市场立法、加快机构化、规模化租赁企业发展；加强住房市场监管和整顿、规范开发、销售、中介等行为

续表

发布项目	发布时间	发布部门	主要内容
《住房租赁和销售管理条例（征求意见稿）》	2017 年 5 月 9 日	住房城乡建设部	鼓励发展规模化、专业化的住房租赁企业，支持其通过租赁、购买等多渠道筹集房源，支持个人和单位将住房委托给住房租赁企业长期经营；住房租赁企业依法享有相关金融、税收、土地等优惠政策
《关于在人口净流入的大中城市加快发展住房租赁市场的通知》	2017 年 7 月 18 日	住房城乡建设部联合八部委	截至 2017 年 9 月初，广州、深圳、南京、杭州、厦门、武汉、成都、沈阳、合肥、郑州、佛山、肇庆 12 个试点城市已全部出台试点方案
《利用集体建设用地建设租赁住房试点方案》	2017 年 8 月 21 日	国土资源部、住房城乡建设部	根据地方自愿，确定第一批在北京、上海、沈阳、南京、杭州、合肥、厦门、郑州、武汉、广州、佛山、肇庆、成都 13 个城市开展利用集体建设用地建设租赁住房试点
十九大报告	2017 年 10 月 18 日	十八届中央委员会	坚持"房子是用来住的、不是用来炒的"定位，加快建立多主体供给、多渠道保障、租购并举的住房制度，让全体人民住有所居
《政府工作报告》	2018 年 3 月 22 日	第十三届全国人民代表大会	加快建立多主体供给、多渠道保障、租购并举的住房制度，让广大人民群众早日实现安居宜居

建投地产信心指数（HCI）年度分析

郭慧子

地产行业连接经济上下游诸多产业，在经济总体量中占比较大。地产行业同时具有公共品属性和资产属性，因此不仅是民生的重要组成部分，也会同金融周期相互作用，影响整体经济波动。信托作为金融体系的重要组成部分，与地产行业多年来合作深厚，地产类信托是信托业务中传统而重要的组成部分。回顾历史，在地产周期上行阶段，地产类信托是地产公司规模扩张的补充动力，而在受到地产调控的行业调整阶段，地产类信托则是地产公司融资的重要渠道之一。当前金融周期进入下半场，在防风险的重要目标下，监管力度显著加强，金融行业正式进入规范化经营的新时代。信托行业作为中国金融子行业中的第二大板块，也要面对政策和市场环境的深刻变革。在进一步规范化经营的同时，行业正在经历专业化程度整体提升和竞争格局分化。主动管理能力、风险控制能力、投研能力等将重新定义信托公司的核心竞争力，决定其在新时代的发展潜力。地产信托作为信托公司的传统业务之一，对其开展的行业研究贯穿风险控制和主动管理，因此信托公司应深入了解地产行业并紧跟行业发展脉搏。

出于对地产投资领域的研究需求，中建投信托博士后工作站在结合宏观研究和地产行业客观数据分析的基础上，展开了基于地产公司管理层定期访谈的一手调研——建投信托地产信心指数 HCI。

一、建投信托地产信心指数 HCI

2016 年四季度起，中建投信托每个季度通过对具有代表性的地产企业总部高管或投融资负责人进行面对面深入访谈，获取一手数据和信息，通过模型化测算获得建投信托地产信心指数（以下简称"HCI 指数"），并根据调研中获取的各类信息形成完整报告。

HCI 指数旨在捕捉房地产市场中，活跃地产企业对政策、投资、开工、销售、融资等各项指标的信心的变化趋势。由于是扩散性指标，随着时间推进可以展示行业观点的趋势性变化。因此，HCI指数可以持续反映市场动态变化；同时具有环比特性，能够反映地产公司基于调研时点对未来一段时间的市场展望。

受访房企总计30家，分别来自华北、华东、华南、华中以及西南区域，公司总部分布于北京、上海、深圳、广州、天津、重庆、成都、郑州、南京、杭州、宁波、福州等城市。样本公司中上市公司占比超过70%。样本在选取上拟合行业资产分布状态，覆盖从不足200亿元到3000亿元以上资产规模的地产企业，分布呈纺锤形，因此对行业具有较好的代表性（见图1）。

图1 调研公司资产规模分布

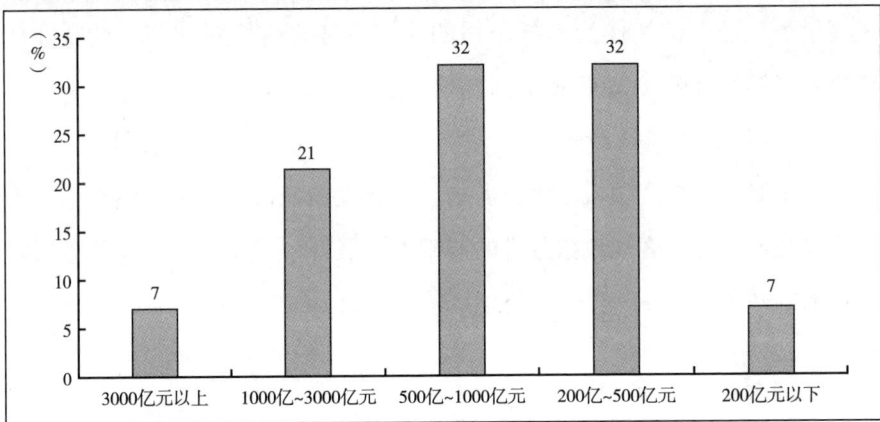

数据来源：中建投信托博士后工作站。

为弱化区域市场和项目间的差异，调研对象来自地产公司总部的高管和资金或财务部门负责人（见图2）。他们不仅具有丰富的从业经验、历经地产行业周期起伏，且熟悉公司战略，具有敏锐的市场直觉，对地产行业的判断具有穿透力。

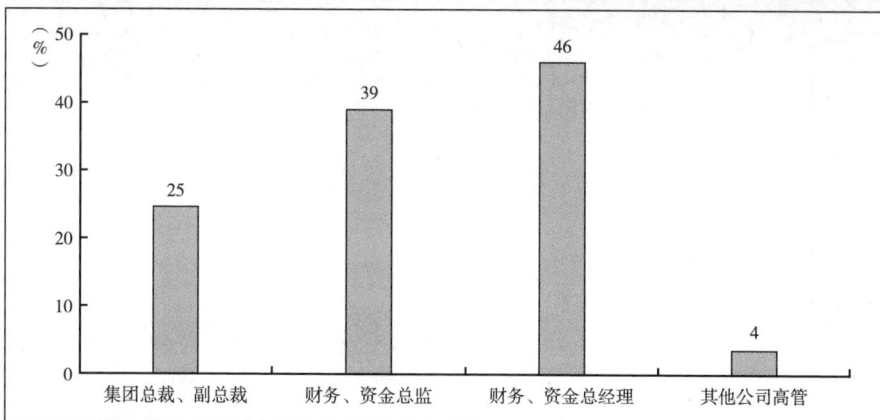

图2　调研对象职务分布

数据来源：中建投信托博士后工作站。

二、HCI 调研结果回顾

（一）调控以来地产公司信心的环比变化趋势

　　HCI 指数根据地产公司对政策、投资、开工、销售、资金等各方面预判，采用自主设计多重维度权重的模型计算得出。该指数捕捉了从2016年"9·30"调控后到2018年一季度，地产公司对于未来市场综合判断的环比波动。指数以50分作为枯荣线，50分以上意味着相对于上一个调研时点，地产公司对于未来的综合看法更为乐观；50分以下则表示，受访者认为对未来的看法相比调研时更为悲观。由于其环比特性，指数具有季节性波动的特点（见图3）。

　　可以看出，地产公司在调控初期（2016年四季度）由于对调控力度和效果不确定，因此呈现明显的观望情绪。2017年初，受到市场需求韧性的鼓舞以及年初投资计划的支撑，指数在边际上显著回升。2017年二季度地

图3　HCI指数变化情况*

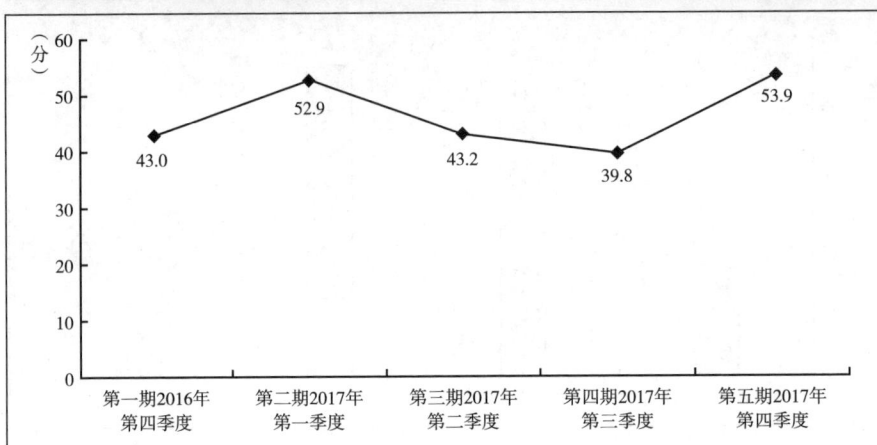

*图中标注时间为调研时点，对应数据反映以调研时点为基准，对未来的预判。后图皆如此。
数据来源：中建投信托博士后工作站。

产调控政策加码，"3·17"新政对于购房者可运用的资金杠杆显著收紧，叠加金融领域监管风暴的影响，流动性骤然收紧，受访地产公司对后市信心回落。2017年三季度末，尽管年底为了冲击业绩，多数地产公司接受限价，且其集中推盘计划促使销售信心有所回升，但年底资金收紧、投资力度减弱等因素继续拖累整体信心指数。于2017年末展望2018年，受访地产公司在政策预判和投资计划等方面显著回升，且由于年底资金紧缩基数较低，因此对2018全年货币的预判未呈现大幅下滑。以上因素共同拉动整体指数边际回升。

从各项细分指标来看，地产公司对于政策的判断与政策收紧的步伐基本吻合；投资波动受到季节性因素影响较大，地产公司多数倾向于年初投资年尾回笼资金；地产行业过去几年在提高周转率方面已取得大幅进步，因此开工指标最显平稳；销售预期取决于调控政策加码和市场需求韧性两方面的博弈，尽管政策环境显著恶化，市场需求韧性以及对地产公司政策适应能力的增强，都对销售起到一定的支撑作用，并最终带给地产公司投资和开工动力；自2016年四季度以来资金一路趋紧，尽管其间呈现波动，但经济总体流动性紧缩趋势确定，地产行业融资渠道收紧的预期也持续加深（见图4）。

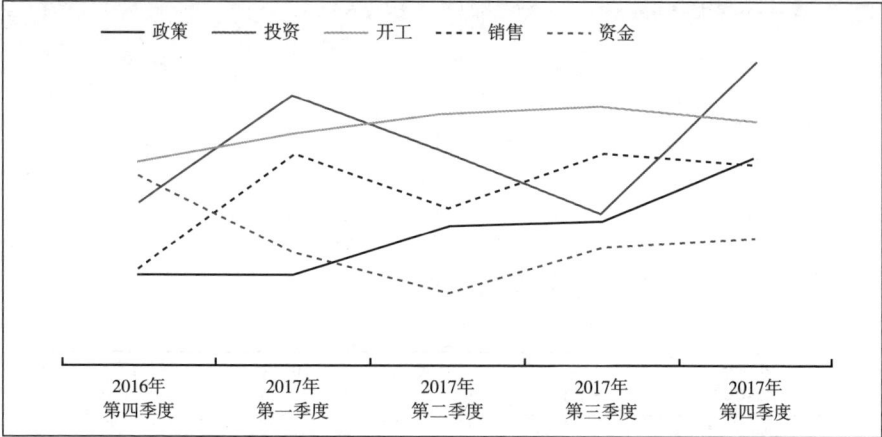

图 4　主要细分指标的波动情况

政策　投资　开工　销售　资金

| 2016年
第四季度 | 2017年
第一季度 | 2017年
第二季度 | 2017年
第三季度 | 2017年
第四季度 |

数据来源：中建投信托博士后工作站。

HCI 指数在测算中会根据地产公司资产规模对其分配阶梯形权重。结果显示，资产规模在 3000 亿元以上以及 500 亿～1000 亿元的地产公司，在 2016 年四季度至今的时段中，对市场预期偏谨慎，而规模 200 亿～500 亿元以及 1000 亿～3000 亿元的公司相对更为乐观。经离散程度测试，3000 亿元以上公司的波动最为平稳，而规模在 1000 亿～3000 亿元的公司波动最大。2017 年中期，资金开始显著收紧后，1000 亿～3000 亿元规模的公司和 200 亿元以下的公司在信心指数上呈现明显下滑，而 200 亿～500 亿元以及 500 亿～1000 亿元的公司反而出现上扬。相比之下，这一节点并未显著影响 3000 亿元以上企业的信心变化（见图 5）。2017 年中期资金环境骤然变化带来的信心分歧，或可理解为不同规模地产企业对融资环境的敏感度存在显著差异。规模较小的地产公司面对融资环境恶化的抵御能力更弱。而在市场集中度加剧的竞争环境下，第二梯队地产公司往往选择依靠杠杆加速扩张的竞争策略以争取晋级，因此对融资环境也更为敏感。

图5　不同规模地产公司的信心波动

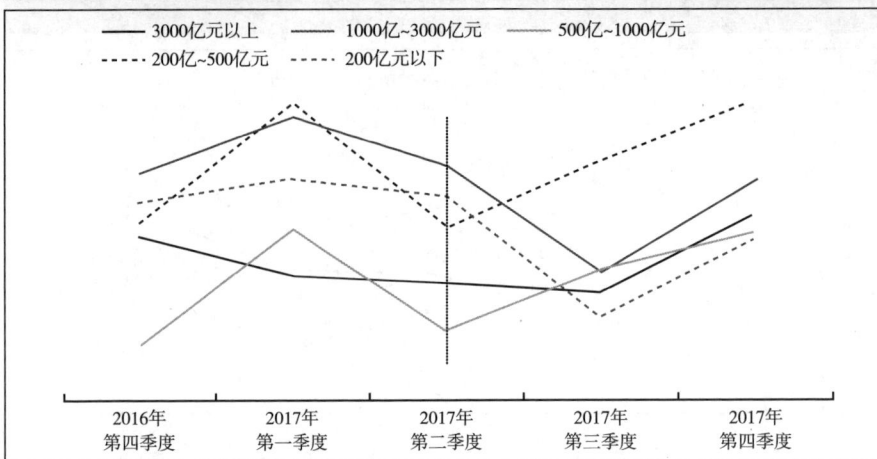

数据来源：中建投信托博士后工作站。

（二）调控政策：调控严肃而持续，政策执行边际向好

本轮调控政策始于 2016 年二季度。2016 年 3 月底，上海发布"沪十条"，提高非户籍人口购房门槛，一线城市率先开启调控窗口。2016 年 7 月起，合肥、厦门、南京等热点城市陆续出台政策，二线城市调控也逐步启动。随着同年 9 月 30 日 19 个城市密集出台"限购""限贷"政策，标志着全国楼市正式进入新一轮调控。

2017 年全国房地产政策调控再度升级。3 月 17 日，北京发布《关于完善商品住房销售和差别化信贷政策的通知》，将首付比例提高至历史最高位，限制购房杠杆。同月厦门、成都、青岛等 10 余个二线城市出台"限售"政策，本轮调控成为史上最严调控（见表 1）。

2016 年四季度到 2017 年二季度前，HCI 调研中的地产公司对于调控政策进一步收紧的预期比重近半，随后判断政策保持的比重越来越大（见图 6）。根据调研结果，地产公司对于未来政策的判断与实际出台政策情况一致。一方面随着调控深入，市场逐步认识到本次调控的严肃性和持续性，对未来政策的预判较为谨慎；另一方面，地产公司一致判断本次调控为史上最严厉的调控，尤其在一二线城市，政策已"严无可严"，因此对于政策的预判呈现持续的边际向好趋势。

对于2018年的调控政策，82%的地产公司判断政策将保持2017年末的情况，13%的公司判断将在包括落户政策、直接融资口径等执行层面有所放宽，但调控退出的可能性很小，尤其是一二线热点城市，或将在短期和中期都处于调控之下。

表1　新一轮调控中的相关政策	
日期	调整政策
2016年9月	北京、深圳等19城密集出台限购、限贷政策，标志着全国楼市新一轮调控周期开始
2017年3月	厦门、成都等10城出台限售政策，升级为史上最严调控； 北京出台"差别化信贷政策"
2017年4月	金融行业强监管风暴；地产公司融资环境更趋严峻；国土局、住建部发布通知，要求各地根据去化周期调整供地，开始供给端调控
2017年9月	重庆、石家庄等城市密集出台限售政策，调控再度扩围； 十九大确立"房住非炒"的调控基调
2018年1月	南京、郑州、兰州等多个二线城市出台人才引进政策或定向取消限购，随后逾10城不同程度地跟进

数据来源：中建投信托博士后工作站。

图6　HCI政策指标之政策预期

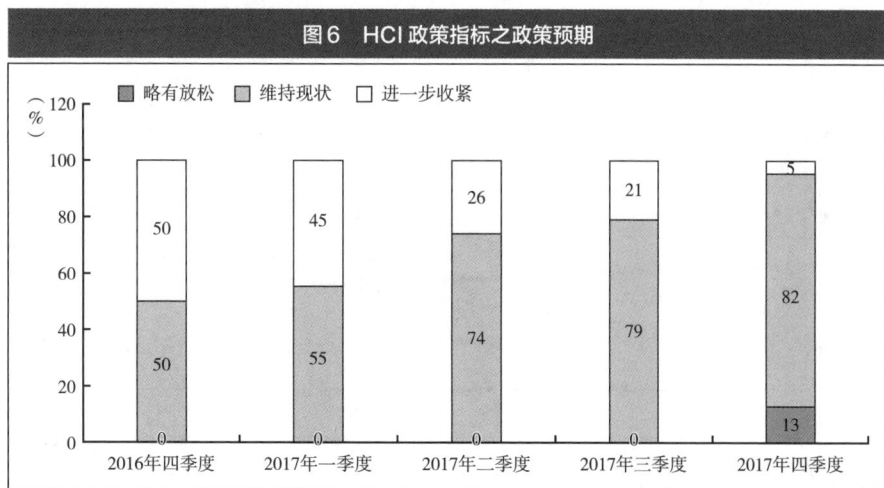

数据来源：中建投信托博士后工作站。

（三）投资策略：压力与动力下的趋势及分化

1. 投资规模

地产公司的投资受到动力和压力的双重驱动。首先，地产行业竞争格局发生变化，地产公司"不进则退"；其次，货币环境趋紧，地产融资渠道收紧、规模减小、价格上升，资金也限制了地产公司的投资。

地产行业集中度在迅速提升中。此前地产公司的数量在高峰期达到9000 家以上，随着逐步进入存量市场以及调控的深入，市场的并购愈发活跃。同时，此前地方政府保护下的中小地方房企不仅越来越多地受到全国房企战略扩张的压力，与地方政府的密切度也逐步下降，更加凸显全国性房企的扩张优势。2017 年前 30 名地产公司占有市场份额约为 37.9%，前5 名地产公司市场占有率为 17.3%。据中国指数研究院测算，2020 年前 10名地产公司或将占据接近一半的市场份额。地产行业呈"大象赛跑"趋势（见图 7）。在此行业竞争格局变化的背景下，一方面，龙头房企的规模优

图 7　地产行业集中度显著提高

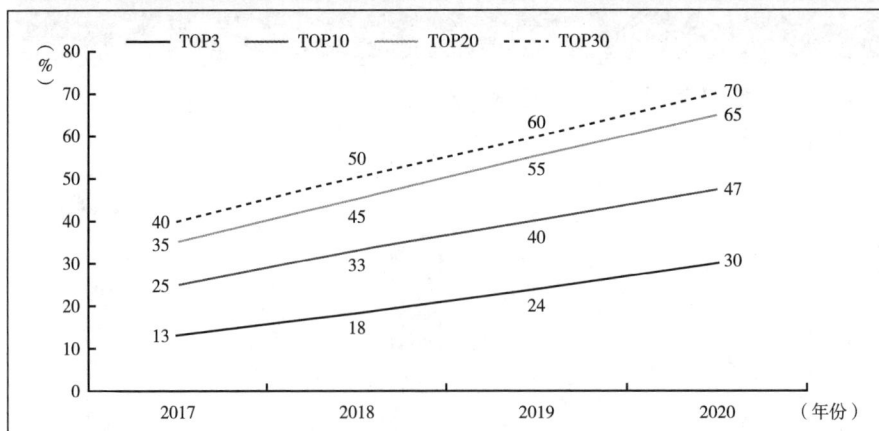

数据来源：CRIC，中国房地产测评中心。

势在拿地、融资、品牌、供应链等各方面均可获得资源倾斜；另一方面，第二梯队地产公司当前做大规模以及冲击销售额的动力十分强劲。

HCI调研结果显示，投资指标呈现一定的季节性波动。年初地产公司投资动力更为强劲，而年末的投资则相对力度较小。这与实际地产投资的季节性波动呈正相关。除此之外，地产公司对未来的投资意向显示出地产行业内的部分趋势和分化。一方面，在调控之后地产公司普遍具有较强的投资意愿，这是动力与压力共同决定的；另一方面，资金、拿地规则改变等因素带来的投资约束，以及对当前危险与机遇的态度与平衡，导致地产公司投资战略的分化。从结果上看，2017年三季度调研时的结果最能体现这种分化，选择增加投资、持平以及减少投资的地产公司形成"三分局面"。2018年随着新一年投资目标的制订以及年初投资高峰的来临，这种分化有所弥合，但除去季节性因素，仍体现了行业投资策略的分化（见图8）。

图8　地产投资的趋势和分化

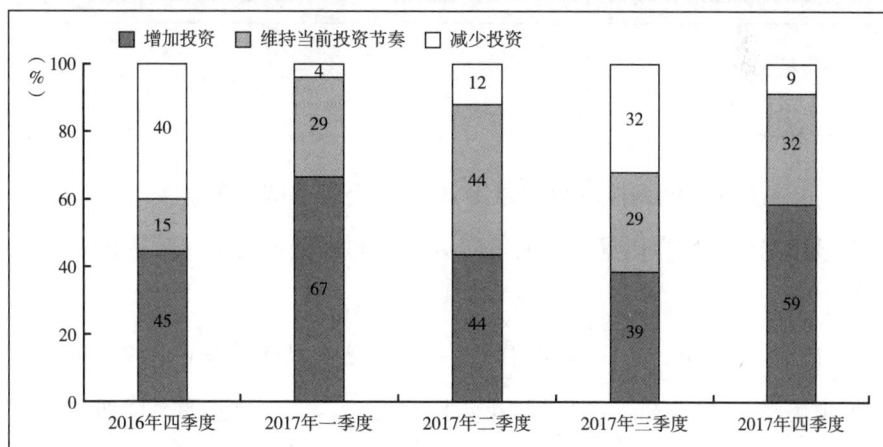

数据来源：中建投信托博士后工作站。

从规模角度分析，3000亿元以上资产规模的地产公司投资态度最谨慎也最平稳，主要原因是规模地产公司的投资策略更为成熟和稳定，尽管受到环境变化和季节性因素影响，但波动仍相对较小。500亿元以下规模的公司平均投资态度最为积极，主要原因是中小地产公司在2016年的上行周期中"去化"较快，在2017年面临较大的补库存压力。相对而言，500亿~1000亿元的公司波动最明显，或因其投资策略具有更显著的随环境调整的特点（图9）。

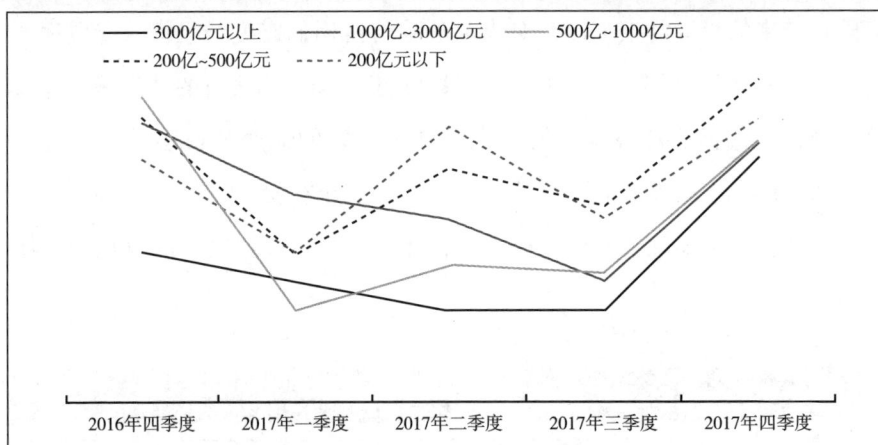

图9 不同规模房企的投资策略波动情况

数据来源：中建投信托博士后工作站。

2. 投资方向

"因城施策"的调控政策，导致2017年全年由调控因素主导的重点一二线城市与由去库存因素主导的三四线城市的成交量增幅差距达近五年最大值。

统计数据显示，2017年9月份，一线城市商品房成交占比2.4%，二线城市下降到30.9%，三四线城市占比达到66.7%，比重明显增加。弱二线、三四线城市在2017年为房企贡献了飘红的业绩。

为适应一二线城市与三四线城市的分化，部分地产公司在2017年进行了投资战略的调整。但对投资战略影响更大的是城市圈的分布。根据调研结果，2017年地产公司的投资战略总体有向三四线城市下沉的趋势，主要范围分布在已进入城市的周边，城市圈成为更为重要的投资地点衡量标准。2017年二季度起，HCI调研中增加了公司投资地的调研内容。受访地产公司对除北上广深四大都市外的全国城市，进行了连续的评估，并得出"最具投资价值的城市"排名和分布（见图10）。

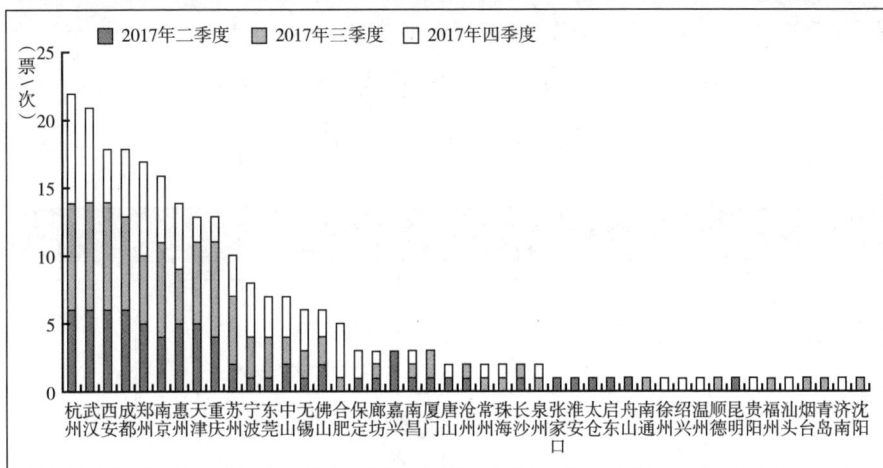

图10 调研地产公司评选"最具投资价值城市"

数据来源：中建投信托博士后工作站。

总体而言，除少数城市是区域省会城市及重点城市外，调研公司的投资范围主要分布于三大城市圈和中西部城市群中，与现阶段中国城镇化发展路径密切吻合。其中，中西部城市群共获得99票/次提名，是2017年对开发商最具吸引力的城市群，受访地产公司普遍看好这些城市未来在人口、产业以及资产配置方面的潜力；除中西部城市群外，按照票/次从多到少，依次是长三角城市圈、粤港澳大湾区城市圈、京津冀及雄安新区城市圈、海西城市圈等。票选统计出最受地产公司青睐的投资地依次是杭州、武汉、西安、成都、郑州和南京等。

3. 投资方式

除了投资方向的变化外，地产公司的拿地方式也随市场环境改变。一方面，市场集中度的不断提升使得地产行业的整合更为频繁和激烈。拿地规则发生改变，除了拿地资金的要求显著严格外，在现房销售、配建商业、配建保障房或租赁等要求作用下，越来越多的中小地产公司补库存难度加大。部分房企选择出售项目甚至清算退出，因此地产行业并购逐步升温。另一方面，并购市场竞争愈发激烈，而政府严控下招拍挂市场土地溢价回归理性，拍地竞争趋缓，因此部分公司回归招拍挂市场。

调研结果显示，2017 年年中以来，地产公司在投资方式上总体经历了并购倾向到招拍挂倾向，再到均衡倾向的变化过程（见图 11）。随着政策预期稳定，资产价格回稳，以及资金渠道全面收紧，未来标的项目本身的质量或将更加超越投资方式的偏好，成为地产公司投资的主要依据。

图 11　调研地产公司的投资方式变化情况

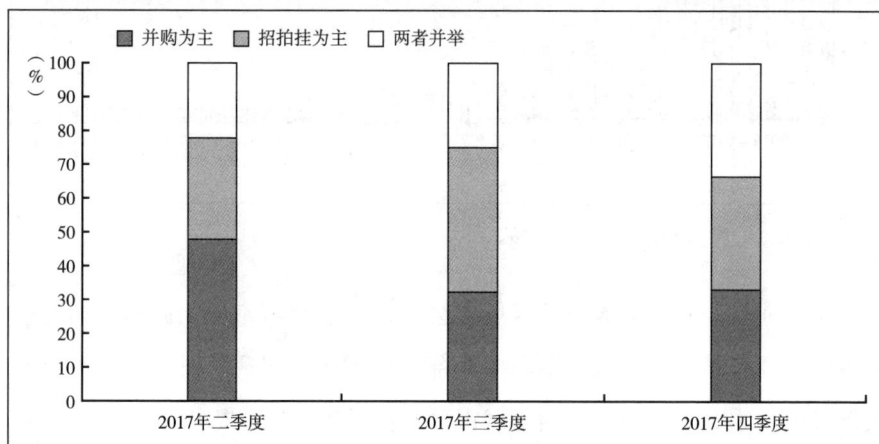

数据来源：中建投信托博士后工作站。

（四）开工与销售

1. 开工意愿

地产行业近年来对周转速度的追求日益强烈，开工速度整体较快。同时，在调控政策下，"以销定产"的特点更为明显。在 2017 年整体销售业绩继续大幅增长的背景下，地产公司的开工意愿持续高位。根据调研结果，2016 年四季度以来，总有五成到七成的公司保持自己的开工节奏，并不因政策波动而刻意赶工或加速。而由于融资收紧，地产公司需要加大销售以促回款，因此总体上持加速开工意愿的公司比例处于提升状态，并在 2017 年三季度，随销售计划的提高而达到高点（见图 12）。

图 12 地产公司开工意愿情况

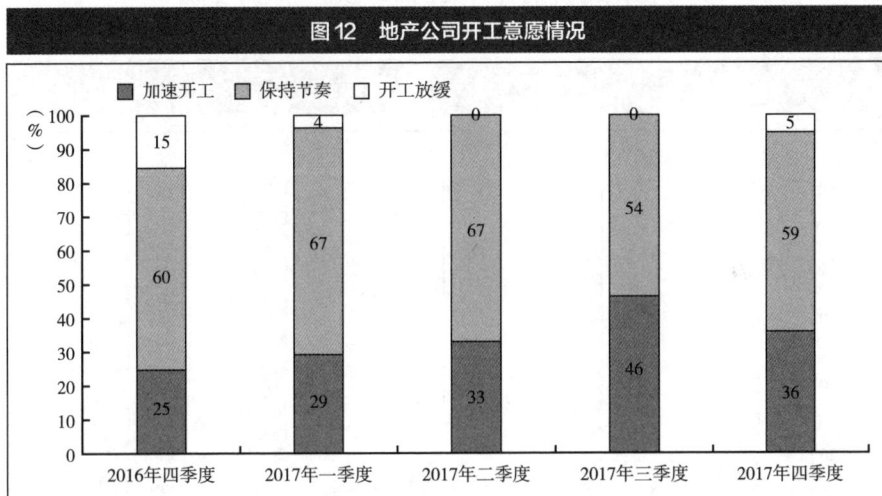

数据来源：中建投信托博士后工作站。

2. 销售情况

2017 年商品房销售量价进一步刷新纪录。全国商品房销售面积突破 16 亿平方米，比上年增长 7.7%；商品房销售额达 133701 亿元，首次突破 13 万亿元，实现增长 13.7%。

销售数据持续走高，一是市场需求韧性的作用，多数受访地产公司表示，在一些城市的项目开盘仍有秒光/日光的盛况，多个重点城市蓄客量与销量比仍处高位，购房者依旧有"一房难求"的情况。二是由于政府限价在一定程度上促成了部分城市一二手房价格倒挂，导致购房需求的集中释放。三是由于地产公司在政策稳定的预判下，积极适应政策，接受政府指导价并积极推盘增加回款，也是销售规模持续走高的重要动因。

调研结果显示，地产公司对于未来销售的预判整体上经历了两个极端。2017 年年中之前，政策波动对于地产公司销售预判的影响比较显著，因此销售指数波动明显；而 2017 年下半年，地产公司对于销售的整体预期回调，或可理解为地产公司对于政策的适应性显著增强（见图 13）。最终，73% 的公司完成了 2017 年初制订的销售计划（见图 14），并且所有受访地产公司的 2018 年销售目标均较 2017 年提升 20% 以上，甚至有 12% 的地产公司目标在 2018 年实现销售翻番（见图 15）。

图 13　地产公司销售预判

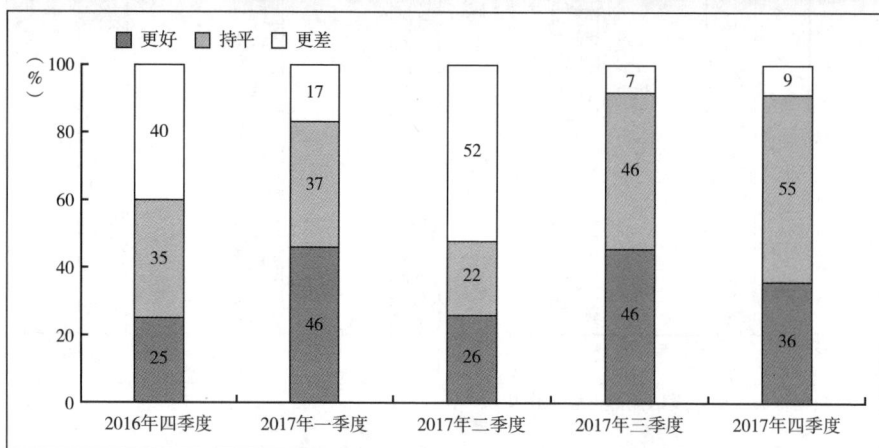

数据来源：中建投信托博士后工作站。

图 14　2017 年地产公司销售目标达成情况

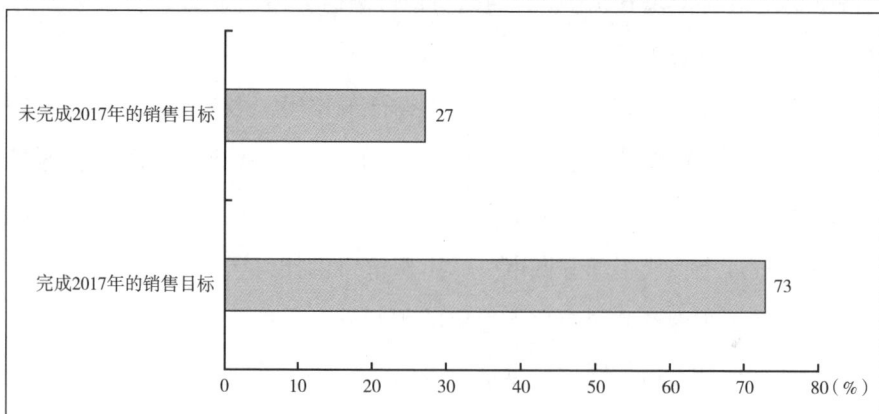

数据来源：中建投信托博士后工作站。

图15 地产公司2018年销售目标普遍提升

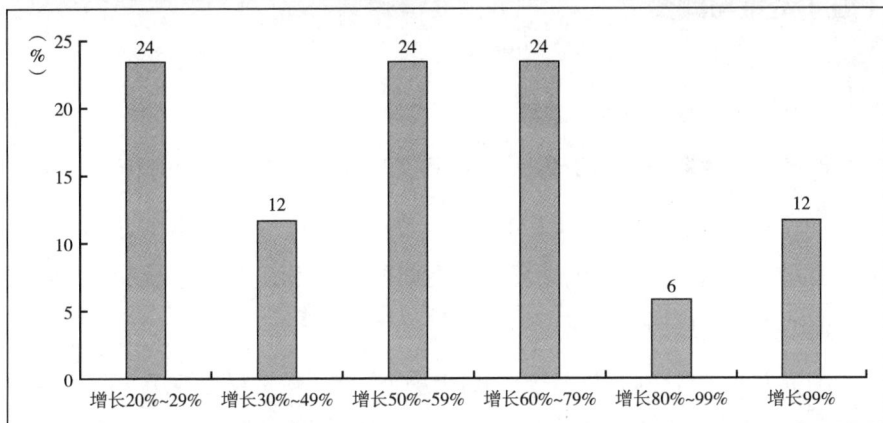

数据来源：中建投信托博士后工作站。

按照规模划分，调研结果显示：规模越大的地产公司，其销售预期波动
最小，规模越小的公司波动越大，可以理解为中小企业更易受到市场和政策
波动影响。平均而言，资产规模在500亿~1000亿元的地产公司对销售最为
乐观，其次是1000亿元以上房企，200亿元以下的地产公司预期最为悲观
（见图16），当前政策的不利环境对于中小企业销售构成了更大的压力。

图16 地产公司规模与销售预期波动

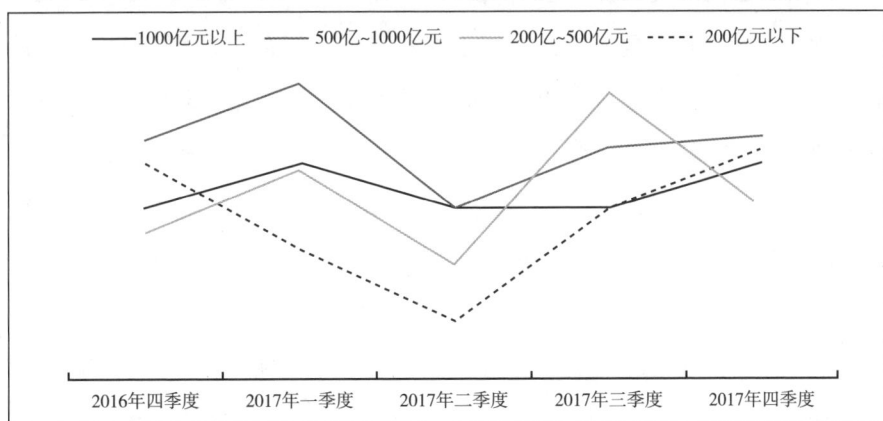

数据来源：中建投信托博士后工作站。

（五）资金与融资

1. 地产公司资金来源双趋紧

地产公司的资金来自销售回款和融资两方面。销售回款方面，受到限购限贷影响，尤其是 2017 年"3·17"新政后银行对个人杠杆的管理，使地产公司尽管销售额总体继续攀升，但新增回款率有所下降，为地产公司现金流带来一定压力。

融资方面，自 2006 年至今，我国房地产企业融资渠道经历了阶段性的变迁过程。2006～2009 年，IPO、股票增发是主要的融资渠道。随后 2009 年底出台"国四条"，股权融资受限，非标兴起。在市场调控作用下，2014 年后房地产非标再次被重启的定增所取代。2015 年初证监会颁布公司债新政，公司债发行主体扩容，政策放松下的房企纷纷放量发行，债券融资在 2015～2016 年增长迅速。2017 年以来，房地产企业融资收紧，债券融资显著受限，房地产企业信用债发行缩量 75%，融资渠道有重新回归银行贷款和房地产信托的趋势。在金融监管风暴下，银行贷款与房地产信托融资难度亦大幅提升，因此 2018 年地产公司面临更加严峻的融资环境。

2. 地产公司各类融资渠道总体收窄

地产公司融资主要方式分为贷款融资（银行贷款与非银贷款）、海外融资、股权融资和债券融资四个方面。近年来，地产公司银行贷款融资占比有所下降，相较 2011 年三季度的 32.8%，2017 年三季度仅为 26%。在地产调控和金融强监管下，房企开发贷严格遵循"432"规则，且不得用于购置土地，加上 2017 年二季度后市场流动性显著趋紧，地产开发贷的额度更为收缩。开发贷在规模和时效性上的不利，使地产公司在贷款类融资上有更多依赖非银贷款的倾向。2017 年上半年地产信托余额上升至 1.77 万亿元。然而，随着 2017 年底到 2018 年初金融监管政策的密集出台，对于地产信托融资、私募基金融资等要求回归本源并进行穿透式监管，金融行业压缩通道规模，要求银行资金通过非银渠道流入房地产的资金规模逐步降低，因此地产非银贷款难度同样显著增加。海外融资方面，海外债券融资在 2017 年二季度明显升温，但由于占比相对较低（1% 以下）且 2017 年年中发改委对于房地产海外企业债的发行加强审核，因此对于整个行业而言，海外融资在解决地产公司融资趋难方面效果甚微。股权融资方面，2017 年也处于相对低位，地产公司 IPO 自 2010 年以来几乎停滞，增发融资在 2017 年 1 ~ 11 月间共计 158 亿元，是 2015 年全年的 9.7%、2016 年全年的 11.8%，规模显著收缩。债券融资方面，2017 年地产公司债大幅收缩，尽管银行间中票短融发行仍然较为通常，但债券市场收益率大幅上行，致使房企发债成本高企，部分公司甚至取消或推迟发债计划。

3. 地产公司现金流管理的重要性凸显

HCI 调研显示，地产公司在 2017 年二季度时，对现金流的判断最为悲观，符合当时流动性骤然收紧的市场情绪。随后，尽管资金持续收紧，但地产公司现金流预判都有所修复，显示地产公司主动适应政策，基于现金流进行资金管理更为严格（见图 17）。

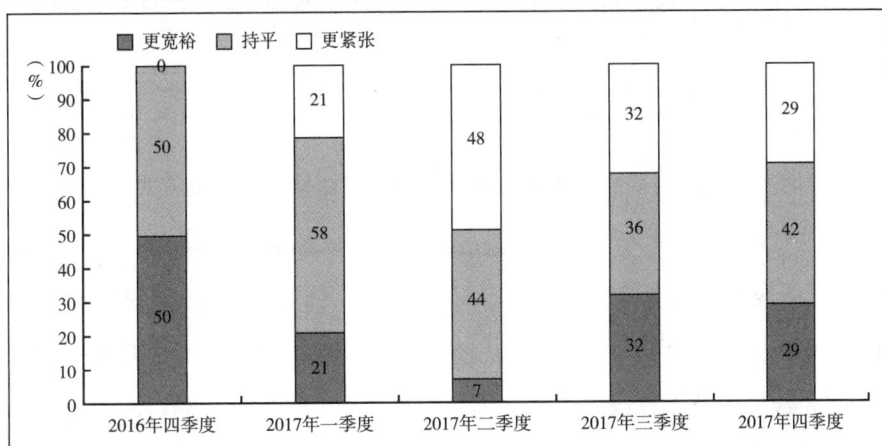

图17 地产公司现金流预判

数据来源：中建投信托博士后工作站。

4. 地产公司融资结构随市场变化

随着 2017 年二月以来资金价格的上升和融资渠道的收紧，地产公司融资结构随市场变化。2017 年上半年，地产公司对于非银融资的需求大幅增加，HCI 调研的 30 家地产公司 2017 年银行贷款与非银贷款规模平均比例已达53∶47。而随着金融行业强监管的持续加深，以银行和非银为代表的间接融资受监管影响较大，因此部分企业意欲在 2018 年增加直接融资比例（见图 18）。

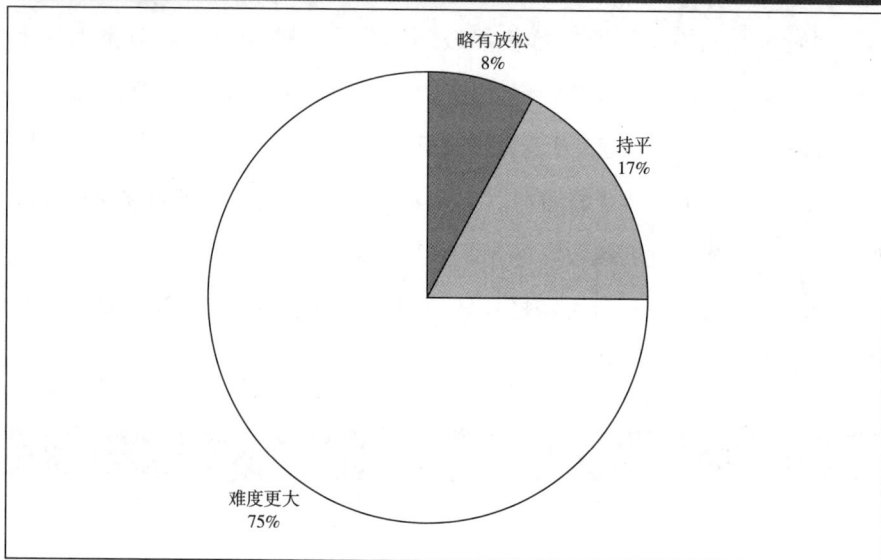

图18 地产公司对于 2018 年间接融资难度的预判

数据来源：中建投信托博士后工作站。

5. 地产信用债到期高峰将至，地产公司积极探索多元融资方式

2018 年起将迎来地产信用债集中到期高峰。从规模上看，2018 年将有2317 亿元规模的地产信用债到期，而从 2019 年到 2021 年每年到期规模不低于 4000 亿元。而低评级地产信用债的集中到期主要集中在 2018～2019年。AA 级以下及无评级房企债到期规模峰值是 2019 年的 381 亿元，其次是 2018 年的 309 亿元（见图 19、表 2）。随着集中到期高峰来临，25% 的地产公司判断 2018 年直接融资相关发行会比 2017 年有所松动，以保障在

融资趋紧的环境下地产公司再融资完成债务置换，防范可能发生的风险（见图20）。同时，由于金融政策对于资产证券化总体上更为支持，因此越来越多的地产公司积极尝试包括物业费资产证券化、应收账款资产证券化、租金收益权资产证券化、商业地产抵押贷款资产证券化在内的多元路径。信托公司在法律制度方面的优势使其成为 ABS、ABN 市场中日益重要的参与方之一。

图 19 地产信用债集中到期分布

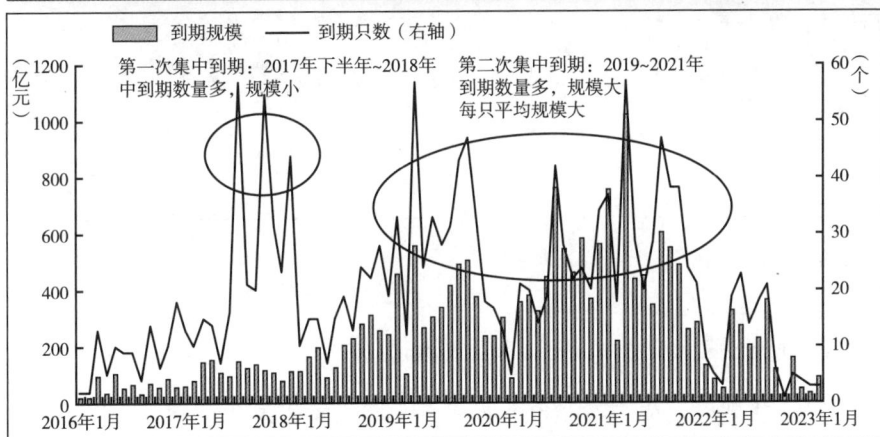

数据来源：中建投信托博士后工作站。

除了资产证券化，调研结果显示越来越多的地产公司在 2017 年愿意尝试股权融资，即向其他地产公司或金融机构开放部分股权，共同参与投资、开发等环节，共担风险和收益。

表2　2017~2022 年地产信用债到期分布

	2017	2018	2019	2020	2021	2022
到期规模（亿元）	1365.60	2317.12	4347.50	5182.70	5616.17	1944.67
到期只数	285	229	374	263	371	125
平均规模/只（亿元）	4.79	10.12	11.62	19.71	15.14	15.56

数据来源：中建投信托博士后工作站。

图20 地产公司对2018年直接融资难度的预判

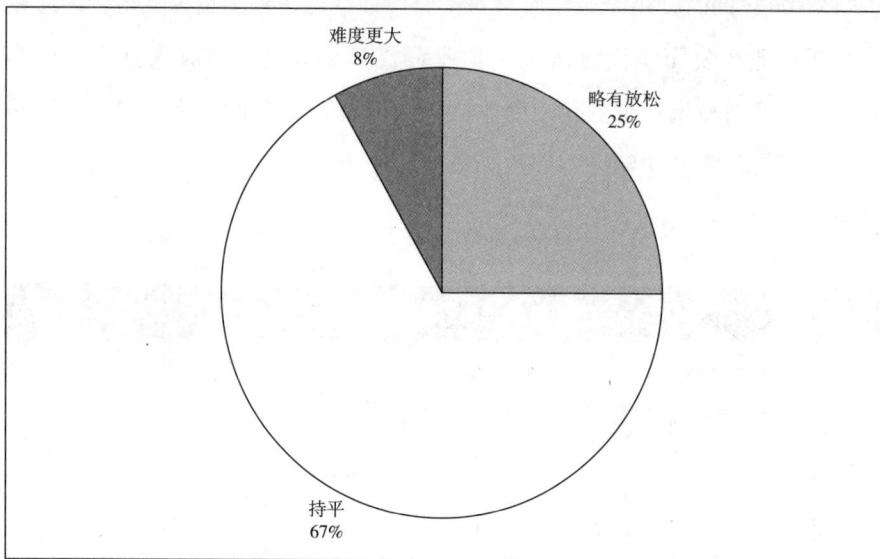

数据来源：中建投信托博士后工作站。

6. 地产公司融资成本处于显著上升通道

2017年地产公司融资成本上升显著。调研结果显示，2017年二季度，地产公司对于后市融资成本的判断最为谨慎，89%的地产公司判断成本将边际上升。地产公司对于融资成本预期的总体恶化是2017年4月金融监管风暴以及后续系列细则出台的结果。而站在2017年末展望2018年的资金成本，公司普遍持谨慎预判。以2017年底高企的成本为基数的情况下，58%的调研公司认为2018年融资成本仍将持续上升（见图21）。在投资动力强劲的背景下，开拓融资渠道、尽早获取尽可能大额度的资金将成为2018年地产公司经营战略的重点，现金流管理也将是地产公司防范风险的重中之重。

图21　地产公司对于融资成本的预判

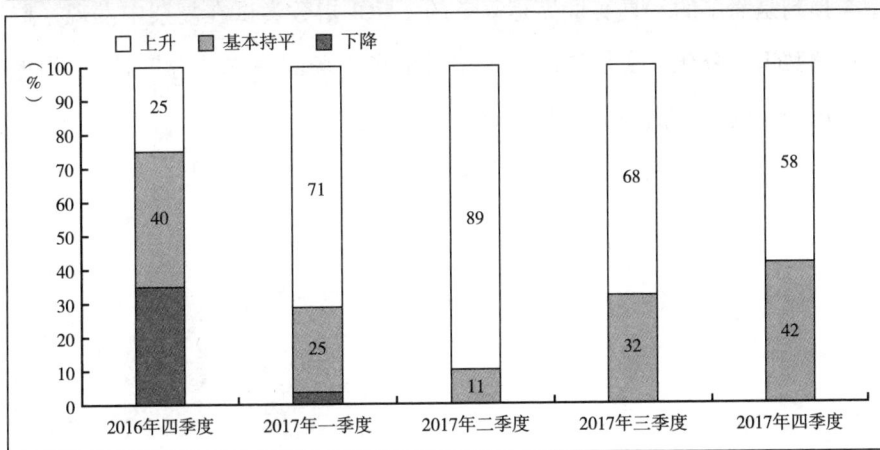

数据来源：中建投信托博士后工作站。

三、总结与展望

　　调控已一年半，相比此前几次调控周期而言，本次周期地产行业并没有出现快速显著反转的情况。一方面，体现了历经多个周期后，地产行业对于调控政策的适应能力有所增强；另一方面，也是本次采用"需求端刚性调控、供给端弹性调控"政策措施的结果。在政策展望逐步稳定，边际恶化可能性逐渐减低的背景下，地产行业作为整体的系统性风险得到控制。但在政策环境不断收紧，尤其是资金市场更为紧张的背景下，地产行业内部整合将愈演愈烈，局部风险或将爆发得更为频繁。

　　2018年地产公司补库存冲动依然强劲，对于销售需求也仍旧充满信心，但回款率在政策收缩下不可避免地下滑，融资在货币边际收紧、金融监管加强的背景下也将成为地产公司发展的"紧箍咒"。理想与现实之间的平衡体现在地产公司战略的稳准狠和对现金流管理的严密把控上。原则是简单的，灵活性是复杂的；战略方向是简单的，战术执行是复杂的；模型与预判是简单的，真实世界是复杂的。HCI 指数尝试在复杂中发现一些简单的共识与分化、变化与趋势，作为地产市场的一支"温度计"，为地产公司和投资人提供一份参考。

非标债权资产净值计量的方法思考

应汇康

一、非标资产估值研究的背景

2018 年 4 月 27 日，中国人民银行会同银保监会、证监会、外汇局正式发布了《关于规范金融机构资产管理业务的指导意见》（以下称"资管新规"）。资管新规旨在拟定资管类业务的统一监管标准，最大限度地消除资管业务的监管套利空间，完善资管行业发展环境。其中，新规要求金融机构对资管产品实行净值化管理，及时反映基础资产的收益和风险，为增强资管产品流动性、打破刚性兑付创造必要条件。

目前，国内整个资管市场上除了公募基金和部分投资股债的私募基金发行净值型产品外，包括银行理财、信托计划在内的绝大部分资管产品都属于预期收益型，即按合同约定付息，产品到期还本，产品存续期不核算、不公开净值。投资者通常对该类产品存在刚性兑付预期，部分金融机构也在实操上默认刚性兑付的隐形条款，导致大量产品的信用风险在金融体系内部累积，资管产品长期难以回归资产管理本质。

资管产品净值化是指资管产品按照份额发行，并定期或不定期地披露产品的单位份额净值。事实上，投资于债券、股票、开放式基金等标准化资产的资管产品并不存在净值化的障碍，该类产品完全可比照公募基金的管理办法，基于投资标的市场报价或第三方机构的评估价格计算产品净值。当前，资管产品实行净值化管理的最大困难来源于投向非标债权资产的产品。由于非标资产没有活跃的二级市场交易，不存在可参照的市场价格，因此资产管理人无法基于投资标的市场价格计算资管产品净值。尽管按照企业会计准则，非标资产可以按照资产形成的成本和预期的收益实现估值，但净值化管理需对金融资产的成本、收益和风险进行综合判断，仅以成本和收益估算非标资产的价值很难做到真正的公允。

目前存量的资管产品中，存在大量底层资产为非标债权的产品，若非标估值的公允性问题无法解决，资管产品的净值化管理也就无法实现。本文根据资管新规的要求，并结合资管业务的实践，从会计核算和金融资产定价等多个角度探讨非标债权资产的净值计量方法，拟为扫除资管产品净值化管理的障碍提供初步构想，并为资管产品净值化管理的监管细则提供建议。

二、非标资产的定义与特征

（一）非标资产的定义

非标资产通常指非标准化债权资产，是在金融实践中对除了可在二级市场交易的标准化债权资产之外的债权资产的统称，非严格意义上的金融术语。近年来，随着金融创新的演化发展，非标资产的规模不断扩张，非标的存在形式也不断变化和扩充，存量的非标资产对整个金融市场的稳定性变得更加重要。

官方对非标资产的定义源于原银监会 2013 年下发的"8 号文"（《关于规范商业银行理财业务投资运作有关问题的通知》），文中首次对非标准化债权资产有了明确的定义。根据"8 号文"的定义，非标准化债权资产是指"未在银行间市场及证券交易所市场交易的债权性资产，包括但不限于信贷资产、信托贷款、委托债权、承兑汇票、信用证、应收账款、各类受（收）益权、带回购条款的股权性融资等"。

资管新规正式版对非标资产的定义也采用了排除法，并为具体认定标准留有较大余地。根据定义，标准化债权类资产应当同时符合五个条件：①等分化，可交易；②信息披露充分；③集中登记，独立托管；④公允定价，流动性机制完善；⑤在银行间市场、证券交易所市场等经国务院同意设立的交易市场交易。新规规定"标准化债权类资产的具体认定规则由中国人民银行会同金融监督管理部门另行制定。标准化债权类资产之外的债权类资产均为非标准化债权类资产。"

（二）非标资产的特征

1. 规模体量庞大

根据上述定义，非标资产的涵盖范围非常广，市场上对非标资产的总量缺乏统一的统计口径。综合各方面数据来看，2017 年末信贷资产余额120.13 万亿元，委托贷款 13.97 万亿元，信托贷款 8.53 万亿元，未贴现银行承兑汇票 4.44 万元，应收账款 12.6 万亿元。各类资管产品的受（收）益权由于发行机构众多难以确切统计，仅以银行、信托、券商、基金及子公司、保险等主要机构的资管业务统计，2017 年末资产管理规模在130 万亿元以上，粗略剔除其中重复计算部分后约在 100 万亿元以上，其中有大量资管产品的底层资产为非标债权。

2. 形式复杂多样，风险较高

近年来，随着金融创新步伐加快，非标的业务形式更趋复杂多样。目前市场上的非标资产既包括信贷、委托债权、应收账款等直接债权性质资产，也包括附带担保、回购或其他"抽屉协议"的名股实债型资产，还包括以债权融资为目的产生的各类收（受）益权、商业票据等。

由于非标业务的交易结构和法律关系通常较为复杂，各类业务的监管政策和要求不统一，监管套利拉长业务链条，非标资产的信用风险、流动性风险和操作风险常常藏匿在某个业务环节，难以被精准识别和及时防范。因此，整体来看非标资产的风险远远高于标准化资产。

3. 信息披露不完全，流动性较差

相较标准化产品，监管部门对非标产品未形成统一的信息披露要求，在实操中信息披露存在不完全、不规范，甚至不真实的情况时有发

生，导致投资者无法全面了解基础资产真实情况，对产品的真实风险认识不足。

由于缺乏必要的信息披露，非标资产的流动性较差。尽管目前市场上已有多个非标资产的登记、交易平台，但不同平台之间的产品规则、交易规则和定价机制差别较大，加剧了非标市场的分割。

三、非标资产净值估算原则

资管新规第十八条规定："金融机构对资产管理产品应当实行净值化管理，净值生成应当符合企业会计准则规定，及时反映基础资产的收益和风险。"根据《企业会计准则第22号》的规范，金融资产应使用两种计量方法，分别为"公允价值计量"和"摊余成本计量"。所谓公允价值是指无关联双方在公平自愿的交易条件下，一项资产可以被买卖或者一项负债可以被清偿的成交价格。在实践中，金融资产公允价值的估算应当全面充分考虑资产的收益、风险和流动性等特征。

而对于摊余成本法的使用，新规正式版对征求意见稿进行了修订。征求意见稿规定净值生成应当"符合公允价值原则"，此处的歧义在于根据会计准则，"公允价值计量"和"摊余成本计量"二者是互不相容的概念，即不存在既是摊余成本计量又是公允价值计量的方法。如果仅按照公允价值计量原则，目前货币基金将不能按照摊余成本法进行核算，与现行的公募基金相关管理办法和基金管理人的实操现状明显不符。而且，在非标资产估值实操中，摊余成本法将是可操作性和实用性较强的一种计量法。新规正式版明确规定了摊余成本法的适用范围，将为非标债权资产的估值方法提供更广的空间和更强的实操性。下文从会计核算和金融资产定价等角度介绍非标资产可行的计量方法，亦涵盖了会计准则中的两大类计量法。

四、非标资产净值估算方法

（一）会计角度：考虑风险减值的摊余成本法

1. 方法概述

摊余成本法是指资产以买入成本列示，按照实际利率或商定利率考虑其买入时的溢价与折价，在其剩余期限内进行平均摊销，每日计提收益，形成对金融资产现值的估计。实操中，对金融资产的估值不仅要核算成本和收益，还需考虑信用风险和流动性风险，因此估算金融资产价值时须做风险减值的调整，形成最后的公允的市场价值。资管新规对摊余成本法的适用范围做出了明确规定，使用摊余成本法应当符合以下两个条件：①资管产品为封闭式产品，且所投金融资产以收取合同现金流量为目的并持有至到期；②资管产品为封闭式产品，且所投金融资产暂不具备活跃交易市场，或者在活跃市场中没有报价，也不能采用估值技术可靠计量公允价值。

一般而言，金融资产的摊余成本是指该金融资产的初始确认金额经下列调整后的结果：i. 扣除已偿还的本金；ii. 加上或减去采用实际利率法将该初始确认金额与到期日金额之间的差额进行摊销形成的累计摊销额；iii. 扣除已发生的减值损失。摊余成本计量的公式如下：

$$当期摊余价值 = 上期摊余价值 + 按实际利率计算平均摊销至当期的$$
$$利息收入 - 现金流出(管理相关费用等) - 减值损失$$

值得注意的是，非标资产按摊余成本计量的前提条件是资产管理人有目的、有能力将资产持有至到期。对于封闭式的资管产品，由于禁止非标期限错配，该条件较易满足。但对于开放式产品，管理人须注意控制流动性风险，以避免客户大额赎回导致以摊余成本计量的非标资产被迫出售。

实操中，开放式资管产品可通过设置非标比例和控制客户集中度来管理流动性风险。例如，规定单个开放式资产管理产品中按摊余成本法估值的资产原则上不得超过一定比例，控制大额购买单个开放式产品的客户，尤其是机构客户的集中程度。

2. 减值准备

《企业会计准则解释第 8 号》规定，"理财产品持有的除以公允价值计量且其变动计入当期损益之外的金融资产，应当按照《金融工具确认计量准则》中有关金融资产减值的规定，评估是否存在减值的客观证据，以及确定减值损失的金额并进行会计核算。"新版《企业会计准则第 22 号——金融工具确认和计量》[①] 明确规定以摊余成本计量的金融资产应该计提减值准备。同时，资管新规要求"金融机构前期以摊余成本计量的金融资产的加权平均价格与资产管理产品实际兑付时金融资产的价值的偏离度不得达到 5% 或以上。"因此，在摊余成本法下计提减值准备既是会计准则的要求，又是满足资管新规对摊余成本法适用要求的重要方式。

非标资产的减值准备可根据新金融工具准则中的预期信用损失模型要求进行计提。预期信用损失模型（即"三阶段"法）使用三个阶段来反映金融工具信用风险恶化的过程。阶段一是初始确认后金融资产的信用风险未显著增加，在损益表中确认该项金融工具未来 12 个月的预期信用损失；阶段二是金融工具信用风险已显著增加，即使违约事件尚未实际发生，应按照整个存续期内的预期信用损失确认减值准备；阶段三是违约事件已经实际发生，则应按照整个存续期内预期信用损失确认减值准备。

准确的减值准备计提依赖于非标资产信息的全面性、准确性和及时性。在资产存续期，资产管理人须持续披露存续资产的相关信息，管理人和第三方机构应当保持一定频率地对资产进行信用风险评级或评估，及时估计和调整预期违约率、违约损失率等指标，以便准确地确认资产存续期

---

① 财政部于 2017 年 3 月 31 日修订印发。

内的预期信用损失，计提减值准备。

当资管产品存在多层嵌套或其他复杂的结构设计时，计提减值准备应当穿透至底层资产，充分了解最终债务人的实际情况，准确评估非标资产的信用状况。在嵌套环节中如存在抵质押、担保兑付条款或分级设计的，应予以考虑风险的缓释或转移。

计提减值准备是将非标资产信用风险的变化体现为资产净值变化的重要过程。通过计提减值准备，产品净值发生变化，投资者在资产质量预期发生变化时，可以主动选择申购、赎回或出售产品，使风险发生转移，为刚性兑付的打破创造条件。

（二）金融资产定价角度：估值技术法

由于不存在活跃的二级市场交易，大部分非标资产无法以市场报价估值，其情形类似于标准债权资产中不存在市场活动或市场活动很少的资产，因此该类标准资产的估值原则对非标资产估值具有借鉴意义。根据中国证券投资基金业协会的规定，债券应当区分所处市场的活跃度，按不同原则确定公允价值，对于不存在市场活动或市场活动很少的债券，应采用估值技术确定公允价值。估值技术的选取须回归金融市场理论，针对不同特征的非标资产选择合理的估值技术，尽可能准确地反映非标资产价值，体现估值的公允性。

1. 利差无套利法

根据资产定价理论，金融资产的市场价格和市场利率（或实际收益率）存在一一对应的关系，即

$$P = \frac{B}{(1 + r/m)^{Nm}} + \sum_{n=1}^{N} \frac{C}{(1 + r/m)^{Nm}}$$

其中，P 为资产当前市场价格，B 为票面价值，C 为利息收益，r 为市场利率，m 为年计息次数，N 为产品年限。因此，估算出非标资产的市场

利率即可推导出资产的理论现值。

利差无套利是指同一融资主体所发行的标准化产品（如债券、ABS
等）和非标产品的票面利差与市场利差长期趋于相等，即

$$r_{ns} - r_s = i_{ns} - i_s$$

其中，r_{ns} 和 i_{ns} 分别为非标产品的票面利率（或预期收益率）和市场利率，r_s 和 i_s 分别为标准化产品的票面利率和市场利率。利差无套利反映的是在同一发行主体的信用风险完全相同的情况下，非标资产之于标准化资产的利率溢价来源于流动性风险、合规风险和操作风险的补偿。

假设非标产品存在市场价格和交易环境，同一发行主体的信用风险完全相同，产品的信用保持不变，若非标产品的市场利率 i_{ns} 定价相对偏低，则存在两种可能：其一，投资人可以在相对高价卖出非标产品，再以相对低价买入更多标准化产品，在承受的信用风险不发生变化的情况下实现套利，而两者的市场价格或利率将因大量的套利行为而回归平衡；其二，若市场利率 i_{ns} 持续偏低，发行人可能选择提前终止存续的非标负债，重新发行成本更低的非标产品，该行为实质上是反映了非标市场流动性环境的变化情况，而非发行主体信用变化情况。①

实践中，该方法适用于已发行过债券或其他标准化债券产品的主体。由于 i_{ns}、r_s 和 i_s 均为可获得的公开信息，通过该方法可直接计算出非标资产的市场利率 i_{ns}。

2. CAPM/APT 模型

CAPM 模型是将资产的预期收益与预期风险以简单的线性关系进行拟合。当市场达到均衡状态时，风险的边际收益是不变的，任何改变市场组合的投资所带来的边际效果是相等的，即增加一个单位的风险所得到的补偿是相同的。任何一项资产的预期收益率与衡量该资产风险的 β 值之间存

---

① 若主体信用发生变化，则标准化产品和非标产品的市场利率将发生同向变化。

在正相关关系。根据CAPM模型，一项资产的回报率应该满足以下关系：

$$r_a = r_f + \beta_a(r_f - r_m)$$

其中，r_a 为该资产的市场利率，r_f 为无风险收益，r_m 为市场预期回报率，β_a 为资产的风险系数。

若将 CAPM 模型运用于非标资产估值，r_f 可选取市场上交易较为活跃的长期国债利率，r_m 为市场主要债券基金的平均收益率，β_a 的选择则有赖于资产管理人对该项非标资产进行信用风险评级或评估。

风险系数的设定应当反映该非标资产的风险与市场风险之间的真实差距。资产管理者可将风险不同的非标资产按信用评级归类，赋予不同信用等级的非标资产 β 值区间，再根据资产的实际情况做出微调。非标市场净值管理体系成熟后，则可使用时间序列数据构建回归模型估算 β 值。

与 CAPM 模型类似，APT 模型的理论基础是在市场均衡状态下，风险资产的预期收益与多个因素之间存在近似的线性关系：

$$r_a = \alpha + \sum_{i=1}^{n} \beta_i f_i$$

其中，β_i 表示该因素对风险资产收益率的影响程度或敏感程度。影响收益因素的可选范围较广，例如经典的 Fama and French（1992）模型将预期收益与公司规模、市盈率、账面市值比等因素挂钩，测算出相应的 β 值。在估算非标资产的收益率时，资产管理人可选择 CPI、M2 等宏观经济指标，以及融资人的各项经营指标作为影响因子，测算相应的 β 值。

APT 是更广义的资本资产定价模型，它不需要假设资本市场的有效性和市场组合的存在性。但是，由于 APT 模型没有给出具体驱动资产价格变化的因素，这些因素只能凭资产管理者的经验自行选取，且每项因素都要计算相应的 β 值，综合来看可能存在较大偏差，因此在实际运用上，CAPM 模型更为实用。

（三）其他方法

借鉴《企业会计准则39号》针对公允价值估计的相关规则，非标资产估值除了使用金融理论模型估算预期收益的收益法外，还可以使用市场比照法和重置成本法。

1. 市场比照法

市场比照法是指在活跃交易的市场上寻找与待估值非标产品类似的资产，或对标估值已获广泛认可的非标资产，进行综合类比后确定比照系数，估算资产公允价值的方法。

寻找比照标的物的角度包括相同资产类型、同一发行人或具有类似信用评级、交易结构设计等。比照系数的确定则需要资产管理人或评级机构制订一套详细可操作的规则，估值者的经验判断在估值过程中起着重要作用，不同估值者对同一款产品的估值或存在较大弹性。

2. 重置成本法

重置成本，又称现行成本，是指按照当前市场条件，重新取得同样资产所支付的现金或等价物。对于非标产品的发行人或融资人而言，重置成本就是在当前的产业政策和货币利率环境下，考虑融资人信用状况和市场流动性的变化情况，在金融机构借新还旧或重新发行产品的成本。

以重置成本法对非标资产进行估值可参考不同金融机构对该产品的报价，以选取市场平均值作为估值。若相同产品已被政策禁止发行，则须参考类似产品的成本后结合实际情况进行调整。

五、非标资产净值估算方法的优劣势和适用类型

无论是从资产的类别和体量，还是从单个资产的结构设计、信息

披露等角度来看，非标资产的复杂程度都远远高于标准化资产。因此，对非标资产的估值应当从实际情况出发，选取最适合的估值方法（见表1）。

摊余成本法的适用范围广，且有现行的会计规范为依托，可操作性较强，但无法反映短期市场波动风险，存在估值偏离真实市场价值的可能性。在风险减值操作时，对于违约风险的估计可能存在较大弹性，影响整体估值的客观性。

表1 不同估值法的优劣势与适用范围			
估值方法	优势	劣势	适用类型
摊余成本法	适用范围广；可操作性强；有现行会计准则可借鉴	存在偏离真实价值的可能；须穿透至底层资产；风险减值核算弹性较大	信贷资产、委托债权、信托贷款、各类收（受）益权等
利差无套利	计算方法简单	适用范围小；实际情况与理论存在偏差	各类收（受）益权、商业票据等
APT/CAPM	适用范围广；理论基础强	风险系数存在较大弹性	各类收（受）益权、票据等
市场比照法	操作简单	市场不完善，存在无可比参照物情况；参照系数存在较大弹性	信贷资产、委托债权、信托贷款、各类收（受）益权、带回购条款的股权融资等
重置成本法	真实反映当前市场情况	不同金融机构报价差异；存在资产无法复制的情况	信贷资产、委托债权、信托贷款、各类收（受）益权、商业票据、信用证等

基于资产定价理论的技术估值法虽然操作简单，且有理论基础为依托，但主要适用于类债券型的非标资产，如信托受益权，且理论与实际情况可能存在偏差，从而产生估值误差。

市场比照法几乎可适用于所有非标资产，但最大问题在于非标资产市场交易不活跃，难以寻找到类似的非标资产，而选取标准化资产作为对标时，对照系数的弹性较大。

重置成本法操作简单、适用范围广，且较能反映当前市场的真实情况，但各家金融机构的成本存在差异，也存在相同产品被政策禁止发行无法重置的可能。

六、结论

非标资产净值的估算是资管产品净值化管理的核心问题，非标估值的公允性问题无法解决，资管产品的净值化管理就无从实现，打破刚性兑付的障碍也就无法彻底排解。本文从资管新规的要求出发，结合会计准则和金融理论，探讨了非标资产估值的逻辑与方法。

从理论角度，非标资产的估值存在多种途径，每种方法各有利弊，且存在估值偏差。但仅从资管产品净值化管理要求的角度而言，在把握以下三点原则的前提下，非标估值的实际应用并无技术障碍，监管部门可以出台更进一步细则指导非标资产的估值。

首先，资产管理机构应当充分披露估值所需的必要信息，以及估值所采用的具体方案，确保估值过程的公开透明和估值结果的公允准确，保障投资人的知情和监督权利。

其次，非标资产的估值应根据具体资产的类别，并结合实际情况选取最具有可操作性的方法进行估值。必要时，资产管理人或评估机构可选取多种方法进行估值，从多个角度监测估值的波动。

最后，非标资产的估值方法一经确定，管理人在产品存续期内原则上不得变更估值方法，以确保非标资产价值的变化能够正确地体现在资管产品净值上。当非标估值导致产品净值发生剧烈变动时，管理人应披露临时报告向投资人做出必要解释，防止发生集中兑付风险，且一旦产品净值确定和披露，管理人不得偏离净值变相对资管产品实行刚性兑付。

房地产信托融资方财务欺诈预警模型构建与防范

蔡婉婷

一、引言

财务欺诈指的是企业在财务报表中蓄意错报或漏报，忽略甚至虚构关键财务信息，从而导致投资者无法正确看出企业的真实财务运营状况，做出错误的投资决策[①]；是企业或者企业管理者以谋取私利为目的，经过事先周密安排而故意制造虚假会计信息的行为（美国注册会计师协会，AICPA）。

如 2018 年初宣判的 Z 公司欺诈发行债券案，被告 Z 公司于 2013～2014 年间通过隐瞒债务、提供虚假收入材料和股东会决议等方式，虚增营业收入 5.13 亿元、利润总额 1.31 余亿元，并基于此财务状况发行 1 亿元债券，最终 2016 年债券到期无法偿还。又如，同年初宣判的 S 公司关联方侵占欺诈案，S 关联公司于 2014～2015 年间合计 31 次占用 S 公司资金 10.13 亿元，相关交易均未记账。

近年来上述类似的企业财务欺诈案例层出不穷，欺诈动机和表现形式多种多样，给投资者带来了重大损失，破坏了资本市场的有序运行。在许多案例中，企业欺诈具有连续性，从企业发生财务欺诈到市场识别出财务欺诈往往有 2～3 年的时间差，而此时风险事件多已爆发，损失较难挽回。及时识别企业初期财务欺诈行为，遏制其后续欺诈、减少投资损失，将对市场良好运行、投资者利益保护具有重要意义。

二、文献回顾

文献认为不同企业进行财务欺诈的动机、手段和表现方式具有差异

---

① 在部分文献中又称会计舞弊、会计欺诈、财务造假、财务舞弊等。

性。李秀枝（2010）提出财务欺诈主要分为两类，一是通过调节利润、虚增收益或隐瞒亏损等手段，来实现上市、增发或避免退市的目的；二是通过隐瞒或遗漏关联方交易的重大事项，实现大股东侵占、违规关联交易的目的。钱苹等（2015）和洪文洲等（2014）则认为财务造假的表现形式分为三种，包括虚构销售和收入、少计费用或成本，以及虚增银行存款、存货等资产项目等。

而在欺诈样本选取和计量模型构建上，国内文献多选择了被监管部门因财务舞弊而受到行政处罚的全样本，同时建模方法以统计方法为主、人工智能方法为辅。钱苹等（2015）基于1994～2011年财务造假的218家上市公司为样本，使用逐步回归方法建立回归模型。卢馨等（2015）选取2001～2013年因财务舞弊而受到处罚的108家公司，对高管背景特征与企业财务舞弊行为的关系进行研究。岳殿民等（2012）、龚青青（2016）使用了逻辑回归方法构建识别模型；李秀枝（2010）、陈彬（2012）等则使用神经网络、支持向量机（SVM）等人工智能方法构建模型。但后者由于所需样本量较大，以及过程中的"黑箱问题"，在应用上存在一定的限制。

国内现有文献对财务欺诈的研究视角多基于所有财务欺诈样本，但由于企业进行财务欺诈的动机和手段具有差异性，使用同一个模型对拥有不同欺诈动机的企业进行识别，模型有效性将有所降低。例如，对于利润或收益动机型的欺诈企业，多使用虚构交易、少计提坏账或提前确认收入等方式，在财务指标表现上会显示相应的特征；对于股东侵占动机型的欺诈企业，企业的股权结构和关联交易等相关指标则会出现一定的异常。下文将主要针对利润动机型的财务欺诈识别进行分析，提高模型的针对性。

三、数据处理与描述

（一）欺诈样本选取和特征描述

本文选取了 2000 年 1 月～2018 年 1 月间，被财政部、证监会、上交所及深交所以财务欺诈类原因进行公开处罚的 A 股上市公司。基于本文研究内容，进一步筛选以利润欺诈为主、欺诈年份晚于 2000 年的企业，同时选择首次发生欺诈的年份作为样本，最终得到 58 个符合要求的样本。

从欺诈样本行业分布看，各个行业均存在一定的欺诈行为，化工、农林牧渔、计算机行业合计占比约 40%。从资产规模分布看，主要分布在 50 亿元以下，这可能是资产规模较大的企业由于整体运营良好、融资较为顺畅以及欺诈成本较大等原因，其选择进行欺诈的可能性会更小。从欺诈持续的时间分布看，60% 的企业存在持续欺诈的事实，正如前文所述，及时识别企业初期欺诈行为意义重大（见图 1）。

图 1 欺诈样本分布特征

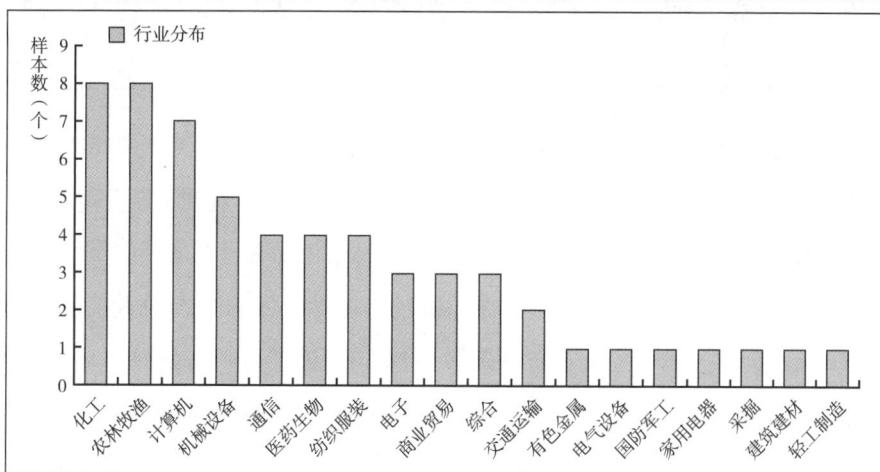

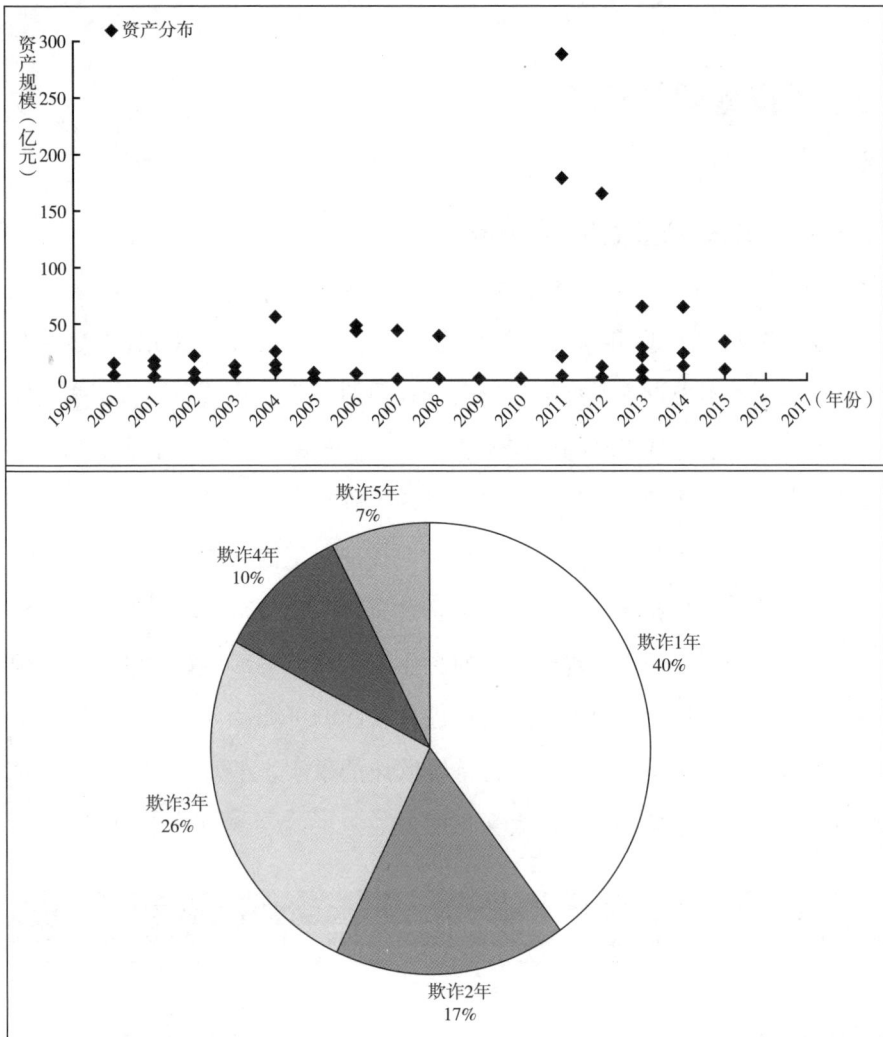

由于欺诈样本在行业、资产规模、欺诈年份及上市时间上均有差异，相关特征可能影响到企业进行财务欺诈的可能性。为控制上述影响，本文依据每一欺诈样本的行业、资产规模、欺诈年份及上市时间等选取了相关特征匹配但未被公开处罚、也未曾被"ST"过的上市公司。由此，用于构建模型的欺诈样本池和正常样本池，除"是否财务欺诈"外其他主要变量特征基本保持一致。本文最终应用于构建模型的样本为 116 个（见表 1）。

表1　欺诈样本与匹配样本			
欺诈样本	匹配样本	欺诈样本	匹配样本
烯碳新材 000511	鑫科材料 600255	新中基 000972	新希望 000876
雅百特 002323	中能电气 300062	绿大地 002200	正邦科技 002157
上海普天 600680	永鼎股份 600105	南纺股份 600250	中大股份 600704
超华科技 002288	兴森科技 002436	夏新电子 600057	长城开发 000021
金亚科技 300028	安居宝 300155	华盛达 600687	金证股份 600446
太化股份 600281	芭田股份 002170	紫光古汉 000590	华神集团 000790
神马股份 600810	海越股份 600387	远东股份 000681	伟星股份 002003
飞乐股份 600654	航天电器 002025	北生药业 600556	华东医药 000963
昆明机床 600806	太阳电缆 002300	北海银河 000806	振华科技 000733
佳电股份 000922	哈空调 600202	上海科技 600608	紫光股份 000938
鞍重股份 002667	开元仪器 300338	天香集团 600225	正虹科技 000702
舜天船舶 002608	洪都航空 600316	大唐电信 600198	清华同方 600100
大智慧 601519	四维图新 002405	三毛派神 000779	金鹰股份 600232
天目药业 600671	联环药业 600513	两面针 600249	广东榕泰 600589
成城股份 600247	时代万恒 600241	南京中北 000421	铁龙股份 600125
圣莱达 002473	开能环保 300272	创智科技 000787	联通国脉 600640
福建金森 002679	福成五丰 600965	天一科技 000908	烟台冰轮 000811
芜湖港 600575	招商轮船 601872	安塑股份 000156	南京化纤 600889
国创能源 600145	延华智能 002178	秦丰农业 600248	永安林业 000663
北大荒 600598	顺鑫农业 000860	科大创新 600551	隆源实业 000835
步森股份 002569	华纺股份 600448	达尔曼 600788	申达股份 600626
华锐风电 601558	金风科技 002202	宝硕股份 600155	巨化股份 600160
三峡新材 600293	国栋建设 600321	聚友网络 000693	工大首创 600857
康芝药业 300086	香雪制药 300147	福建三农 000732	凯乐科技 600260
佳沃股份 300268	天邦股份 002124	华源制药 600656	渝三峡 A000565
迪威视讯 300167	美亚柏科 300188	闽越花雕 600659	大连友谊 000679
键桥通讯 002316	银江股份 300020	秦丰农业 600248	丰原生化 000930
上海物贸 600822	新世界 600628	天歌科技 000509	长江投资 600119
安妮股份 002235	长城影视 002071	天发股份 000670	湖北双环 000707

注：上表已根据欺诈当年实际情况调整企业简称。

在构建模型之前，本文做出如下说明：①本财务欺诈预警模型主要适用于利润欺诈型企业的识别，即那些主要为达到提升收益和操纵利润等目的而进行欺诈的企业；②本模型主要针对企业首次出现欺诈行为进行识别，不适用于持续欺诈识别，故应用模型时应至少对企业历史 3 年的财务数据进行识别，以提高识别有效性；③欺诈预警模型得到的是财务欺诈企业拥有的一些共同特征，表示同时拥有这些特征的企业出现财务欺诈的可能性更高，但是否一定是欺诈企业须结合实际尽调情况进行验证，模型主要达到"预警"作用。

（二）指标筛选

基于财务欺诈的表现形式、公开处罚情况，并结合国内外文献，本文选取了 54 个用于识别企业欺诈行为的初始指标，主要包括财务类指标、公司治理和股权集中度类指标、审计类指标及特殊交易类指标。

由于本文主要针对虚构收入、虚构利润等收益动机型的欺诈样本进行分析，故并非所有初选指标对于识别该类欺诈行为均有意义，为此本文通过非参数检验方法筛选出在本文的欺诈样本和非欺诈样本间存在显著统计差异的指标。考虑到整体分布形态未知，且已有样本不具有代表性无法推断总体分布参数，本文选择曼—惠特尼 U 检验判断各指标在欺诈与否的对比样本中是否有显著统计性差异。根据检验结果，54 个指标中 26 个指标在 0.1 的显著性水平下具有显著性差异。

进一步，上述初步精简后的指标间可能还存在相关关系，而强相关指标无须同时纳入欺诈识别模型中。为考察指标间的线性相关程度，本文对 26 个指标进行相关性分析。以 0.7 的相关系数值为分界点，得到两组指标存在强相关关系，为收益能力类和经营现金贡献类指标。如图 2 所示，同一虚线圈内指标对于后续应用于识别企业欺诈行为的作用相近。由此，对于上述 7 个指标，仅保留"ROE、经营现金净流量/流动负债"2 个指标。

至此，本文得到 21 个在欺诈对比样本间具有显著统计差异的指标，其显著性差异的 p 值和统计性描述特征如表 2 所示。

| | | 图2　强相关指标情况 | |

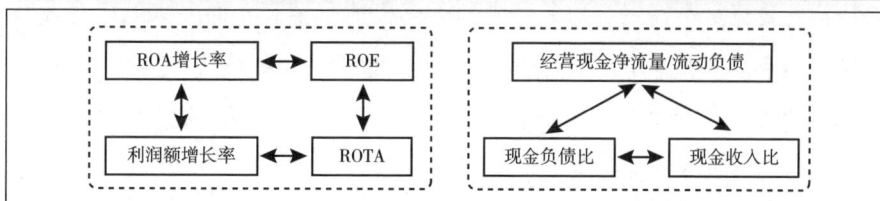

表2　显著差异性指标					
指标[①]	显著性P值	欺诈		非欺诈	
		均值	标准差	均值	标准差
X1:折旧率	0.0104[**]	0.1052	(0.09)	0.1201	(0.10)
X2:经营现金净流量/流动负债	0.0001[***]	−0.0271	(0.37)	0.2144	(0.33)
X3:资产负债率	0.0911[*]	0.4818	(0.20)	0.4260	(0.17)
X4:资产质量	0.0049[***]	0.5395	(0.30)	0.7191	(0.34)
X5:应收账款占收入比	0.055[*]	0.2599	(0.25)	0.2045	(0.27)
X6:其他应收款占资产比	0.0115[**]	0.0514	(0.07)	0.0215	(0.03)
X7:资产周转率	0.0043[***]	0.6991	(1.03)	0.8402	(0.55)
X8:应收账款周转率	0.0506[*]	11.5034	(23.30)	16.7355	(29.35)
X9:存货周转率	0.0189[**]	5.7149[②]	(8.84)	6.4863	(7.92)
X10:存货变动率	0.0597[*]	0.0196	(0.09)	0.0241	(0.06)
X11:非现金可变资产比例	0.0374[**]	0.5793	(0.19)	0.4996	(0.19)
X12:经营现金净流量增长率	0.0079[***]	−2.2307	(11.20)	2.4347	(20.56)
X13:ROE	0.0216[**]	3.5308	(11.72)	6.9047	(9.63)
X14:留存收益/总资产	0.0033[***]	6.1324	(19.34)	13.43	(10.31)
X15:财务费用率	0.0021[***]	0.0251	(0.04)	0.0102	(0.02)
X16:欺诈当年是否亏损	0.049[**]	0.3103	(0.47)	0.1552	(0.37)
X17:股权集中度	0.0763[*]	0.3305	(0.16)	0.3753	(0.14)
X18:股权制衡度	0.0298[**]	1.0322	(1.00)	0.7103	(0.78)
X19:大股东持股/二股东持股	0.0801[*]	10.2688	(22.51)	18.9722	(36.51)
X20:审计意见	0.084[*]	0.8793	(0.33)	0.9655	(0.18)
X21:当年是否变更审计事务所	0.0009[***]	0.4138	(0.50)	0.1379	(0.35)

注：1. ***、**、*分别表示显著性水平为1%、5%、10%。

2. 部分指标计算公式详见本页脚注。

①部分指标计算公式如下：折旧率＝本年计提折旧数额/（年末固定资产净值＋本年计提折旧数额）；资产质量＝1－（流动资产－固定资产净值）/总资产；存货变动率＝Δ存货/平均总资产；非现金可变资产比例＝（总资产－固定资产－在建工程－工程物资－货币资金）/总资产；欺诈当年是否亏损＝1（若扣除非经常性损益后ROE＜0），否则为0；股权集中度＝第1大股东持股比例；股权制衡度＝第2~10大股东持股比例/第1大股东持股比例；审计意见＝1（若审计意见为无保留意见），否则为0。

②此处采用截断替代方法，对存货周转率样本中两端1%的异常值数据进行处理。原始样本均值为11.0897，标准差达到48.06，主要是由于大智慧（601519）的存货周转率达到368。

数据显示，欺诈企业多通过少计提折旧等方式降低表内成本，且企业的经营现金流量不稳定、财务费用和资产负债率偏高，而多数欺诈企业在扣除非经常性损益后有一定的亏损，企业持续性经营能力较差。进一步，在财务结构上的欺诈企业还显示出易操纵应计项目（应收账款、其他应收款）资产占比较大的特征，资产质量普遍不高。

进一步本文发现特殊交易类指标在欺诈与否样本间并无显著差异；同时发现股权集中度高的企业并非预示着更高的欺诈可能性，在下一部分构建的模型中也发现股权结构对预示财务欺诈的作用较小，说明仅通过股权比例制衡并不足以抑制欺诈行为，须进一步结合其他内控措施。同时，上述情况也可能是由于本文主要针对利润操纵型而非股东侵占型等动机类型的欺诈进行研究所致。

四、预警计量模型设计

（一）模型构建

考虑到样本分布特征未知，且因变量主要为"欺诈"和"非欺诈"的二分类变量，本文采用逻辑回归分析方法构建财务欺诈预警模型。逻辑回归分析方法是经济计量模型中的一种，其优势是使用的理论假设条件较为宽松（分布类型可未知）且可对每个变量进行显著性检验，被较多应用在研究财务欺诈的国内外文献中。假设企业进行财务欺诈的概率为 p，则 logit 模型形式如下：

$$\ln\left(\frac{p}{1-p}\right) = \beta_0 + \beta_1 x_1 + \beta_2 x_2 + \ldots + \beta_k x_k$$

为解决剩余指标（自变量）的多重共线性问题，本文采用逐步回归方法建立逻辑回归模型。逐步回归的思想是，以单个指标为自变量做简单回归方程，然后以对因变量贡献最大的指标对应的回归方程为基础，一个一个引入剩余指标，若相关指标显著则引入有效，同时若引入的新指标导致原先的已有指标不再显著，则需剔除不显著的已有指标。重复上述过程，直至方程不能再"引入"新指标，也不能再"剔除"旧指标为止。此时，进入方程的指标均显著且不存在严重的共线性问题。

首先，直接使用 21 个指标建立 logit 模型，得到：

$$\log(\frac{p}{1-p}) = 0.67 + 22.57X15 - 2.57X2 + 1.42X21 - 1.90X4 \qquad ①$$

$$Z\ value: \qquad (2.58)(-2.31)(2.59)(-2.43)$$

其中 p 是欺诈概率，X15 为财务费用率、X2 为经营现金净流量/流动负债、X21 为当年是否变更审计事务所的虚拟变量、X4 为资产质量。方程似然统计量（LR chi2）统计值为 38.92，表示通过了参数的联合显著性检验，而各个变量在 5% 的水平下显著。方程①显示，一家高财务费用率、低现金负债比、低资产质量以及当年变更了审计事务所的企业显示出更高的欺诈可能性。

上述方程直接使用 21 个指标构建 Logit 方程，主要聚焦在单个指标对欺诈概率的影响上。为进一步研究指标背后的驱动因子，本文采用因子分析方法对 21 个指标提取公共因子，将 21 个指标所含的信息浓缩为综合的几个可解释的公共因子后，再将因子得分作为解释变量建立 Logit 模型。因子分析是多元统计分析中常用于降维和解决共线性的一种有效方法，其优势是能够挖掘大量相关变量信息背后共同的驱动因子。

本文变量数 21 个、样本量 116 个，能够满足因子分析方法的样本量要求，同时从 KMO 检验值大于 0.5 和 Barlett 球形检验（检验各变量是否具有相关关系）结果看，数据较适用于进行因子分析。根据因子分析结果，前 5 个因子特征值大于 1，累计贡献率为 95.98%，说明这 5 个因子提供了原始样本数据的绝大多数隐含信息（见图 3）。

图3　因子分析特征值

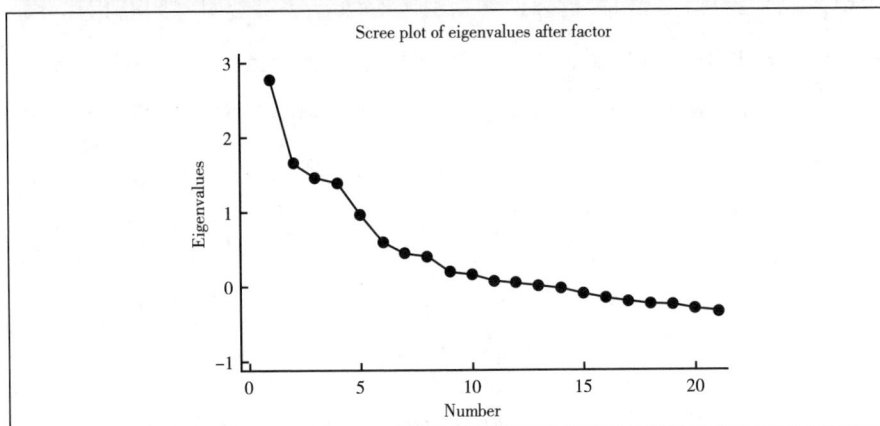

为明晰5个公共因子的实际意义，本文对因子载荷矩阵进行正交旋转。从公共因子和指标的关系看：①f1 因子主要正载荷为 ROE、留存收益/总资产，主要负载荷为欺诈当年是否亏损（按扣除非经常性损益后是否亏损为口径），代表了企业主营业务的实际盈利能力；②f2 因子主要显示了企业股权集中程度；③f3 因子正载荷为资产周转率和应收账款周转率，反映了企业的资产和资金的管理效率；④f4 主要与企业易操纵资产比例情况相关，代表企业的资产质量；⑤f5 因子正载荷主要为财务费用率和资产负债率，反映了企业的融资结构（见表3）。

表3　主要驱动因子

指标	f1[①]	f2	f3	f4	f5
X1:折旧率	−0.05	−0.06	−0.03	0.37	−0.04
X2:经营现金净流量/流动负债	0.18	0.01	0.02	−0.32	−0.08
X3:资产负债率	−0.16	−0.07	0.34	0.07	0.65
X4:资产质量	0.00	0.03	0.00	−0.85	0.07
X5:应收账款占收入比	−0.05	−0.18	−0.39	0.32	0.09
X6:其他应收款占资产比	−0.48	−0.11	−0.14	0.19	0.22
X7:资产周转率	0.11	0.11	0.76	0.13	0.03
X8:应收账款周转率	0.01	0.04	0.65	−0.16	0.09
X9:存货周转率	−0.06	0.13	0.45	−0.13	−0.25

指标	f1①	f2	f3	f4	f5
X10:存货变动率	0.45	0.06	0.13	0.23	0.01
X11:非现金可变资产比例	−0.17	0.02	0.06	0.49	0.34
X12:经营现金净流量增长率	0.10	−0.06	0.09	−0.15	−0.01
X13:ROE	0.76	0.05	0.08	0.01	−0.04
X14:留存收益/总资产	0.57	0.12	−0.04	−0.01	−0.18
X15:财务费用率	−0.05	−0.13	−0.16	−0.12	0.71
X16:欺诈当年是否亏损	−0.66	−0.07	0.01	0.09	0.06
X17:股权集中度	0.12	0.83	0.06	0.00	−0.10
X18:股权制衡度	−0.03	−0.76	−0.09	0.03	0.07
X19:大股东持股/二股东持股	−0.06	0.52	0.04	−0.09	0.11
X20:审计意见	0.38	0.03	0.03	−0.08	0.05
X21:当年是否变更审计事务所	0.08	−0.02	−0.01	−0.04	0.18

①公共因子与各指标存在如下函数关系，$f_i = \sum_{21}^{k=1} \partial_k * X_k$，指标前系数称为因子载荷，从因子载荷的正负情况、值大小可推断因子的实际内涵。

同样，使用上述 5 个因子逐步回归建立 Logit 模型，得到：

$$\log\left(\frac{p}{1-p}\right) = 0.02 - 0.53f1 + 0.72f4 + 0.54f5 \qquad ②$$

Z value：   (−2.06)(2.89)(2.12)

方程似然统计量为 19，联合检验显著，而各个变量在 5% 的水平下显著。方程②显示，企业的主营业务盈利能力因子（f1）、资产质量因子（f4）及融资结构因子（f5）显著影响着企业的欺诈行为，而企业的股权结构（f2）、管理效率（f3）等相对来说对预示企业财务欺诈的作用较小。

（二）预警阈值设定

基于上述构建模型，本文进一步设定欺诈概率预警阈值，若测得的欺诈概率在预警阈值之上，则将企业判定为高危欺诈企业。以 0.1 倍数，本文在 [0，1] 区间内计算①方程犯第一类错误概率（将欺诈样本识别为非欺诈样本）、犯第二类错误概率（将非欺诈样本识别为欺诈样本）以及总体判别的正确率。综合而言，在"高总体识别正确率、低一类错误概率"的准则下，①式设定0.5为阈值较为合适，在该阈值下总体识别正确率为74.14%、犯第一类错误概率为12.07%。

同样，计算②方程的判定准确率，总体判别最高准确率为66.38%，低于①方程，为此本文最终以应用①方程为主、②方程为辅进行企业财务欺诈行为的预警判别（见表4）。

表4 预警阈值设定

预警阈值	犯第一类错误概率(%)	犯第二类错误概率(%)	总体识别正确率(%)
0.9	45.69	0	54.31
0.8	31.03	0.86	68.11
0.7	24.14	4.31	71.55
0.6	18.10	6.03	75.87
0.5	12.07	13.79	74.14
0.4	9.48	17.24	73.28
0.3	5.17	25.00	69.83
0.2	2.59	34.48	62.93
0.1	1.72	43.97	54.31

（三）稳健型检验

稳健性检验考察的是通过改变不同的参数（例如变量或方法）时，其构建的模型、指标及得到的主要结论等是否仍然较为一致、保持稳定。在相关文献（Dechow，2011）进行财务欺诈预警模型的稳健性检验时，会主要关注年份、行业等变量是否会对构建模型产生影响；同时，变量交互项也经常被加入用于稳健性检验。故本文依次将年份固定效应、行业固定效应以及变量的交互项等控制变量加入上文构建的Logit模型中，结果显示各变量仍然显著且变量系数的方向和大小保持一致。事实上，由于本文在选取样本过程中，选择了时间、行业、资产规模等主要变量均与欺诈样本相似的匹配样本建立模型，因而降低了其他影响因子对模型的影响。

（四）主要结论

本部分基于筛选指标和公共因子分别逐步回归建立了①、②两式 Logit 模型，从模型结果易得到以下结论。

（1）资产质量因子对于判别企业进行财务欺诈的意义尤为重要，因为若非现金可变资产（或应计项）等资产项目偏大，代表企业能够且更易通过改变假设和预测，甚至虚构交易等方式操纵财务报表；

（2）由于盈利情况是金融机构作为判定是否对企业授信的重要条件，那些相对高杠杆率、高负债规模的企业，显示了更强的财务利润操纵动机；

（3）欺诈企业对现金流量表的操纵能力较弱，导致经营现金流量并不稳定、盈利持续性较差；

（4）在上述需重点关注的财务指标的基础上，本文还得到是否变更审计事务所或者扣除非经常损益后是否亏损等对企业财务欺诈预警也具有一定意义。

五、财务欺诈的风险防范

本文筛选的财务欺诈企业显著差异性指标（表1）及构建的①、②式欺诈预警计量模型，对信托公司在对交易对手尽职调查、存续期管理等方面的风险防范有一定的指导意义。

在尽职调查阶段，对于在资产负债表中显示低资产质量、不稳定经营现金流、较高杠杆以及主营业务盈利能力较弱的企业（尤其对于在欺诈预警模型中判定为欺诈的企业），应着重加强对各个应计项目、其他应收款等易操纵项目的尽职调查，通过抽查交易凭证等方法考证交易的真实度、加强对财务指标表现和实际经营情况的互相验证。对于关键财务指标无法进行合理解释的，应谨慎开展业务。

此外，若企业还存在变更会计师事务所行为，则需考究其变更行为背后的实际意义，若有必要可对其前家会计师事务所进行访谈。对于利润指标，须更加关注扣除非经常损益后的利润指标，尤其对于扣非后亏损但整体利润为正的企业，应着重分析其当年主营业务销售收入、成本费用情况，防范其通过调节相关指标进行欺诈。

在存续管理阶段，可对企业财务欺诈或异常程度等建立常态化的监测和报告机制，以及时识别和防范可能发生的欺诈风险。例如对关键指标建立标准化模板，通过定期计量和监测，及时识别超过正常阈值范围的情况，提示相关业务人员及风险管理人员做好反馈调查。

进一步，在风险缓释和处置阶段，若经核实已发现企业存在财务欺诈事实的，相关机构和投资者应第一时间制订风险应对方案，掌握资产处置的主动权和优先权。绝大多数欺诈案例表明，当企业的欺诈由于监管介入调查或行政处罚等逐渐成为市场共识时，企业的融资渠道、主营经营上均会遇到重挫，几乎很难再持续经营下去。

六、问题与展望

企业财务欺诈识别对于信托行业及整个金融行业而言具有重大的意义，由于企业欺诈动机、欺诈手段的多变性，本文仅仅是对企业财务欺诈预警模型构建的一个有限尝试，未来仍有诸多方面有待完善。

（1）本文仅针对虚构收入、虚构利润等收益动机型的欺诈样本构建模型，对于关联方侵占等欺诈类型的识别还有待研究；

（2）本文仅对欺诈第一年进行识别和预警，适用对象有一定的局限性，对于连续欺诈的识别则需另外构建模型；

（3）本文预警模型主要使用了当期指标，而实际上企业在进行财务欺诈时，跨期指标也显示一定的异常波动特征，使用其构建预警模型能够考察企业跨期变动与欺诈行为间的关系，值得进一步研究。

参考文献

［1］Dechow P M, Weili G E, Larson C R, et al. Predicting Material Accounting Misstatements ［J］, *Contemporary Accounting Research*, 2011, 28 (1).

［2］陈彬：《我国上市公司财务舞弊识别模型对比研究》［D］，西北大学，2012。

［3］龚青青：《我国上市公司财务报告舞弊识别实证研究》［D］，江西理工大学，2016。

［4］洪文洲、王旭霞、冯海旗：《基于 Logistic 回归模型的上市公司财务报告舞弊识别研究》［C］，中国管理科学学术年会，2014。

［5］李秀枝：《我国上市公司财务报告舞弊特征及识别研究》［D］，中国矿业大学，2010。

［6］卢馨、李慧敏、陈烁辉：《高管背景特征与财务舞弊行为的研究——基于中国上市公司的经验数据》［J］，《审计与经济研究》2015 年第 6 期。

［7］钱苹、罗玫：《中国上市公司财务造假预测模型》［J］，《会计研究》2015 年第 7 期。

［8］岳殿民、吴晓丹、韩传模等：《基于 Logistic 方法的上市公司会计舞弊测研究》［J］，《经济与管理研究》2012 年第 2 期。

中英文摘要

ABSTRACT

中文摘要

2017 年信托行业发展综述与展望

应汇康

摘　要： 2017 年，在宏观经济稳健增长、金融监管逐步趋严的背景下，信托行业保持较快的发展势头，全行业受托管理资产总规模达 26.25 万亿元，同比增长 29.81%。信托公司盈利水平稳定增长，资本实力更加雄厚，风险抵御能力有所提升，但行业两极分化格局显著，营收结构出现阶段性恶化，主动管理能力有待进一步提升。2018 年以来，金融监管进一步趋严，信托行业必须加速转型发展，严控金融风险，顺应经济发展形势的新变化，以服务实体经济为宗旨，充分发挥信托行业在国民经济中的重要作用。

关键词： 信托行业　营收结构　增长与分化　监管趋严

2017 年信托业务研究报告

袁　路

摘　要： 截至2017 年末，信托行业管理资产总规模达到了 26.25 万亿元，从 2017 年二季度开始重回高增长，规模差距进一步拉大。然而，信托收入并未保持同步高增长，行业整体信托报酬率下降。全年信托功能结构出现较明显偏移，事务管理类信托规模增长迅猛，主动管理能力减弱。但从资金投向来看，信托项目投向领域更加多元化，在业务创新转型方面继续做出努力。

关键词： 信托资产　信托收入　事务管理类　投向多元化　创新转型

2017 年信托公司固有业务研究报告

黄伟斌

摘　要： 2017 年，信托行业注册资本和净资产都保持了较快增长，固有业务收入重回正增长，但是相应的固有资产配置结构未有显著变化。受市场环境影响，2017 年市场资金利率有所下降，在固有资产规模保持较快增速的情况下，固有净资产收益率呈现持续下降趋势。收入构成中，投资收益依旧最为重要，由其他投资收益、股权投资收益、证券投资收益共同构成。固信交易方面，固有资金对信托业务的支持力度大大增加，固有业务的独立性也在逐步减弱。

关键词： 固有业务　资产结构　盈利能力

2017 年信托公司风险管理研究报告

聂雅雯　王鑫龙

摘　要： 2017 年，全国 68 家信托公司风险项目合计 601 个，规模合计 1314.34 亿元，同比增加 11.82%，占总资产规模的 0.5%。随着供给侧改革及经济基本面的宏观驱动，信托资产规模保持较快增长，信托公司的风险管理体系和风险管理流程进一步完善。但多个市场及主体面临近几年债务集中到期及再融资压力，风险违约事件有所增加。本文主要从信托公司风险管理现状、资产减值准备计提及诉讼情况、风险事件的案例及全面风险管理体系建设进行分析。

关键词： 风险管理现状　不良资产　诉讼情况　风险事件案例　全面风险管理体系建设

2017 年信托行业监管环境研究报告

黄婷儿

摘　要： 2017 年，金融监管力度持续加强，政策约束和处罚问责双管齐下，监管套利手段逐个被击破，信托展业逻辑发生重大变化。地产非标债权资金来源受堵，平台业务被迫与政府信用剥离，同业面临最严监管以杜绝资金空转，委托贷款脱离非标回归本源，证券类业务严控杠杆比例。2018 年，资管新规正式颁布，监管机构整合重组，金融业统一监管来临，资管行业将面临重构。

关键词： 金融监管　监管套利　资管新规　统一监管　信托展业逻辑

2017 年信托公司人力资源管理研究报告

黄婷儿

摘　要： 2017 年信托从业人员突破 2 万人。人员整体仍体现为扩张，增速低位上行，各信托公司人员政策分化较大，员工集中度降低。整体来看，从业人员以 30～39 岁为主，硕博学历员工占比过半，中后台人员比例稳步上升，体现信托公司人才结构不断优化。从人员发展与公司业绩表现来看，人均规模实现再增长，人均收入指标基本持平，而人均利润下降明显，转型升级找到新方向的信托公司整体发展向好。人员扩张为经营增长带来的边际效应递减，未来信托公司需要勤练"内功"，向管理和创新要效率。

关键词： 人员政策分化　员工集中度　人才结构　人均指标

资产证券化市场全解

黄婷儿

摘　要： 万亿 ABS 市场中，消费类和应收债权类产品发行势头迅猛，场内场外各发行场所发行规模差异较大，由券商绝对主导承销。信贷 ABS 业务推动信托公司业务规模持续增长、专业经验提升，多家信托公司主导发行信托受益权类 ABS，并发力信托型 ABN 推动 ABN 市场进入快跑道。最新监管形势下，ABS 市场迎来统一的监管标准和体系，场内标准 ABS 是趋势。立足优势行业，提升承做专业度，夯实承销发行能力，信托公司在 ABS 市场地位将得到进一步巩固。

关键词： 场内 ABS　场外 ABS　信贷 ABS　企业 ABS　信托型 ABN

从区块链技术看信托业的金融科技变革

唐彦斌

摘　要： 区块链技术构建了一种去中心化、分布式记账、全网共同维护的数据库体系，并以特定的共识机制和数字加密技术确保账本的不可篡改、安全性和稳定性。中本聪集合密码学、数学和计算机科技等诸多学科的成果，借助区块链技术创造了全世界第一个加密数字资产——比特币。虽然区块链技术正处于发展的初级阶段，但它通过技术驱动和算法信任改变中心化的社会运行及治理逻辑，从而具有非凡的经济学和社会学意义。它将引领价值互联网的变革，使智能合约变得可行，与物联网和人工智能的有机结合将推动人类向智能社会迈进。区块链技术可以助力信托公司优化内部业务流程管理、解决大批量存证管理问题，且在数字信托、智能信托和家族信托等领域具有不可替代的应用价值。

关键词： 金融科技　区块链　比特币　数字货币　智能合约

信托公司产业投资基金业务发展路径分析

李合怡

摘　要： 近年来，多家信托公司将参与产业投资基金视为公司重要的战略转型方向，但就目前的市场环境和行业发展阶段来说，信托公司的相对优势在于资金的募集速度和使用的灵活性。信托公司参与产业投资基金项目，大多还是通过资金的纽带来连接投资机构和企业，而在产业项目的获取、企业经营能力和产业整合方面，仍需要较长时间的积累和探索。本文通过梳理信托公司参与产业投资基金的业务模式，提出信托公司应不断向产业投资基金"微笑曲线"高附加值的两端拓展，向着产业基金的核心价值去锻造自身的专业化能力，通过参与被投资企业的经营管理，提供深层次的增值服务。

关键词： 产业投资基金　产业投资者　增值服务

信托参与长租公寓的模式与路径研究

应汇康

摘　要： 2017 年，国家出台多项政策鼓励长租公寓，长租市场的发展取得较大突破。目前，我国长租公寓的发展处于初级阶段，经营成本较高，回报周期较长，盈利能力较差，金融机构的介入是长租公寓持续发展的必要条件。信托可凭借灵活的投资方式和较强的地产客户黏性等优势，探索和发展长租公寓业务。信托公司的长租公寓业务模式主要包括 ABS、Pre－ABS 贷款、股权投资等模式。信托公司可以集中式、重资产项目为起步，以 Pre－ABS 和 ABS 业务为抓手，以全链条、全方位参与为目标，逐步介入长租公寓市场。

关键词： 长租公寓　经营现状　业务模式

建投地产信心指数 （HCI） 年度分析

郭慧子

摘　要： 地产行业自 2016 年 9 月 30 日开始新一轮调控以来，在政策与市场的双向作用下，行业竞争格局呈现进一步分化，地产公司也在不断调整自身战略以适应急速变化的环境。中建投信托博士后工作站从 2016 年四季度起，携手 30 家具有代表性的地产公司发布《建投信托地产信心指数（HCI）》及系列行业报告。通过面对面访谈，HCI 捕捉地产公司总部高管对未来 3~6 个月地产政策、投资策略、开工计划、销售情况以及融资形势等方面的预判，将获取的信息经过精密设计形成发散性指数和分析报告，以期实现同行信息之交换、行业前景之展望，并为地产行业各相关方提供分析参考。本文选取 2016 年四季度到 2017 年末的 5 期 HCI 数据进行回顾和纵向分析，以供读者们参考。

关键词： 地产行业　调控政策　信心指数

非标债权资产净值计量的方法思考

应汇康

摘　要： 在资管行业统一监管的背景下，非标债权资产的管理更趋规范化。根据最新监管要求，金融机构须对资管产品实行净值化管理，增强资管产品流动性，打破刚性兑付。目前，资管产品实行净值化管理的最大障碍是投向非标债权资产的产品难以准确估算净值。本文从会计核算和金融资产定价等多个角度探讨非标资产净值计量的可行方法，认为非标估值的实际应用并无技术障碍，监管部门可以进一步出台细则指导各类非标资产的估值。

关键词： 非标债权　净值　估值

房地产信托融资方财务欺诈预警模型构建与防范

蔡婉婷

摘　要： 财务欺诈影响金融机构尽职调查履责，侵害投资者经济利益，对其进行识别将有利于指导建立前期尽职调查及存续期跟踪的侧重点，有助于风险识别的标准化、高效化、常态化。本文基于 2000 年 1 月 ~ 2018 年 1 月间因利润欺诈被监管处罚的企业样本，利用因子分析和逐步回归 logit 建立财务欺诈预警模型。在此基础上，本文发现资产质量、盈利情况、现金流稳定性对于识别企业财务欺诈的意义尤为重要，而当年是否变更审计事务所、扣除非经常损益后是否亏损等两个指标也对欺诈预警有一定的意义。

关键词： 财务欺诈　预警模型　逻辑回归　风险防范

英文摘要

Review and Outlook of Trust Industry Development in 2017

Abstract：In 2017, China's trust industry has sustained a fast-growing trend under the environment of steady economic growth and tightening financial regulation. The amount of total assets under management has reached 26.25 trillion, with a YOY growth of 29.81%. Trust companies have a promising profitability, with an enhancing capital strength and improving has risk management abilities. However, the industry continues polarizing. The revenue structure of trust companies is worsened at this stage, and the abilities of active management should be improved. In 2018, with a trend of tightening regulation, the industry requires a fast transformation and upgrading and a better control of financial risks. The industry must follow the changing trends of the macroeconomy, continuously provide financial services to the real economy, and keep playing an important role to the economy.

Key words：Trust Industry; Revenue Structure; Growth and Polarization; Regulatory Tightening

Research on the Trust Business in 2017

Abstract：Up to the end of 2017, the amount of total assets under management has reached 26.25 trillion, regaining a fast growth since the second quarter of 2017, with a larger scale gap between trust companies. However, revenues from trust business has not grown at a matching rate, and the returns on trust business are relatively low in the whole industry. The structure of business has switched, with a strong growth of management trust, and hence the ability of active management has been weakened. The business areas are diversified, and innovative business of trust companies are booming.

Key words：Trust Assets; Trust Revenue; Management Trust; Investment Diversification; Business Innovation

Research on the Proprietary Business of Trust Companies in 2017

Abstract: In 2017, proprietary asset of the trust industry kept a steady expansion, and proprietary business revenue regains a positive growth. However, there is no significant change in the proprietary asset structure. Due to the market condition and the faster growth of net asset, the return on proprietary equity continues to decline. For the revenue composition, investment returns are still the most important element. It is composed of equity investment returns, other investment returns, and securities investment returns. Proprietary business has an increasing support to the trust business and hence generally losses its independence.

Key words: Proprietary Business; Asset Structure; Profitability

Research on Risk Management of Trust Companies in 2017

Abstract: The risk projects of 68 trust firms reach 601 in 2017, with a total scale of 131. 434 billion yuan and an annual growth of 11. 82% , accounts for 0. 5% of the total asset. Along with the supply side reform and macroeconomic fundamental impulse, the size of trust assets maintain relatively high growth rate, risk management system and procedures have improved significantly. However, multiple markets and entities are prominently faced with debt maturity and refinancing pressure, risk events and defaults increase. This article analyzes different risk management elements for trust firms, including current risk management status, non-performing asset, asset impairment allocation and relevant lawsuits, risk event cases analysis, enterprise-wide risk management system assessment and constructions.

Key words: Risk Management Status; Non-performing Asset; Lawsuits; Enterprise-wide Risk Management System Assessment and Constructions

Research on Regulations of the Trust Industry in 2017

Abstract：In 2017, financial regulations have been tightening, various policies releasing and more financial institutions being penalized. As a result, the business environment of trust industry has changed greatly. Non-standard debt instruments for property developers are restricted, and LGFVs no longer have endorsement from governments. The control on interbank business is more stringent to eliminate fund idling, and entrustment loans return to the origin business. Also, the leverage for securities business is strictly controlled. In 2018, the new regulation of asset management industry was formally promulgated, the regulatory institutions have been integrated and reorganized, and the unified supervision of financial industry is coming.

Key words： Financial Regulations; Regulatory Arbitrage; New Asset Management Guidelines; Unified Regulation; Rrust Business Patterns

Research on Human Resource Management of Trust Companies in 2017

Abstract：In 2017, the personnel of trust industry broke through 20000. The whole amount of employee is still expanding and the growth rate is low. The policy differentiation of the trust companies is larger and the concentration of employees is reduced. The majority of employees are 30 – 39 years old, Masters and Doctors, and the proportion of the backstage personnel has risen steadily, reflecting the continuous optimization of the talent structure. With the growth of per capita scale, per capita income index is basically flat, while per capita profit decreased a lot. The expansion of personnel didn't bring about the business growth, and trust companies need to enhance the management efficiency and innovation ability in future.

Key words： The Policy Differentiation; Concentration of Employees; Talent Structure; Per Capita Index

Overviews of the ABS Markets

Abstract: The scale of ABS market in China is huge, and the main products involved in consumer and AR which has developed rapidly. Securities companies dominate the ABS underwriting market, and the issuing markets appear quite different in various places. The trust company expanded the business scale and gained professional experience through the credit ABS, and played a more important role in ABS and ABN market. According to the trend of tightening regulation, the ABS market will be unified and the standard ABS will lead the market. The trust companies should upgrade the professional skills and consolidate the ability of underwriting to gain more market ratio in ABS.

Key words: Credit ABS; ABS Underwriting Market; Various Places; ABS; ABN

Fintech Revolution in Trust Industry by Blockchain Technology

Abstract: Blockchain constructs a kind of decentralized, distributed, and whole network maintained database system, guaranteeing the general ledger tamperability, safety and stability by digital encryption technique and some consensus mechanism. Someone called Satoshi Nakamoto integrated great ideas in cryptography, mathematics and computer science to create Bitcoin as a first digital asset in the world by means of Blockchain technology. Though in the primary stage, Blockchain driven by algorithm and technology changes traditional centralized society management mechanism, demonstrating extraordinary economic and sociological significance. It will lead the revolution of value internet, make the intelligent contract feasible and help mankind striding into the intelligent society if well combined with Internet of thing and artificial intelligence. Blockchain can optimize the internal business procedure management, solve numbers of certificates management problem, and it has irreplaceable value in the emerging business of digital trust, intelligent trust and family trust.

Key words: Fintech; Blockchain; Bitcoin; Digital Currency; Smart Contract

Analysis on the Development Path of the Industrial Investment Fund of Trust Companies

Abstract：Recently, many Trust companies regard participation in the industrial fund as a significantly strategic transformation direction. According to the current market environment and industry development stage, the speed of raising funds and flexibility in use is the comparative advantage to Trust companies. Trust companies participate in industrial investment fund projects, most of which are connected to investment institutions and enterprises through the link of fund. However, it still takes a long time for accumulation and exploration in the acquisition of industrial projects, business capability, and industrial integration. The article, by combing the business model of trust companies participating in industrial investment funds, proposes that Trust companies should continue to expand to the high value-added value at both ends of the smile curve of the industrial investment funds, practice their own professional ability towards the core value of the industrial funds and provide deep value-added services through participation in the business management of invested enterprises.

Key words：Industrial Fund; Industrial Investor; Value-added Services

Patterns and Pathways for Trust Companies to Enter Rental Apartment Business

Abstract：In 2017, multiple policies were introduced to encourage the development of rental apartments, and the rental market had made a good progress. Nowadays, China's rental market is on its initial stage of development, which faces problems such as high costs, long period of investment returns, and poor profitability. It is essential that financial institutions enter the market. Trust companies may explore the business given their flexible ways of investment and client royalty from property developers. Main business patterns include ABS, pre – ABS and equity investment etc. Trust companies may start from concentrated and heavy assets, using ABS or pre – ABS tools, and aim at comprehensive services in the market.

Key words：Rental Apartment; Current Business Status; Business Pattern

Annual Report on JIC Housing Confidence Index

Abstract: Restricting policies have been imposed to Chinese Real Estate Industry intending to minimize the risk of a housing bubble, since 30th Sep, 2016. As the restrictions have been tightened over the coming year, the Real Estate Industry is struggling to adapt the changing market. To understand the industry better, JIC Trust designed and conducted the JIC Trust Housing Confidence Index (HCI), through face to face interviews quarterly between our Post – Doctoral Center and executives from 30 representative Real Estate Companies. HCI is based on data of industry polices, investment, construction, sale and financing, which reflect the prosperity of the industry, providing useful information and analysis for Real estate companies as well as financial companies.

Key words: Real Estate Industry; Restricting Policies; HCI

Rethinking of Valuation Methods for Non-standard Debt Instruments

Abstract: Under the backgrounds of financial unified regulation, the management of non-standard debt instruments is normalized. According to the latest regulation rules, asset management instruments must under net-value management, in order to increase liquidity and break the so-called rigid payment. The main obstacle of net-value management is the difficulty in valuation of non-standard debt instruments. This article discusses the plausible methodologies from the perspectives of accounting and asset pricing. Valuing non-standard debt instruments should have no technical difficulties with right methods, and regulators could introduce a detailed guideline of valuation.

Key words: Non-standard Debt Instruments; Net Value; Valuation

Detection and Risk –Prevention of Financial Statement Fraud

Abstract：Fraudulent financial statement will mislead the due diligence, thus making investors suffer losses. It is important to know how to detect the fraud in the early stage of a project. So institutions that need to do surveys could keep track of the characteristics of the fraudulent financial statement, and stop the project in time if fraud occurs. Based on the enterprise sample from Jan. 2000 to Jan. 2018 that received regulatory penalty for profit fraud, this paper builds a financial statement fraud detecting model using factor analysis and logistic model. We find asset quality, earnings and the stability of cash flow is important to detect the fraud. Also, the change of audit firm, the net profit after deducting non regular profit and loss is meaningful for detecting.

Key words： Financial Statement Fraud； Detecting Model； Logistic； Risk – Prevention

图书在版编目（CIP）数据

中国信托行业研究报告.2018／中建投信托博士后
工作站，中国社会科学院金融研究所博士后流动站编著
. −−北京：社会科学文献出版社，2018.7
（中国建投研究丛书. 报告系列）
ISBN 978 − 7 − 5201 − 3047 − 9

Ⅰ.①中⋯ Ⅱ.①中⋯ ②中⋯ Ⅲ.①信托业 − 研究
报告 − 中国 − 2018 Ⅳ.①F832.49

中国版本图书馆 CIP 数据核字（2018）第 144064 号

中国建投研究丛书·报告系列
中国信托行业研究报告（2018）

编 著／中建投信托博士后工作站
中国社会科学院金融研究所博士后流动站

出 版 人／谢寿光
项目统筹／许秀江　王婧怡
责任编辑／王婧怡

出 版／社会科学文献出版社·经济与管理分社（010）59367226
地址：北京市北三环中路甲 29 号院华龙大厦　邮编：100029
网址：www. ssap. com. cn
发 行／市场营销中心（010）59367081　59367018
印 装／天津千鹤文化传播有限公司

规 格／开 本：787mm × 1092mm 1/16
印 张：21.5 插 页：0.5 字 数：278 千字
版 次／2018 年 7 月第 1 版 2018 年 7 月第 1 次印刷
书 号／ISBN 978 − 7 − 5201 − 3047 − 9
定 价／88.00 元